U0124429

王伟光　夏宝龙／总主编

# 中国梦与浙江实践

## ———— 生态卷 ————

潘家华／主　编

沈满洪／副主编

社会科学文献出版社
SOCIAL SCIENCES ACADEMIC PRESS (CHINA)

# "中国梦与浙江实践"课题组名单

**领导小组组长**

王伟光　中国社会科学院院长、党组书记

夏宝龙　中共浙江省委书记、省人大常委会主任

**丛书编撰委员会主任**

李培林　中国社会科学院副院长

葛慧君　中共浙江省委常委、宣传部长

**中国社会科学院总协调组**

组　　长：晋保平　中国社会科学院副秘书长

成　　员：马　援　中国社会科学院科研局局长

张国春　中国社会科学院科研局副局长

秘　　书：孙　晶　中国社会科学院科研合作处正处级调研员

**浙江总协调组**

组　　长：葛慧君　中共浙江省委常委、宣传部长

副组长：胡　坚　中共浙江省委宣传部常务副部长

舒国增　中共浙江省委副秘书长、政研室主任（时任）

张伟斌　浙江省社会科学院党委书记

迟全华　浙江省社会科学院院长

金延锋　中共浙江省委党史研究室主任

# 生态组

组　长：潘家华　中国社会科学院城市发展与环境研究所所
　　　　　　　长、研究员

副组长：沈满洪　宁波大学校长、教授，浙江省生态文明研究
　　　　　　　中心主任、研究员

成　员：李红玉　中国社会科学院城市发展与环境研究所副研
　　　　　　　究员

　　　　庄贵阳　中国社会科学院城市发展与环境研究所研究员

　　　　朱守先　中国社会科学院城市发展与环境研究所研究员

　　　　李植斌　浙江理工大学、浙江省生态文明研究中心教授

　　　　张　蕾　浙江理工大学、浙江省生态文明研究中心副
　　　　　　　教授

　　　　刘　健　浙江省社会科学院区域经济研究所助理研究员

# 序言（一）

党的十八大以来，习近平总书记发表了一系列重要讲话，深刻回答了新形势下党和国家事业发展的一系列重大理论和现实问题，勾画了党和国家走向未来的宏伟图景，为我们在新的起点实现新的奋斗目标提供了科学指南和基本遵循。习近平同志在浙江工作期间的深邃思考和丰富实践，是科学运用马克思主义世界观和方法论解决当代中国问题的典范，是坚持实事求是思想路线、坚持辩证唯物主义和历史唯物主义的高度体现。2014 年 3 月，为从历史大视野和发展大趋势方面加深对习近平系列重要讲话内在联系的理解，真正在深层次上提高思想理论水平，中国社会科学院与中共浙江省委合作启动了"中国梦与浙江实践"重大课题研究工作。

经过近一年的潜心研究，"中国梦与浙江实践"系列丛书正式出版。这套丛书由 7 卷专著组成，约 200 万字，全景式、立体式地揭示了浙江通过实施"八八战略"取得的发展经验。"八八战略"是习近平同志深入调查研究，科学分析省情，一切从浙江实际出发而形成的科学思路，是战略思维，它明确了中国梦在浙江实践的目标和原则，也指明了浙江实践的路径和方法。"八八战略"的实践成就，是形成了以"经济民本多元、社会包容有序、文化自强创新、政府服务有为、党建坚强有力"为主要特点和基本内容的浙江经验。党的十七大以来，特别是党的十八大以来，中共浙江省委继续坚定不移地实施"八八战略"，推进浙江新实践、新探索。新阶段中国梦在浙江实践的突出特点和基本经验，可以概括为"经济倒逼转型、主动引导，政治基层民主、有效政府，文化务实守信、崇学向善，社会城乡一体、平安和谐，生态绿水青山、金山银山，党建巩固基础、发挥优势"。"八八战略"的经验不仅属于浙江，也属于全国。当前，中国全面建成小康社会进入决定性阶段，全面深化改革进入攻坚期，我们必须破解改革发展稳定难题和应对全球性问题。不断总结浙江人民深入科学探索、成功实践中国梦的基本经验，对于我们正确认识所处时代环境和国内外形势，从容应对各种各样的风险挑战，具有特别重要的理论价值和实践意义。

丛书提出了中国梦在浙江实践的五点重要启示，值得我们深入思考：必须始终坚持和加强党的科学领导；必须把充分发挥市场配置资源决定性作用与更好发挥政府作用紧密结合起来；必须高度重视发掘和弘扬传统文化，用文化软实力支撑和助推经济硬实力；必须坚持科学规划、创新与继承相结合，一张蓝图绘到底；必须弘扬尊重规律、尊重实践、尊重人才、尊重群众的首创精神。

"中国梦与浙江实践"系列丛书的研究编著，是中国社会科学院建设中国特色新型智库、发挥智库作用的一个范例。中国社会科学院正在努力建设成具有国际影响力的世界知名智库，正在努力实践全体哲学社会科学理论工作者的中国梦。我们同样要坚持党的领导，把握正确的政治方向和学术导向；要坚持围绕中心、服务大局；要坚持科学精神，鼓励大胆探索；要坚持深化改革，持续推进体制机制和组织形式创新。只有这样，我们才能充分发挥中国社会科学院资政建言、理论创新、舆论引导、社会服务和公共外交等重要功能。

这套丛书是中国社会科学院与中共浙江省委、省政府第二次合作研究的结晶。2005年，双方携手开展"浙江经验与中国发展"重大课题研究。2007年，《浙江经验与中国发展——科学发展观与和谐社会建设在浙江》（6卷本）出版，在社会上产生了广泛的影响，构建了学术研究机构与地方政府紧密合作、理论源于实践又有力地反作用于实践的范式与机制。这次合作研究是上次研究的继续和深化，中国社会科学院党组和中共浙江省委高度重视这项工作，中国社会科学院抽调了7个研究所（院）的所长及20余位研究骨干，浙江省也精心选调了30多位科研精英、党政领导干部，共同开展调研。书稿曾数易其稿，成稿后，双方专家又反复进行了认真修改，中共浙江省委宣传部、省委政策研究室等部门的领导提出了许多宝贵意见和建议。尤其是夏宝龙同志多次精心指导，并为丛书作序。在此，我们要向付出辛勤劳动的他们表示衷心感谢！

让我们不断奋力谱写中国梦浙江实践、中国梦全国实践的新篇章。

中国社会科学院院长 王伟光

中国社会科学院党组书记

2015 年 2 月 9 日

# 序言（二）

党的十八大以来，习近平总书记站在坚持和发展中国特色社会主义、实现中华民族伟大复兴中国梦的战略高度，发表了一系列重要讲话，深刻阐释了党和国家发展的重大理论和实践问题，提出了许多富有创见的新思想、新观点、新论断、新要求。习近平总书记系列重要讲话精神是中国特色社会主义理论体系的最新成果，是指导具有许多新的历史特点的伟大斗争的最鲜活的马克思主义。特别是，中国梦以一个朴实无华的概念，把远景的期盼和具体的现实、党的执政理念和人民群众对美好生活的向往，紧密地融合在一起，进一步指明了全党全国各族人民共同的奋斗目标，深刻揭示了中华民族的历史使命和当代中国的发展走向，鲜明宣示了我们党执政为民的理念，已成为中国人民团结奋进的精神旗帜，也得到了世界各国人民的广泛赞誉和高度认同。

习近平总书记在浙江工作期间，坚持干在实处、走在前列，深入实施"八八战略"，推进中国特色社会主义在浙江的生动实践，为浙江留下了宝贵的精神财富。我们学习贯彻习近平总书记系列重要讲话精神，需要与学习贯彻习近平总书记在浙江工作时的重要论述结合起来，切实做到温故知新、学新用新，学而信、学而用、学而行。为此，中共浙江省委和中国社会科学院于2014年3月联合开展"中国梦与浙江实践"重大课题研究，全面梳理2003年以来历届中共浙江省委坚持一张蓝图绘到底、深入实施"八八战略"的历史进程，科学总结中国特色社会主义在浙江生动实践的宝贵经验，深入研究解读习近平总书记在浙江工作期间形成的一系列关于经济、政治、文化、社会、生态文明建设和党的建设的主要思想观点和重大决策部署，深入挖掘阐释其中所蕴含的马克思主义的立场、观点和方法。历经10个月，这一课题研究形成了最终成果——"中国梦与浙江实践"系列丛书。该丛书共有7卷，即总报告卷、经济卷、政治卷、社会卷、文化卷、生态卷和党建卷。

"中国梦与浙江实践"系列丛书，以中国梦为切入口，聚焦浙江经验，解析浙江现象，全面研究了中国特色社会主义在浙江的创新实践。我相信，这套丛书的出版，一定有助于我们更好地把握习近平总书记系列重要讲话精神形成的思想渊源和实践基础；有助于我们更加全面系统地总结浙江的实践经验，更深刻地认识到"八八战略"是引领浙江发展的总纲，是推进浙江各项工作的总方略，是认识新常态、适应新常态、引领新常态的金钥匙；有助于我们进一步坚定一以贯之地续写好"八八战略"这篇大文章的信心和决心，通过干好"一三五"、实现"四翻番"，加快建设物质富裕、精神富有的现代化浙江和建设美丽浙江、创造美好生活，全面推进中国特色社会主义在浙江的伟大实践，谱写好中国梦的浙江篇章。

特别值得一提的是，"中国梦与浙江实践"重大课题研究得到了中国社会科学院的高度重视和大力支持。王伟光院长专程率领专家团队来浙商谈，并就课题研究的主要内容、组织架构、成果规划和具体实施提出了明确要求。由中国社会科学院和以浙江省社会科学院为主的双方专家组成的课题组成员多次深入基层考察调研，精心研究撰写。浙江省各地各部门认真准备，积极配合，为课题研究和丛书出版做了大量工作。在此，我谨代表中共浙江省委，一并表示衷心的感谢！

中共浙江省委书记

浙江省人大常委会主任

2015 年 2 月 5 日

# 目  录

# 第一章
# 生态文明观引领美丽浙江建设

在市场化改革进程中，浙江省始终干在实处、走在前列，并取得了骄人的业绩，被誉为"浙江模式""浙江经验""浙江奇迹"。浙江省是在陆地地域小省、自然资源小省、环境容量小省的省情下进行现代化建设的，因此，也率先遭遇"成长中的烦恼"，从而率先开始生态文明建设。浙江省在"既要金山银山，又要绿水青山"的生态文明观引领下，生态文明建设的战略目标从"绿色浙江"提升到"美丽浙江"，一个"美丽浙江"和"美好生活"并举的现代化浙江正展现在世人的面前。

## 第一节 "既要金山银山，又要绿水青山"

习近平同志在担任中共浙江省委书记期间对"两座山"（即绿水青山与金山银山）理论有过全面阐述，党的十八大以来又对该理论作了系统深化。习近平同志对"只要金山银山，不要绿水青山"的批判，对"既要金山银山，又要绿水青山"的要求，对"绿水青山就是金山银山"的预测，对"宁要绿水青山，不要金山银山"的训诫，构成了完整的"两座山"理论。学习和贯彻习近平同志"两座山"理论，不仅对于美丽浙江建设具有现实针对性，而且对于深入推进以"美丽中国"为目标的生态文明建设具有重大指导意义。

### 一 "两座山"理论的提出背景

浙江山水风光好，但是，浙江自然资源少。"七山一水两分地"的地理特征决定了浙江省是一个典型的陆地地域小省、自然资源小省、环境容量小省。在资源环境约束下,一个人口大省如何求得生存?如何生存得更好?这是浙江人民面临的一个重大课题。

在改革开放之初,浙江的经济发展处于全国相对落后的水平。穷则思变的浙江人民以"自强不息、坚韧不拔、勇于创新、讲求实效"的浙江精神,闯出了具有推广价值的市场化改革的"温州模式""义乌模式",并且推而广之形成了在全国具有示范意义的"浙江模式"。

这种市场取向的改革不仅创造了浙江现象、浙江奇迹、浙江之谜,而且具有极强的制度外部性,为全国的市场化改革提供了"浙江样本",并促进了"中国模式""中国奇迹""中国之谜""中国经验"的形成。如今,市场的力量,已经推动我国市场机制在资源配置中的作用完成了由"基础性作用"到"决定性作用"的升格。

"浙江人民勇于改革创新、浙江政府保护改革创新"的精神是永恒的。不管发展遇到多大困难,浙江省在推进市场化改革中"敢当出头鸟"的功劳永远不可抹杀,也不可能被抹杀。

由于特殊的省情,浙江经济发展率先遭遇"成长中的烦恼"。资源需求的无限性与资源供给的有限性以及资源利用效率不高的矛盾十分尖锐,环境容量需求的递增性与环境容量供给的递减性以及环境生产率不高的矛盾十分尖锐,居民日益增长的生态环境质量需求与政府不尽理想的生态环境质量供给之间的矛盾十分尖锐。这些矛盾不同程度上引发了起因于资源环境问题的群体性事件。

正是在这种背景下,浙江省委、省政府毅然提出,以壮士断腕的精神搞好环境保护,以腾笼换鸟的决心搞好转型升级。习近平同志形象化地提出了"两只鸟"理论:"推进经济结构的战略性调整和增长方式的根本性转变……就是要养好'两只鸟':一个是'凤凰涅槃',另一个是'腾笼换鸟'。所谓'凤凰涅槃',就是要拿出壮士断腕的勇气,摆脱对粗放型增长的依赖……所谓'腾笼换鸟',就是要拿出浙江人勇闯天下的气概,跳出浙江发展浙江……"①

---

① 习近平:《干在实处　走在前列——推进浙江新发展的思考与实践》,中共中央党校出版社,2006,第128页。

于是，浙江人民坚定不移地实施"811"环境整治行动计划、"811"生态文明行动计划等。毫不动摇地淘汰落后产能，毫不动摇地拒绝污染产业，旗帜鲜明地推进绿色发展、循环发展、低碳发展。以"美丽中国"为目标的生态文明建设作为"中国梦"的重要组成部分，率先在浙江省开始圆梦。

虽然浙江的转型升级尚处于进行时，但是安吉县作为全国第一个生态县早已尘埃落定，全国第一个零排放的化工企业已经在宁波诞生，全国循环经济示范区和生态文明示范区建设正在紧锣密鼓地进行。在市场化改革中浙江走在前列，在转型升级和生态文明建设中浙江依然走在前列。

## 二 "两座山"理论的基本观点

习近平同志在一系列的讲话、演讲以及报刊发表的文章中系统阐述了"两座山"理论。

2003年8月8日，习近平同志从认识论的角度阐述金山银山和绿水青山的关系。他说："'只要金山银山，不管绿水青山'，只要经济，只重发展，不考虑环境，不考虑长远，'吃了祖宗饭，断了子孙路'而不自知，这是认识的第一阶段；虽然意识到环境的重要性，但只考虑自己的小环境、小家园而不顾他人，以邻为壑，有的甚至将自己的经济利益建立在对他人环境的损害上，这是认识的第二阶段；真正认识到生态问题无边界，认识到人类只有一个地球，地球是我们的共同家园，保护环境是全人类的共同责任，生态建设成为自觉行动，这是认识的第三阶段。"①

2006年3月23日，习近平进一步从金山银山与绿水青山对立统一的角度作了更为完整、更为严谨的表述：人们"在实践中对这'两座山'之间关系的认识经过了三个阶段：第一个阶段是用绿水青山去换金山银山，不考虑或者很少考虑环境的承载能力，一味索取资源。第二个阶段是既要金山银山，但是也要保住绿水青山，这时候经济发展与资源匮乏、环境恶化之间的矛盾开始凸显出来，人们意识到环境是我们生存发展的根本，要留得青山

---

① 习近平：《之江新语》，浙江人民出版社，2007，第13页。

在，才能有柴烧。第三个阶段是认识到绿水青山可以源源不断地带来金山银山，绿水青山本身就是金山银山，我们种的常青树就是摇钱树，生态优势变成经济优势，形成了一种浑然一体、和谐统一的关系。这一阶段是一种更高的境界，体现了科学发展观的要求，体现了发展循环经济、建设资源节约型和环境友好型社会的理念。"①

正是基于"两座山"关系的正确认识，习近平同志对于违背科学发展观的思想和做法提出了严肃的批评。他说："再走'高投入、高消耗、高污染'的粗放经营老路，国家政策不允许，资源环境不允许，人民群众也不答应。"② 他告诫各级政府、各级领导、各类企业和全体公民："不重视生态的政府是不清醒的政府，不重视生态的领导是不称职的领导，不重视生态的企业是没有希望的企业，不重视生态的公民不能算是具备现代文明意识的公民。"③ 针对扭曲的生产力观和政绩观，习近平指出："破坏生态环境就是破坏生产力，保护生态环境就是保护生产力，改善生态环境就是发展生产力，经济增长是政绩，保护环境也是政绩。"④

习近平同志在主持起草党的十八大报告时十分重视生态文明建设，把"大力推进生态文明建设"作为独立的部分进行系统阐述，并且在"两座山"理论的基础上明确提出了"努力建设美丽中国，实现中华民族的永续发展"的宏伟目标。中共中央政治局2013年5月24日上午就大力推进生态文明建设进行第六次集体学习。习近平同志在主持学习时强调，生态环境保护是功在当代、利在千秋的事业。要清醒认识保护生态环境、治理环境污染的紧迫性和艰巨性，清醒认识加强生态文明建设的重要性和必要性，以对人民群众、对子孙后代高度负责的态度，真正下决心把环境污染治理好、把生

---

① 习近平:《之江新语》，浙江人民出版社，2007，第186~187页。
② 习近平:《干在实处　走在前列——推进浙江新发展的思考与实践》，中共中央党校出版社，2006，第23页。
③ 习近平:《干在实处　走在前列——推进浙江新发展的思考与实践》，中共中央党校出版社，2006，第186页。
④ 习近平:《干在实处　走在前列——推进浙江新发展的思考与实践》，中共中央党校出版社，2006，第186页。

态环境建设好，努力走向社会主义生态文明新时代，为人民创造良好的生产生活环境①。

2013 年 9 月 7 日习近平同志在哈萨克斯坦纳扎尔巴耶夫大学发表题为"弘扬人民友谊　共创美好未来"的重要演讲，在回答关于环境保护的学生提问时指出："中国明确把生态环境保护摆在更加突出的位置。我们既要绿水青山，也要金山银山。宁要绿水青山，不要金山银山，而且绿水青山就是金山银山。我们绝不能以牺牲生态环境为代价换取经济的一时发展。我们提出了建设生态文明、建设美丽中国的战略任务，给子孙留下天蓝、地绿、水净的美好家园。"② 这一回答是对"两座山"理论的进一步扩展，也是对错误发展观的猛烈棒喝。

习近平同志在十八届三中全会上的讲话进一步把"两座山"理论提升到系统论的高度，他指出："山水林田湖是一个生命共同体，人的命脉在田，田的命脉在水，水的命脉在山，山的命脉在土，土的命脉在树。用途管制和生态修复必须遵循自然规律，如果种树的只管种树、治水的只管治水、护田的只管护田，很容易顾此失彼，最终造成生态的系统性破坏。"③

学习习近平同志关于"两座山"理论的基本观点，可以发现"两座山"理论具有下列几个明显的特点。

第一，问题的现实针对性。习近平同志是在对"高投入、高消耗、高污染、高增长"的传统发展模式反思的基础上，对"吃祖宗饭、断子孙路"的错误发展观进行严肃批判的基础上，提出了"两座山"理论。改革开放是前无古人的大业，在此过程中暴露出来的问题层出不穷。因此，顶层设计必须是问题导向的。如果不对错误的发展观进行批判，就不可能树立正确的发展观。习近平同志主政浙江时提出的"八八战略"就是科学发展观在浙

---

① 新华社：《坚持节约资源和保护环境基本国策　努力走向社会主义生态文明新时代》，《人民日报》2013 年 5 月 25 日第 1 版。

② 魏建华、周亮：《习近平：宁可要绿水青山　不要金山银山》，中国青年网，http：//www.youth.cn，最后访问日期：2013 年 9 月 7 日。

③ 习近平：《关于〈中共中央关于全面深化改革若干重大问题的决定〉的说明》，《人民日报》2013 年 11 月 12 日。

江实践的生动体现，其中战略之五就是"进一步发挥浙江的生态优势，创建生态省，打造'绿色浙江'"。"八八战略"是浙江省十多年来推进科学发展的指导思想，并将继续指引浙江的科学发展。

第二，理论的逻辑递进性。"两座山"理论的理论逻辑是层层递进的。第一层次是否定"只要金山银山、不要绿水青山"的片面论观点，第二层次是提出了"既要金山银山、又要绿水青山"的兼顾论观点，第二层次是指出了"绿水青山就是金山银山"的科学发展论观点，第四层次是以极端的方式表达了"宁要绿水青山、不要金山银山"的训诫式观点。正是这种理论的逻辑递进性，才能够把理论提升到战略高度，在主政浙江期间习近平同志把生态文明建设提升到"八八战略"的高度，在主政中央以来习近平同志把生态文明建设提升到"五位一体"总体布局的高度。

第三，语言的广泛群众性。"两座山"理论不是为理论自身服务的，而是为指导实践服务的。指导科学发展和生态文明建设实践的理论必须被群众所接受、被群众所领悟、被群众所欢迎。习近平同志的"两座山"理论通俗易懂，朗朗上口，代表了群众的心声，非常"接地气"，并且容易转化为群众的自觉实践。类似"两座山"理论的观点也不少，但是，没有"两座山"理论那么直观，那么亲切。例如，"鱼和熊掌兼得"显得过于学理化，"既要经济增长，又要环境保护"显得过于直白。"两座山"理论既有思想的深刻性，又有语言的群众性。

## 三 "两座山"理论的合规律性

从"两座山"理论可以看出，金山银山代表经济增长，绿水青山代表生态环境。习近平同志的"两座山"理论是在把握客观规律的基础上提出的，因此，具有明显的合规律性。

1. "两座山"理论合乎生态文明建设的基本发展规律

生态文明是指人类在经济社会活动中，遵循自然发展规律、经济发展规律、社会发展规律和人的发展规律，积极改善和优化人与自然、人与人、人与社会之间的关系，为实现经济社会的可持续发展所作的全部努力和所取得的全部成果①。生态文明建设的前提是合乎规律性，不遵循规律的行为必然事倍功半甚至遭到规律的报复。"两座山"理论实际上就是要求我们既要遵循经济发展规律，又要遵循自然发展规律。而且，经济发展规律与自然发展规律发生冲突的时候，必须以遵循自然发展规律为前提。绝对不能认同否定自然、征服自然、改造自然的机械主义观点，而要坚持尊重自然、顺应自然、保护自然的生态文明理念。破坏了绿水青山，破坏了生态环境，就散失了经济发展的基本条件，散失了金山银山赖以存在的根基。"留得青山在，不怕没柴烧"，有了绿水青山，就有永续发展的根基，就可以将生态优势转化成经济优势。

2. "两座山"理论合乎生态经济协调发展规律

经济系统是生态系统的子系统，经济系统是以生态系统为基础的，人类的经济活动要受到生态系统容量的限制；生态系统和经济系统所构成的生态经济系统是一对矛盾统一体，如果两个系统彼此适应，就能达到生态经济平衡，如果两个系统彼此冲突，就可能出现生态经济失衡；人类社会有可能通过认识生态经济系统，使自身的经济活动保持一个适当的"度"，以实现生态经济系统的协调发展②。这就是生态经济协调发展规律。"两座山"理论完全符合生态经济协调发展规律。从"两座山"的统一性角度看，要以生态效益、经济效益、社会效益等综合效益的最大化为目标，统筹兼顾，在发展经济的同时妥善保护好生态系统，实现生态资本的增值，在保护生态环境的同时改善经济系统，提升经济质量，最终实现生态系统和经济系统的良性互动与协调发展。从"两座山"的对立性看，要以全局利益、长远利益、根本利益为出发点，宁要生态效益、不要对生态有危害的经济效益，宁要生态效益、把生态效益转化成经济效益。生态文明建设的终极目标，就是要提高人民的幸福指数，但幸福指数的高低并不仅仅取决于收入水平。一方面，幸福指数与人均收入成正比，另一方面，幸福指数与环境污染成反比。经济

① 沈满洪、程华、陆根尧等：《生态文明建设与区域经济协调发展战略研究》，科学出版社，2012，第4页。
② 沈满洪等：《生态经济学》，中国环境科学出版社，2008，第29页。

水平上去了，环境质量下降了，幸福指数未必会上升。扣除环境污染损害以后的绿色收入水平才与幸福指数紧密相关。为了人民幸福，浙江省委2013年部署了"三改一拆"行动，2014年采取了"五水共治"举措。这些都是"美丽浙江"实际行动计划的推进，浙江人民的幸福感越来越强了，幸福指数越来越高了。这才是人民政府的终极追求！

3. "两座山"理论合乎生态需求递增规律

高质量的生态环境和生态产品满足高层次的消费需求。在衣食不足的情况下，人们的首选目标是衣食住行等基本需要的满足，对高质量的生态环境和生态产品的追求还提不上议事日程。在工业化初级阶段，各国普遍经历了"先污染、后治理"或"只要金山银山、不要绿水青山"的阶段。原因何在？这是由需求结构和需求层次所决定的。例如，在20世纪80年代发展乡镇企业时，有的企业排放的污水像墨汁一样，但没有居民去抵制。老百姓的观点是"与其被饿死，不如被毒死"。因为，当时的矛盾的主要方面还是解决温饱。在进入小康社会乃至富裕社会后，随着人均收入水平的提高，人们对高质量的生态环境和生态产品等高档品的需求加大，因为高质量的生态环境和生态产品意味着生活质量和生命质量的提高。由此，可以得到生态需求递增规律，即随着收入水平的上升，消费者的生态需求呈现递增的趋势①。对优质的生态环境及生态享受、生态产品等高层次的需求，随着人均收入水平的提升呈现出递增趋势。金山银山可以满足衣食住行等基本需求，但是，难以满足优质的生态环境和生态产品的高档需求。有了绿水青山，不仅可以保障基本需求的满足，而且可以保障生态产品等高档需求的满足。在当今中国山不青、水不秀、天不蓝、地不净的特殊背景下，根据生态需求的递增趋势，大力增加生态环境和生态产品的供给，满足老百姓日益增长的生态需求，是党和政府义不容辞的职责。浙江推进生态文明建设就是回应人民的诉求、满足人民的需要，就如改革开放初期浙江省委始终尊重人民的创新和创造一样。

---

① 沈满洪：《生态经济学》，中国环境科学出版社，2008，第32页。

#### 4."两座山"理论合乎生态价值增值规律

生态环境不是无价的自由物品，而是有价的经济资源，因此生态环境的有偿使用与交易符合经济规律；随着经济社会的发展，生态环境资源呈现出日益稀缺的趋势，生态价值呈现增值趋势；因此，人类可以像经济投资一样进行生态投资，实现生态资本的增值①。这就是生态价值递增规律。"绿水青山就是金山银山"是生态价值增值规律的生动写照。如何实现"绿水青山就是金山银山"？首先，严格保护绿水青山，坚决反对破坏绿水青山。留得青山在，才会有柴烧。绿水青山是永续发展的根本保障。其次，停止无偿使用生态环境，生态环境要有偿使用。既然绿水青山是稀缺的宝贵资源，在生态环境产权可以界定的情况下，就要通过价格信号显示生态环境的稀缺性，实现生态环境的有偿使用。再次，积极投资生态环境，保障生态资本增值。不再无偿使用生态环境，政府要投资生态环境这一公共物品；有偿使用生态环境，政府和企业都有可能成为生态环境的投资者。各地的实践表明，遵循生态价值递增规律，不仅有利于生态保护，而且有利于经济发展。例如，通过实施初始排污权有偿使用制度，实现环境容量资源的经济化；通过水权交易制度，实现自然资源配置的最优化；通过生态保护投资激励，促进自然资本的保值和增值。正因为如此，党的十八届三中全会决定以专条阐述了"实行资源有偿使用制度和生态补偿制度"，指出要加快自然资源及其产品价格改革，全面反映市场供求、资源稀缺程度、生态环境损害成本和修复效益。坚持使用资源付费和谁污染环境、谁破坏生态谁付费原则，逐步将资源税扩展到占用各种自然生态空间。稳定和扩大退耕还林、退牧还草范围，调整严重污染和地下水严重超采区耕地用途，有序实现耕地、河湖休养生息。建立有效调节工业用地和居住用地合理比价机制，提高工业用地价格。坚持谁受益、谁补偿原则，完善对重点生态功能区的生态补偿机制，推动地区间建立横向生态补偿制度。发展环保市场，推行节能量、碳排放权、排污权、水权交易制度，建立吸引社

---

① 沈满洪：《生态经济学》，中国环境科学出版社，2008，第33页。

会资本投入生态环境保护的市场化机制，推行环境污染第三方治理①。这是生态价值实现和遵循生态价值增值规律的具体政策。

# 第二节　从"绿色浙江"到"美丽浙江"

"两座山"理论是"以美丽中国为目标的生态文明建设"的重要指导思想。"美丽中国"是一个特别具有浙江元素的概念和目标，对于指导美丽浙江建设更具有现实针对性。因此，浙江历届省委、省政府都不遗余力地予以推进。浙江生态文明建设的战略目标大致上可以概括为四个阶段，即"绿色浙江→生态省→生态浙江→美丽浙江"。这种生态文明建设战略目标的演进，一方面表现为"一张蓝图绘到底"的政策连贯性，另一方面又表现为内涵和层次的递进性。这是在继承中创新的一个典范。

## 一　从"绿色浙江"到"美丽浙江"的演化轨迹

### （一）浙江省生态文明建设战略目标的演进线索

1. 从生态环境建设到绿色浙江建设

我国早在 1983 年就把环境保护作为国家的基本国策，1994 年中国政府发布的《中国 21 世纪议程——中国 21 世纪人口、环境与发展白皮书》，首次把可持续发展战略纳入经济社会发展的长远规划。由于当时经济增长与环境保护的矛盾的主要方面还是经济增长，因此，表现出"环境保护加强与环境污染加剧"并存的现象。

生态建设与环境保护是一项系统工程，必须按照系统思维推进。2002年召开的浙江省第十一次党代会完成了从单一的生态环境建设到综合的绿色浙江建设的演进。时任省委书记的张德江同志在党代会报告中指出："建设'绿色浙江'是我省实现可持续发展的大事。必须从全局利益和长远发展出发，把发展绿色产业、加强环境保护和生态建设，放在更加突出

---

① 《中共中央关于全面深化改革若干重大问题的决定》，《人民日报》2013 年 11 月 16 日。

的位置。加快发展生态农业、生态工业、生态旅游和环保产业；积极推进清洁生产，严格控制和大力治理环境污染，提高城乡环境质量；搞好生态公益林建设，加强流域综合治理，建立生态保护补偿机制，建设秀美山川。合理开发、利用和保护土地、水、矿产、森林等自然资源，努力建设资源节约型社会。"

"绿色浙江"建设战略目标有下列三个基本特征：第一，绿色浙江建设的基础是生态建设、环境保护和资源节约；第二，绿色浙江建设的重心是发展包括生态农业、生态工业、生态服务业在内的生态产业；第三，绿色浙江建设不再是简单的环境保护，而是环境保护与经济增长的统筹。

2. 从绿色浙江建设到生态省建设

2003年浙江省委十一届四次扩大会议在杭州召开，时任省委书记的习近平同志代表省委所作的报告中明确提出了"八八战略"，提出发挥"八大优势"，推进"八项举措"：进一步发挥浙江的体制机制优势，大力推动以公有制为主体的多种所有制经济共同发展，不断完善社会主义市场经济体制；进一步发挥浙江的区位优势，主动接轨上海，积极参与长江三角洲地区合作与交流，不断提高对内对外开放水平；进一步发挥浙江的块状特色产业优势，加快先进制造业基地建设，走新型工业化道路；进一步发挥浙江的城乡协调发展优势，加快推进城乡一体化；进一步发挥浙江的生态优势，创建生态省，打造"绿色浙江"；进一步发挥浙江的山海资源优势，大力发展海洋经济，推动欠发达地区跨越式发展，努力使海洋经济和欠发达地区的发展成为浙江经济新的增长点；进一步发挥浙江的环境优势，积极推进以"五大百亿"工程为主要内容的重点建设，切实加强法治建设、信用建设和机关效能建设；进一步发挥浙江的人文优势，积极推进科教兴省、人才强省，加快建设文化大省①。

"八八战略"是习近平同志主政浙江时期的主要战略思想。"八八战略"

---

① 习近平：《干在实处　走在前列——推进浙江新发展的思考与实践》，中共中央党校出版社，2006，第71~73页。

的重要内容之一，是"进一步发挥浙江的生态优势，创建生态省，打造'绿色浙江'"。生态省建设成为十多年来乃至更长时期浙江生态文明建设的基调和主旋律。生态省建设战略目标的提出具有下列几个显著特征：第一，辩证地看待浙江省情，既要看到浙江省经济快速发展所带来的环境问题，又要看到浙江生态建设和环境保护的优势；第二，全面推进生态省建设，生态省建设比绿色浙江建设具有更大的包容性，涉及经济、政治、社会、文化、生态等各个方面；第三，生态省建设需要强大的组织保障，时任省委书记的习近平同志亲自担任生态省建设领导小组组长，从而保障了各项工作的真正落实。

### 3. 从生态省建设到生态浙江建设

省委十二届七次全会专题研究生态文明建设，会议通过的《中共浙江省委关于推进生态文明建设的决定》是一个标志性文件。该决定指出，坚持以邓小平理论和"三个代表"重要思想为指导，深入贯彻落实科学发展观，全面实施"八八战略"和"创业富民、创新强省"总战略，坚持生态省建设方略、走生态立省之路，大力发展生态经济，不断优化生态环境，注重建设生态文化，着力完善体制机制，加快形成节约能源资源和保护生态环境的产业结构、增长方式和消费模式，打造"富饶秀美、和谐安康"的生态浙江，努力实现经济社会可持续发展，不断提高浙江人民的生活品质①。

该决定的新意在于：第一，在中央统一部署了生态文明建设方略的情况下，浙江省首先完成了从综合的生态省建设到生态浙江建设的提升；第二，在继续坚持生态省建设方略的前提下提出了"生态立省"的论断，更加强化了生态文明建设的极端重要性；第三，把生态文明建设与人民的福祉紧密联系起来，建设"富饶秀美、和谐安康"的生态浙江的目的是提高浙江人民的生活品质。

---

① 中共浙江省委：《中共浙江省委关于推进生态文明建设的决定》，《今日浙江》2010年第13期。

### 4. 从生态浙江建设到美丽浙江建设

党的十八大报告明确提出了以"美丽中国"为目标的生态文明建设思路。从某种意义上说，"美丽中国"这一全国生态文明建设目标的提出与浙江这片美丽的土地有渊源，又指导着以"美丽浙江"为目标的浙江省的生态文明建设。习近平同志担任总书记以后依然十分关心浙江的生态文明建设。2013 年初，习近平总书记在与原杭州市委书记黄坤明谈话时指出："希望你们更加扎实地推进生态文明建设，努力使杭州成为美丽中国建设的样本。"浙江省理当成为美丽中国建设的先行区。因此，2014 年召开的省委十三届五次全会专题研究生态文明建设，并且作出了《中共浙江省委关于建设美丽浙江　创造美好生活的决定》。

该决定指出：党的十八大把生态文明建设纳入中国特色社会主义事业总体布局，提出努力建设美丽中国，走向社会主义生态文明新时代，实现中华民族永续发展。党的十八届三中全会把加快生态文明制度建设作为全面深化改革的重要内容，提出必须建立系统完整的生态文明制度体系，用制度保护生态环境。习近平总书记强调，走向生态文明新时代，建设美丽中国，是实现中华民族伟大复兴的中国梦的重要内容。他还提出，"山水林田湖是一个生命共同体"，"绿水青山就是金山银山"，"人民对美好生活的向往，就是我们的奋斗目标"等一系列新思想新观点新要求。这标志着我们党对中国特色社会主义规律的认识进一步深化，表明了我们党坚持"五位一体"总体布局、加强生态文明建设的坚定意志和坚强决心。该决定进一步指出：建设美丽浙江、创造美好生活，是建设美丽中国在浙江的具体实践，也是对历届省委提出的建设绿色浙江、生态省、全国生态文明示范区等战略目标的继承和提升。这些年来，浙江省在生态文明建设实践中，始终以"八八战略"为统领，进一步发挥浙江的生态优势，坚定"绿水青山就是金山银山"的发展思路，坚持一任接着一任干、一张蓝图绘到底，把生态文明建设放在突出位置；坚持在保护中发展、在发展中保护，把发展生态经济和改善生态环境作为核心任务；坚持全面统筹、突出重点，把解决影响可持续发展和危害人民群众身体健康的突出环境问题作为着力点；坚持严格监管、优化服务，把保障生态环境安全和维护社会和谐稳定作为基本要求；坚持党政主导、社会参与，把创新体制机制和倡导共建共享作为重要保障，推进浙江省生态文明建设取得重大进展和积极成效，为建设美丽浙江、创造美好生活奠定了坚实基础①。

该决定的新意主要在于：第一，基于生态文明建设的整体性，把"山水林田湖是一个生命共同体"的系统思维转变成生态文明建设的指导思想；第二，基于人民群众生态需求的快速增长，把生态文明建设的目标提升到美丽浙江建设的高度；第三，基于中国共产党为人民服务的根本宗旨，把创造美好生活作为美丽浙江建设的终极目标。

**（二）浙江省生态文明建设战略演进的主要特征**

1. 始终坚持"人民对美好生活的向往，就是我们的奋斗目标"的宗旨

中国共产党的根本宗旨是"为人民服务"。"人民满意不满意""人民高兴不高兴""人民答应不答应"是检验经济社会发展的根本标准，归根结底，取决于"人民幸福不幸福"。"人民美好生活"的实现程度越高，人民的幸福指数也越高。人民对美好生活的向往在不同的历史阶段有不同的表现。在温饱问题没有得到解决的时候，人民的最大向往就是解决温饱问题；温饱问题解决以后，人民的最大向往就是过上小康生活；小康目标实现后，人民的最大向往就是过上富裕生活。而且，人民的向往并不是单一目标的，而是多重目标的组合。例如，人均 GDP 达到 13000 美元以后的浙江人民的向往是物质富裕、政治民主、文化繁荣、社会和谐、环境优美。人民在追求物质富裕的同时，也十分向往山清水秀、天蓝地净的优美环境。因此，浙江省委作出的建设美丽浙江、创造美好生活的决定充分体现了人民的意愿。

2. 始终坚持"一张蓝图绘到底"的接力棒精神

绿色浙江建设、生态省建设、生态浙江建设、美丽浙江建设等均是不同

---

① 中共浙江省委：《中共浙江省委关于建设美丽浙江　创造美好生活的决定》，《浙江日报》2014 年 5 月 29 日。

时期浙江省生态文明建设目标的集中概括。这些生态文明建设目标的表述虽然有所不同，但是，其主线是一脉相承的：坚持科学发展观和生态文明观，妥善处理好金山银山和绿水青山的关系，既要金山银山又要绿水青山，实现经济社会的可持续发展和人民群众的幸福安康。生态文明建设是一项统一思想不易、投资金额巨大、成效显现缓慢的"积德"工程，以急功近利的"短视眼"是很难长期坚持的。浙江历届省委、省政府的可贵精神就是以"咬住青山不放松，一任接着一任干"的精神，把"一张蓝图绘到底"。这是美丽浙江建设的一条宝贵经验，也是一条值得全面推广的经验。

3. 始终坚持"抓铁有痕"的钉钉子精神

有了正确的目标和战略部署，关键是抓落实。习近平同志十分强调钉钉子精神。"811"行动计划便是钉钉子精神的具体体现。"811"，从当年的一个代号，发展成今天浙江省环保工作中一个响当当的"品牌"，进而成为推进浙江生态文明建设进程的一个有效载体，已走过整整 10 年。2004 年 10月，一场席卷全省的环境污染整治大会战——"811"环境污染整治行动在浙江打响。"8"指的是浙江省八大水系；"11"既指全省 11 个设区市，也指当年浙江省政府划定的区域性、结构性污染特别突出的 11 个省级环保重点监管区。首轮"811"环境污染整治 3 年行动，针对全省环境污染和生态破坏趋势狠狠踩了脚刹车。2008 年"811"环境保护第二轮 3 年行动启动。此时的"8"已演化成环保工作 8 个方面的目标和 8 个方面的主要任务；"11"则既指当年提出的 11 个方面的政策措施，也指省政府确定的 11 个重点环境问题。随着 6 年两轮"811"行动的实施，浙江省生态环境保护进入投入最多、力度最大、成效最明显的时期。2010 年 6 月，浙江省委作出了《中共浙江省委关于推进生态文明建设的决定》，决定再度开展"811"生态文明建设推进行动（2011～2015），计划用 5 年时间，基本实现经济社会发展与资源环境承载力相适应，环境质量与民生改善相适应，生态省建设继续保持全国领先，生态文明建设走在全国前列。从此，"811"行动从全面推进环境保护转向立体推进生态文明建设。

### （三）以美丽浙江为目标的生态文明建设的总体框架

1. 以系统思维把握美丽浙江建设内容

第一，加强山川秀美的生态环境建设，主要包括生态建设和环境治理两个方面。一是加强山川海洋自然生态保护建设。加大对重要生态功能区、生态环境敏感区和脆弱区的保护力度，确保钱塘江、瓯江、太湖等主要流域源头地区和海洋生态功能区维持原生态；坚持自然修复为主、人工修复为辅，通过退耕还林、封山育林、增殖放流、禁渔休渔等措施，让生态系统休养生息，对无法实现自我修复的生态系统开展工程修复；加强绿色生态屏障建设，深入推进"下山移民"工程，加大森林资源保护力度，全面推进平原绿化和森林扩面提质，提高林分质量和林木蓄积量，提升森林生态系统功能。二是着力推进以治水为重点的环境综合治理。抓"五水共治"让水更清，抓雾霾治理让天更蓝，抓土壤净化让地更净。

第二，加快节约环保的生态经济发展。加快发展生态经济，形成有利于节约资源、保护环境的现代产业体系。加快淘汰高能耗、高排放的落后产能，积极发展太阳能、风能等新能源和可再生能源。严格实施用水总量管理，加快建设节水型社会。大力推进循环经济发展，积极推进园区循环化改造，全面提高再生资源综合利用水平。加快建立和推广现代生态循环农业模式，大力发展无公害农产品、绿色食品和有机产品。发展现代林业经济，带动山区林农增收致富。推进工业园区生态化改造，全面推行清洁生产审核。鼓励企业开发绿色低碳产品，建立实施绿色采购消费政策。积极构建以低能耗、低污染、低排放为基础的低碳经济发展模式。

第三，积极推进天人合一的生态文化培育。注重挖掘浙江传统文化中的生态理念和生态思想，培育和激发全体公民建设美丽浙江、创造美好生活的主体意识，大力弘扬尊重自然、顺应自然、保护自然的理念，积极借鉴发达国家注重生态文明的先进理念、有效做法和具体制度，强化全社会的生态伦理、生态道德、生态价值意识，形成政府、企业、公众互动的社会行动体系。

2. 从空间结构谋划美丽浙江建设布局

美丽浙江建设要落实到具体空间中，因此，要优化完善实现永续发展的城乡区域空间布局。主要包括：按照人口、经济、资源环境承载力相协调和主体功能区定位的要求，创新编制省域总体规划，促进经济社会发展规划、城乡规划、土地利用规划、地下空间规划、环境功能区划、海洋发展规划和流域规划等多规融合、一体发展，形成定位清晰、管控严格的空间规划体系，保证规划刚性执行；贯彻落实《浙江省主体功能区规划》，打造浙江海洋经济发展示范区，构建现代农业发展格局，构筑产业集聚大平台，完善新型城市化战略格局，建设生态安全体系，逐步形成人口、经济、资源、环境相协调的空间开发总体格局；深入实施《浙江省深入推进新型城市化纲要》和关于深入推进新型城市化的实施意见，促进工业化、信息化、城镇化、农业现代化同步发展，加快形成城乡空间布局框架和城镇体系结构。

美丽浙江建设要落实到居住环境中，因此，要切实优化"诗画江南"的人居环境，主要包括两个方面。一是加快美丽城市规划建设。根据环境和人口承载能力、可开发土地资源和经济社会发展水平，进一步完善全省城镇体系规划。坚持全省规划"一盘棋"，统筹抓好都市区、区域中心城市、县城和中心镇的规划建设，推动高端要素向都市区集聚，分类指导区域中心城市发展，推动县城、小城市和中心镇成为统筹城乡发展的战略节点。结合自然资源特点和人文特色，科学设计城镇人居环境、景观风貌和建筑色彩，加强城镇生态景观保护和建设，推进生态人文小城市试点，建设一批江南风情小镇，彰显"诗画江南"的独特魅力。坚守城市发展"边界"，推进绿色城市、智慧城市、人文城市建设。科学开发利用城市地下空间，整治城市光污染问题。二是提升美丽乡村建设水平。实施《美丽乡村建设规范》，提升标准，优化布局，强化特色，让广大人民群众望得见山，看得见水，记得住乡愁。深入实施"千村示范、万村整治"工程，推进村庄生态化有机更新。加强农村环境综合整治连线成片，建立长效管理机制。大力创建绿色城镇和生态示范村，保护乡土自然景观和特色文化村落。加强村庄规划和建设，强化农房设计服务，彰显江南农房特色。抓好农房改造和危房改造，精心建设一批"浙派民居"。

3. 以体制机制设计保障美丽浙江建设

2014年5月23日作出的《中共浙江省委关于建设美丽浙江 创造美好生活的决定》系统阐述了美丽浙江建设的体制机制保障问题。

第一，建立完善"源头严控"的体制机制。主要包括：探索建立自然资源资产产权制度和环境空间管制制度；划定生态功能保障基线、环境质量安全底线和自然资源利用上线等三条红线；实行空间、总量、项目"三位一体"的环境准入制度，把环境容量与区域总量、环境质量、项目环评紧密挂钩，严把环境准入关；深入实施能源消费总量和能源消耗强度"双控制"；健全主要污染物总量控制制度，推进行业性和区域性污染物总量控制制。

第二，建立完善"过程严管"的体制机制。主要包括：建立完善严格监管所有污染物排放、独立进行环境监管和行政执法的环境保护管理制度；健全亩产效益综合评价体系，建立资源要素差别化使用激励约束机制、低效企业退出激励机制和新增项目选优机制，探索构建资源要素高效流动的市场体系；加快自然资源及其产品价格改革，健全全面反映资源稀缺程度、生态环境治理修复成本的资源环境价格形成机制；建立地方政府和中央部门海域联防联控机制，推广区域、流域和近岸海域联防联控管理模式，完善环境保护区域协调和跨区域综合治理机制。

第三，建立完善"恶果严惩"的体制机制。一是建立环境损害责任终身追究制度，如对污染环境、破坏生态行为"零容忍"，强化行政执法和刑罚处置，加大责任追究和违法惩治力度，切实保护公民环境权益，维护社会公平正义。二是建立环境损害惩治制度，如建立以环境损害赔偿为基础的环境污染责任追究体系，对造成生态环境损害的责任者实行严格的赔偿制度，加大行政强制及行政处罚力度，构成犯罪的，依法追究刑事责任。探索建立环境污染损害赔偿责任风险基金，鼓励推行环境污染损害责任保险制度，对高风险企业实行环境污染强制责任保险。

## 二 从"绿色浙江"到"美丽浙江"建设的战略内容

### 1. 实施产业生态化战略，促进产业经济转型升级

产业发展的逆生态化是工业化进程中普遍存在的现象。不改变这种状况，经济快速增长与环境容量有限以及环境容量利用效率低下的矛盾将会日益加剧。产业生态化就是产业经济活动从对生态环境有害转向对生态环境无害或有利的转变过程，逐步形成环境友好型产业经济体系。实施产业生态化战略，推进产业转型升级是生态文明建设的中心内容。为此，浙江省从几起环境问题突发性事件中吸取教训，以壮士断腕的精神和腾笼换鸟策略，通过环境保护促进产业结构优化。

生态经济发展初具规模。生态经济的发展是绿色浙江建设的主线。浙江省不遗余力地推进黑色发展向绿色发展的转变、线性发展向循环发展的转变、高碳发展向低碳发展的转变，发展方式的转变、产业结构的转型取得了阶段性成果。

利用污染减排的刚性约束手段，采取淘汰一批、转移一批、提升一批的方式，促进总量削减、质量改善、发展优化。浙江省把资源节约和环境保护作为结构调整的突破口，实施"节能降耗十大工程"。"十一五"期间，累计关停小火电机组531万千瓦，淘汰落后炼钢能力231万吨、落后水泥产能2397万吨、落后造纸产能57.8万吨，淘汰低效工业锅炉2100台，关停黏土砖瓦窑2547座。持续在重点行业、重点企业开展强制性清洁生产，企业承担环境保护的社会责任意识明显增强。

大力发展生态型工业，把工业园区的生态化改造作为转型升级的重点内容来抓。2006年印发了《关于进一步推进浙江省开发区（工业园区）生态化建设与改造的指导意见》。生态工业示范园区、企业清洁生产示范工程、风力发电等可再生能源及高效节能技术示范工程等重点项目的建设取得阶段性成果。

积极发展生态循环农业，深入开展现代林业园区建设，以现代渔业园区、养鱼稳粮增收工程建设为抓手，全面推行水产健康养殖。发展生态型服

务业，扎实推进生态旅游区建设、A 级旅游景区生态化管理、周边环境整治，进一步规范农家乐基础设施和环境监管。

2. 实施消费绿色化战略，促进消费方式根本转变

消费行为两头连接自然：既向自然索取，又向自然排放。过度索取会浪费资源和破坏生物多样性，过度排放也会污染环境和破坏生态。人们消费需求的无限性与商品供给的有限性之间的矛盾表明，必须加强需求管理，调整人们的消费模式，从线性消费模式转变为绿色消费模式。消费绿色化就是妥善处理人与自然的关系，逐步形成环境友好的消费意识、消费模式和消费习惯。实施消费生态化战略，促进绿色消费是促进生态文明建设的核心内容。

绿色组织创建内化绿色消费理念。浙江省十分重视绿色组织创建工作。自 2002 年开始组织评选"绿色学校"以来，全省拥有全国绿色学校 49 所、省级绿色学校 1095 所。绿色学校的创建把生态文化理念深深烙在各级各类学校每个师生的脑海之中。省妇联开展的"低碳家庭·时尚生活"主题活动，杭州市妇联组织的"垃圾分类从家庭起步、为创建文明城市增辉"活动，慈溪市妇联开展的"十佳绿色家庭"评选活动等均取得了良好的效果。截至 2011 年，全省拥有国家级绿色社区 27 个、省级绿色社区 702 个，全国绿色家庭 22 户、省级绿色家庭 1688 户。

生态节日宣传强化绿色消费行为。一方面，充分利用生态节日做好宣传引导。结合"世界环境日""世界地球日""中国水周""全国土地日""中国植树节"等重要时节，推行低碳生活，鼓励绿色消费。另一方面，为创建具有浙江特色的生态日营造氛围。自从安吉县 2003 年创设全国首个县级生态日取得成功经验后，2009 年浙江省创设了全国首个省级层面的生态日，决定每年 6 月 30 日为浙江生态日。省委书记、省长与平民百姓共同参与生态文明建设。德清县还于 2011 年 3 月 15 日创立了全国首个生态消费日，进而于 2012 年创立了"生态消费教育论坛"，每年 3 月举办一次生态消费教育活动，从不同层面抓好生态消费教育，提升老百姓的生态消费意识，营造生态消费环境。

绿色财税政策激励绿色消费行为。浙江省采取非绿色产品的约束性政策和绿色产品的鼓励性政策的双向激励绿色财税政策，引导居民自觉崇尚绿色消费。实行大排量汽车的限制性措施与电瓶汽车的补贴政策、化石能源的总量控制与可再生能源的鼓励开发、公害食品的严格监管和绿色食品的优质优价等。浙江居民的消费行为正在悄然转型。

**3. 实施资源节约化战略，促进资源能源循环利用**

经济总量迅速扩张与自然资源有限供给以及自然资源生产率相对低下的矛盾，是当前面临的突出问题。由此也决定了我们不能继续沿袭粗放的资源开发利用模式。资源节约化就是要集约式开发利用自然资源，提高资源生产率、改善资源投入结构，使资源开发利用与生态环境保护相结合，保障资源的可持续开发利用。

浙江省针对"地域小省""资源小省"的省情，十分重视资源节约，早在 2005 年就编制出台了《浙江省循环经济发展纲要》，响亮地提出了实施循环经济"991"行动计划，即发展循环经济九大重点领域、"九个一批"示范工程和 100 个重点项目。同时，全面实施工业循环经济"4121"工程和"733"工程，积极开展工业循环经济示范园区和示范企业、"绿色企业"、资源综合利用企业的评定工作。实施生态循环农业"2115"示范工程，全省启动创建省级生态循环农业示范县 18 个、示范区 39 个，认定省级生态循环农业示范企业 21 个，安排省级生态循环农业项目 100 个。以建德市新安化工氯元素循环利用为代表的"点"上的循环、以镇海区化工循环经济园区为代表的"线"上的循环、以安吉县竹资源的循环利用为代表的"面"上的循环，形成了立体式的循环经济格局。

**4. 实施环境洁净化战略，促进生态环境美丽宜人**

生态环境保护是美丽浙江建设的基础。浙江在生态文明建设中实现了三个突破：通过生态公益林建设、自然保护区建设等，生态功能明显加强；通过资源节约型社会建设实现单位土地资源、能源资源、水资源的产出水平显著提高，处于全国领先水平；通过"811"环境保护行动计划和"811"生态文明行动计划等遏制了环境质量全面退化的状况，呈现出逐步好转的趋势。

美丽乡村建设开创了"美丽"的事业。全国首个国家级生态县安吉县于2008年开创性地将社会主义新农村建设聚焦到美丽乡村建设上，创造了生态文明建设的"安吉模式"。在安吉县成功实践的基础上，浙江省编制了《浙江省美丽乡村建设行动计划（2011～2015）》，全面推开美丽乡村建设，并初步形成了"浙江经验"。随后，美丽乡村建设迅速推广到我国的南方、北方和西部地区，美丽乡村建设成为全国新农村建设的一道亮丽风景线。正是在美丽乡村建设的丰富实践基础上，党的十八大报告大胆地写上"建设美丽中国"的宣言。可以说，建设美丽中国的论断富有浙江元素，浙江人民为"美丽中国"建设作出了重要贡献。

"三改一拆"行动实现了一石多鸟的目标。浙江省人民政府决定，2013年至2015年在全省深入开展旧住宅区、旧厂区、"城中村"改造和拆除违法建筑（简称"三改一拆"）三年行动。开展"三改一拆"行动是贯彻落实党的十八大精神，加快推进物质富裕、精神富有现代化浙江建设的重要举措，是推进新型城市化、改善城乡面貌、优化人居环境、建设美丽浙江的迫切需要，是加强城乡规划建设、促进节约集约用地、加快转变发展方式的有效途径，是加强和创新社会管理、构建和谐社会的客观要求。"三改一拆"行动基本达到了促发展、拓空间、优环境、保稳定、惠民生的目标。

"五水共治"行动重新焕发了江南水乡的灵性。浙江因水而名、因水而兴、因水而美。包括治污水、防洪水、排涝水、保供水、抓节水在内的"五水共治"，是由客观发展规律、特定发展阶段、科学发展目标决定的。水是生产之基，什么样的生产方式和产业结构，决定了什么样的水体水质，治水就是抓转型；水是生态之要，气净、土净，必然水净，治水就是抓生态；水是生命之源，老百姓每天洗脸时要用、口渴时要喝、灌溉时要用，治水就是抓民生。可以说，"五水共治"是一石多鸟的举措，既扩投资又促转型，既优环境更惠民生。

5. 实施生态经济化战略，促进环境资源优化配置

长期以来，在环境资源配置中存在"三个悖论"：一方面，环境容量资源日益稀缺，另一方面，环境容量资源大多无偿使用；一方面，生态保护的

正外部性行为理应得到补偿，另一方面，生态保护没有得到足够的经济激励；一方面，生态资本呈现衰退趋势，另一方面，生态投资严重不足。因此，优化配置环境容量资源是一个紧迫的时代课题，其中一个重要的方面是实施生态经济化战略。生态经济化就是体现环境容量资源的价格属性、体现生态保护的合理回报、体现生态投资的资本收益进化过程。

作为市场化改革最早、市场化程度最高的省份，浙江省也是全国首个出台生态保护补偿制度的省份。早在 2005 年省政府就印发了《浙江省人民政府关于进一步完善生态补偿机制的若干意见》。无论是生态公益林建设，还是水源保护区保护，均体现了"保护生态就是保护生产力"的基本精神，完成了生态保护从无偿到有偿的历史性变革。2007～2011 年，省财政累计安排财政转移支付的生态补偿资金 51 亿元。在多年实践的基础上，浙江省还不断深化生态补偿机制：一是将单一的生态补偿机制拓展为生态保护补偿—环境损害赔偿相结合的制度，基于跨界河流的水质监测结果确定补偿还是赔偿；二是将区域内的生态补偿拓展为区域间的生态补偿，《新安江流域水环境补偿试点实施方案》正式开始实施。

作为国家排污权有偿使用和交易的试点省份，省政府相继出台了《浙江省排污权有偿使用和交易试点工作暂行办法》等法规和政策性文件，相关部门也出台了一系列配套政策。省级层面共制定政策文件 11 个，各地有 68 个，排污权有偿使用和交易政策法规体系的框架已基本建立。经过 5 年的试点实践，浙江省已经累计开展排污权交易 3863 笔，排污权有偿使用 9537 笔，排污权有偿使用和交易累计总金额达到 25 亿元，居全国首位，占全国的 2/3 以上。截至 2014 年 6 月，浙江省 11 个设区市及 60 个县都已经实现了排污权交易试点工作，市域覆盖率达到 100%，县域覆盖率达到 75%，覆盖范围全国最广。排污权从无偿使用到有偿使用、从不可交易到可以交易的转变，是一场"革命"。这场"革命"的成果是使得排污权有偿使用和交易制度演化成招商选资的机制。

生态经济化不仅体现在生态环境容量资源的经济化，而且体现在利用生态优势的产业化。享誉"中国生态环境第一市"的丽水市，围绕"秀山丽水、养生福地"主题，充分发挥优势，按照"生态经济化、经济生态化"的原则，以生态休闲旅游景区和养生（养老）基地（休闲养生养老城）"两大平台"建设为切入点，以培育休闲养生（养老）服务业为重心，促进生态休闲养生（养老）相关产业的全面发展，建成国内规模较大、国际知名的中国"养生福地、养老乐园"，推动丽水实现绿色发展、生态富民、科学跨越。

无论是生态补偿机制还是排污权有偿使用制度，都体现了"生态环境是稀缺资源，稀缺资源要优化配置"的理念。浙江省在生态经济化方面又一次走在了全国前列。

## 三 从"绿色浙江"到"美丽浙江"建设的重要启示

### 1. 加快观念创新，以"想法"指导"做法"

思路决定出路，想法决定做法。机械主义发展观往往导致了对 GDP 的狂热追求，导致环境与经济、人与自然的矛盾加剧；科学发展观则决定了对公众真实幸福的追求，促进环境与经济、人与自然的和谐共生。嘉兴市就是以排污权有偿使用和交易机制为契机，通过环境保护制度"挤出"了高投入、高消耗、高污染、低效益的投资项目，引进了低消耗、低污染、高技术、高效益的投资项目，初步摆脱了粗放型发展模式所导致的两难困顿。遂昌县从"只要金山银山，不要绿水青山"到"既要金山银山，又要绿色青山"再到"有了绿水青山，就有金山银山"的认识转变，使得该县从"穷山恶水"转变成"休闲福地"，并逐渐走上了科学发展之路。

观念创新，必须以科学发展观为指导。在生态文明建设的观念创新中必须首先回答好"发展为了谁"——为了最广大的人民，"发展依靠谁"——依靠最广大的人民，"发展为了什么"——为了最广大人民的幸福。生态环境是人民生存的基本条件，生态环境权益是人民的基本权益，生态环境质量直接关系人民的生活质量和生命质量。

观念创新，必须以唯物辩证法为指针。唯物辩证法关于普遍联系的观点可以指导人们对生态系统、经济系统及生态经济系统相互关系的把握，关于永恒发展的观点可以指导人们对经济、社会、生态发展规律的把握，关于对立统一规律可以指导人们对经济发展与生态保护矛盾冲突及其转化的把握，关于质量互变规律可以指导人们对生态环境容量的有限性、生态环境质量的可逆性的把握，关于否定之否定规律可以指导人们对"人不敌天→天人合一→人定胜天→天人和谐"等生态变迁和生态创新规律的把握。

2. 加快科技创新，以绿色技术推动转型升级

科学技术决定环境成本收益，环境成本收益决定经济发展方式。"生态不经济""循环不经济""低碳不经济"现象的根源在于科学技术落后。真正实现"生态又经济""循环又经济""低碳又经济"的发展模式必须依靠生态科技创新。

传统产业的升级改造是一个重要任务，必须大力推进传统产业的生态化科技研发与推广。一是节能减排科技的研发和推广，确保节能减排任务的完成；二是循环利用科技的研发和推广，在企业、产业和社会层面大力推广循环型科技；三是集聚发展科技的研发和推广，按照园区化、集聚化的要求，及时研发和推广符合块状经济特性的适用科技。

一个国家或地区的核心竞争力来自核心技术，而发达国家不可能将核心技术转让给发展中国家或地区。一个国家或地区如果缺乏高端技术，在新一轮的产业分工中会继续处于产业链的末端，难以获取丰厚的利润。因此，浙江省必须大力推进高新技术的研发与推广，在绿色科技、循环科技、低碳科技的某些领域占领制高点，并使之成为浙江省产业发展的新增长点。

环境检测技术创新是绿色科技创新的重要组成部分。从在线监控到刷卡排污，从单项检测到检测体系建设，浙江省均走在全国前列。2014年上半年浙江省减排监测体系建设运行"三项指标"（污染源自动监控数据传输有效率、自行监测结果公布率和监督性监测结果公布率）全部达到环保部考核要求。从三项指标排序和承担国控企业数量分析，浙江省在全国6个"三项指标"全部通过考核的省市中排名第一。

3. 加快制度创新，以主体联动促进和谐发展

生态文明建设需要政府、企业、公众的合力，需要政府机制、市场机制

和社会机制的协同，做到三方力量有机结合，优势互补，形成合力。

推进政府机制创新。浙江省推进生态文明建设的重要机制是生态文明建设考核评价制度，把环境保护作为约束性指标纳入考核体系。但是，仅仅采取综合考核体系还是不够的。正确的做法是，按照不同地区不同的主体功能定位采取差异化的政绩考核方式，进行同类项的比较，从而有效激励生态环境建设等公共物品的供给。同时，要有效提供生态文明建设的制度体系，形成总量控制等别无选择的强制性政策、排污权交易等权衡利弊的选择性政策、环保教育等道德教化的引导性政策等政策"组合拳"。在"五水共治"中，浙江省建立了省、市、县、乡镇四级"河长制"，确保每一条河、每一个河段都有河长，"河长制"有效解决了治水的责任落实问题。

推进市场机制创新。浙江省在生态保护补偿制度、水权交易制度、排污权交易制度、"休渔期"制度、矿业权有偿使用制度、第三方治理机制的实施等方面，已经取得成功经验。浙江省应及时推广这些成功的经验，尤其要全面推广排污权有偿使用和交易机制、生态保护足额补偿机制、环境损害赔偿与保险机制等，让它们很好地服务于生态文明建设。

推进社会机制创新。环境民主是环境资源法治的精髓和灵魂。环境民主理念普及的必然结果是环境资源法的民主化，环境民主手段的法律制度化。因此，要以公众参与监督环保为保障，构建最广泛的环保统一战线。要发挥科研院所、高等院校和专家学者的智囊作用，为环境保护提供必要的智力支持和技术支撑；要发挥环保民间组织和志愿者的作用，推进环保维权、环保宣教、环保创建等工作；要发挥环境信访、有奖举报、行风评议等的作用，促进公众更好地参与环保、监督环保，把群众的意愿、热情和智慧转化为共建共享生态文明的具体行动。

# 第二章
# 节约环保的生态经济发展

美丽浙江的建设、美好生活的创造需要生态产业美、绿色消费美等美丽经济的保障。最早遭遇"成长中的烦恼"的浙江省最深切感受到发展方式转变、经济转型升级的重要意义，于是在"绿水青山就是金山银山"发展观的指导下，大力推进"黑色经济"向"绿色经济"，"线性经济"向"循环经济"，"高碳经济"向"低碳经济"的转型，并取得了可喜的成就，初步展现了节约环保的生态经济的魅力，为全国经济转型升级提供了示范。

## 第一节　"绿水青山就是金山银山"

习近平指出："人们在实践中对绿水青山和金山银山这'两座山'之间关系的认识经过了三个阶段：第一个阶段是用绿水青山去换金山银山，不考虑或者很少考虑环境的承载能力，一味索取资源。第二个阶段是既要金山银山，但是也要保住绿水青山，这时候经济发展和资源匮乏、环境恶化之间的矛盾开始凸显出来，人们意识到环境是我们生存发展的根本，要留得青山在，才能有柴烧。第三个阶段是认识到绿水青山可以源源不断地带来金山银山，绿水青山本身就是金山银山，我们种的常青树就是摇钱树，生态优势变成经济优势，形成了一种浑然一体、和谐统一的关系，这一阶段是一种更高的境界，体现了科学发展观的要求，体现了发展循环经济、建设资源节约型和环境友好型社会的理念。以上这三个阶段，是经济增长方式转变的过程，是发展观念不断进步的过程，也是人和自然关系不断调整、趋向和谐的过程。"[1]

---

[1] 习近平：《干在实处　走在前列——推进浙江新发展的思考与实践》，中共中央党校出版社，2006，第198页。

## 一 山区经济发展战略演变

2001 年，经过 20 多年的改革和发展，浙江省提前实现了由温饱向小康的跨越，但区域经济发展很不平衡，特别是衢州、丽水两市及所辖县（市），以及泰顺、文成等县，其经济社会发展水平远远低于全省的平均水平。加快欠发达地区的发展，事关全省经济社会的协调和可持续发展，事关全省提前基本实现现代化的大局。于是，省委、省政府制定出台了《关于加快欠发达地区经济社会发展的若干意见》，开启了统筹区域发展之路。2001 年，以消除绝对贫困乡镇为目标，"百乡扶贫攻坚计划"正式实施。2002 年，浙江成为全国第一个没有贫困乡镇的省区，同年开始实施"山海协作助推发展计划"，通过以项目合作为中心，以产业梯度转移和要素合理配置为主线，推进发达地区的产业向欠发达地区梯度转移，最终实现欠发达地区与发达地区互动式"造血型"双赢发展的新路子。截至 2012 年 6 月，全省累计实施山海协作特色产业项目 7485 个，到位资金 1946 亿元。据测算，衢州市山海协作项目创造的经济增加值占全市生产总值的 40%，丽水市山海协作项目对全市规模以上工业增长的贡献率超过 40%。2003 年，"欠发达乡镇奔小康工程"启动，扶贫工程开始新的接力。

经过 30 多年的扶贫开发，浙江实现了从消除"结构性绝对贫困"到消除"区域性绝对贫困"，再到消除"区域性相对贫困"的两大跨越。2008 年，省第十二次党代会发布了《低收入群众增收行动计划（2008～2012 年)》，实施"低收入农户奔小康工程"，将扶贫对象从区域性的欠发达乡镇转到阶层性的低收入农户，从"欠发达乡镇奔小康"到"低收入农户奔小康"，以提高低收入群众致富能力和收入水平为中心，把统筹城乡发展与统筹区域发展有机结合起来，加快低收入群众增收致富奔小康步伐。2008 年 10 月，省委十二届四次全会提出，把加快欠发达地区发展同加快转变经济发展方式、推进经济转型升级结合起来，努力建设"山上浙江"。

2011 年，欠发达地区主要经济指标增速高于全省平均水平，但与发达地区的绝对差距仍在扩大，如不采取特殊政策，可能会影响浙江省在"十二五"时期全面建成小康社会目标的如期实现。因此,浙江启动实施重点欠发达县特别扶持政策,启动新一轮的推进欠发达地区发展工程,积极设立省级农村改革试验区。全省63.4%的低收入农户家庭人均纯收入超过4000元,比上年提高22个百分点。2012年,浙江省人民政府发布《浙江省山区经济发展规划(2012~2017年)》,把山区发展定位为浙江转型发展的实验区、体制创新试验区、省际开放合作区、生态文明示范区。衢州山区科学发展试验区、丽水山区科学发展综合改革试验区、湖州省际产业转移示范区等三大省级试验区成为加快发展山区经济的重要载体①。规划到2020年,全省山区人均生产总值力争突破9万元;产业结构进一步优化;新型城市化和美丽乡村建设进一步推进,城市化水平进一步提高;城乡居民收入继续保持较快增长,城镇居民可支配收入和农村居民人均纯收入分别达61000元和27000元;全面建成生产发展、生活富裕、生态良好、生机蓬勃的新山区。

自2001年启动的"输血"式帮扶使得山区经济面貌不断改善,但发展山区经济更重要的是激活山区本身创业发展的内生动力,山海协作工程最终实现欠发达地区与发达地区联动发展。面对越来越迫切需要解决的资源要素制约问题,浙江省迈入加快山区经济发展的新时代,通过设立试验区,以点带面,实现从扶贫开发到脱贫致富的巨大转折。

## 二 大力发展山区生态经济

### (一)大力发展生态农业

#### 1. 提高农产品的质量和安全水平

高度重视粮食安全,建立完善农产品质量标准体系、检验检测体系、认证体系,建立健全农产品质量安全监测管理体系。广泛推行国际标准和绿色生产,重视解决"餐桌污染"问题,努力实现全程监控。大力实施农业标准化,加快推行农业标准化生产,建立健全农业标准化体系。提高粮食综合

---

① 金国娟:《建设"山上浙江"——浙江推动山区经济发展纪实》,中国共产党新闻网,http://dangjian.people.com.cn/n/2012/0831/c117092 - 18882648.html,最后访问日期:2012年8月31日。

生产能力，加强粮食市场体系和储备体系建设，确保粮食安全。

### 2. 着力培育优质高值的名牌农产品

大力推进科技兴农，加快农业科技创新，实施"种子种苗"工程，强化资源节约、绿色安全和加工增值技术等农技推广体系，大力开发名优新特农产品，加快优势产业和品牌产品培育，提高农产品的科技含量和附加值，提升市场竞争力。

### 3. 增强农业龙头企业的竞争力和带动力

以培育龙头企业为重点，以各类农业园区和基地建设为载体，把企业竞争力提高到一个新的水平。大力发展专业大户和专业合作社，增强农业龙头企业的市场竞争力和对农户的带动力。大力扶持农业龙头企业和专业合作组织，发展农产品加工业，组织农产品销售。省扶持农业龙头企业、扶持农产品出口龙头企业等专项资金，每年安排不少于1/3用于扶持欠发达地区农业龙头企业发展。

### 4. 加快农业示范园区建设

加强开发性农业基地建设。"十五"期间，省财政每年安排2000万元专项用于欠发达地区的开发性农业和无公害绿色食品、有机农业基地建设。努力扩大绿色农产品的基地规模和提高品牌农产品的知名度。扶持农业高新技术示范园区和优质高效农业示范基地、扶持种子种苗工程等专项资金，每年安排不少于1/3用于扶持欠发达地区农业示范园区建设和种子种苗工程基地建设。

同时，建设一批高效生态农业基地。围绕农业主导产业发展，加大水利等基础设施建设力度，推进粮食生产功能区、现代农业园区建设，提高农业科技和管理水平，扶持发展一批特色种养基地和新品种扩种繁育基地。到2017年，争取创建70个2万亩以上的现代农业综合区、140个主导产业示范区、350个特色农业精品园。

此外，充分发挥山区资源优势，大力发展特色优势农业，加快推进一批重点特色农业精品园。充分发挥山区自然资源优势，坚持"绿色高效、特色鲜明、生态富民"的原则，重点推进龙游富硒产业园、庆元食用菌精品园等 23 个特色农业精品园建设。通过土地流转、提升科技水平、发展精深加工等途径，将之建设成山区高效生态农业的主平台。

### （二）积极培育特色工业

积极培育特色支柱产业和骨干企业。"十五"期间，浙江省设立欠发达地区工业发展专项贴息资金，每年安排 3000 万元支持欠发达地区，依托当地资源，积极发展中小科技型企业、特色优势企业和骨干企业。同时，进一步拓宽融资渠道，加大信贷投入，发展直接融资，支持符合条件的企业上市或发行债券，加快培育特色支柱产业和区域块状经济。

积极办好省级工业园区。对有一定工业基础的欠发达地区，省有关部门适当降低门槛，支持建设省级特色工业园区或省级乡镇工业专业区，享受省有关优惠政策，并在用地指标上予以倾斜。

推进产业梯度转移。支持欠发达地区采取优惠措施，吸引省内外企业投资办厂，或以参股入股、收购兼并、技术转让等方式参与国有、集体企业改制。进一步鼓励个体私营企业发展。

加快发展开放型经济。"十五"期间，省级外贸出口发展基金对欠发达地区的一般贸易出口给予每美元 0.02 元的出口商品贴息，浙江投资贸易洽谈会免费为欠发达地区提供一定面积的展示区。

2012 年，浙江省发布了《浙江省山区经济发展规划（2012～2017年)》，提出浙东沿海山区重点发展先进制造业。充分利用沿海土地、人才等要素资源优势，改造提升纺织服装、金属制品、汽摩配等传统优势产业，拓展产业链，提升价值链，着力推进嵊州领带、永嘉泵阀等块状经济向产业集群转型升级。加快发展电子信息、生物医药、先进装备制造等产业，做大做强先进制造业。浙中北丘陵盆地山区重点发展先进制造业。围绕传统产业转型升级，重点发展汽车整车及关键零部件、新型纺织和服装、五金制造等先进制造业，着力推进金华永康武义汽摩配、诸暨大唐袜业、永康武义缙云五金等块状经济向产业集群转型升级，积极打造国内重要的先进制造业基地。浙西南内陆山区重点发展生态特色工业。大力发展以空气动力装备、高压输配电设备、工程机械等为重点的先进装备制造业，以传感器件、新型显示器件、半导体照明器件等为重点的电子信息业，以有机硅材料、氟硅复合材料、特种纤维等为重点的新材料产业等，着力构建资源节约型与环境友好型低碳产业体系，加快推进衢州氟硅、龙泉汽车空调零部件等块状经济向产业集群转型升级。

## 三 山区经济发展成功模式

浙江山区已形成五类具有代表性的发展模式①。

### （一）"精品农业"模式

#### 1. 仙居样本

仙居县在全国率先构建"3+×"新型农业服务体系，打造"中国最高端农业"。"3+×"新型农业服务体系以农业技术推广、动植物疫病防控、农产品质量安全监管等"三位一体"农业公共服务为依托，根据各地和农民实际需要，建立园区、村级等服务工作站，培育服务型合作社、龙头企业等，提供公益服务和社会化服务。

不断优化仙居农业投资环境。2007年底仙居在浙江省率先建立了绿色农产品专卖市场，对绿色农产品实行专管、专产、专供和专卖。市场起初由政府投资，由国家、省、市、县四级供销社联合控股，总投资1600万元。目前已有20家农业龙头企业、35家专业合作社和18户种植大户在市场内设立直销摊位，经营绿色农产品品种达450多个。

建立农产品质量安全监管模式。仙居县"县、乡、村、基地"农产品质量监管网络基本做到"五有"，即有网络、有人员、有机制、有设备、有保障，投资1100万元，建成了具有省级计量认证资质的县级农产品检测中心，真正实现了从"田头"到"餐桌"的农产品质量安全监管。

迄今，全县已建成了30万亩绿色农产品生产基地和一批现代农业园区，并成为全国有机食品生产基地、全国绿色农产品加工示范基地，正积极打造

---

① 浙江省发展和改革研究所：《浙江省山区经济发展模式研究》，http://www.drri.gov.cn/37097-1439/75230_24035.html，最后访问日期：2012年8月10日。

仙居绿色农产品品牌，促进传统农业向现代农业转型。

2. 模式内涵

"精品农业"模式，是加快传统粗放农业增长方式的战略转变，着力推进山区为全社会提供更多的优质生态农副产品，充分体现提升山区价值的战略要求。

3. 发展要点

"精品农业"模式的基本特征：一是以生态环境支撑"精品农业"模式提升发展，把提高生态环境质量作为发展"精品农业"的基础；二是以组织化规模化促进"精品农业"加快发展，鼓励促进农田林地流转，提高农业规模化经营程度；三是以资金与技术确保"精品农业"模式创新转型，吸引工商资本加快进入农业产业领域；四是以政策扶持助推"精品农业"模式做大做强，支持和保障农业做大做强。

4. 经验启示

针对不同山区，"精品农业"模式可选择不同类型：经济发达山区可以积极发展"工厂化精品农业"，积极吸引工商资本注入，大力发展设施农业，提高农产品质量与经济效益，提升农业发展的资本技术密集水平；欠发达山区可以积极发展"生态型精品农业"，依托较好的生态环境，加大农业资金与科技投入，提升农业组织化水平；中心城市周边山区可以积极发展"观光休闲型精品农业"，充分依托交通便利、自然环境优美和农业产业基础，做好规划引导，加大设施投入。

（二）"小县大城"模式

1. 云和样本

云和县发挥政府在资源配置中的主导作用，以县城为增长极，打破城乡界限，通过做大做强县城，进而"以城带乡、以工补农"，促进城乡一体化发展，带动县域经济社会实现整体发展①。

---

① 浙江省发展规划研究院：《"小县大城"——推动浙江省山区经济转型发展的云和模式》，http：//www.zdpri.cn/newsite/sanji.asp？id=223827，最后访问日期：2013年11月13日。

力促集聚，做大做强县城。云和县将城市规划区面积从原来的8.8平方公里扩大到22平方公里，推动城南区加快开发建设，县城建成区面积拓展到5.2平方公里。加快交通网、信息网、能源网和各项市政基础设施建设，完善了城市发展环境。通过低丘缓坡开发，将云和工业园区的面积从2001年的0.17平方公里扩展到3.2平方公里，并将其建设成省级特色工业园区和"山海协作工程"示范区。

富农惠农，建设社会主义新农村。依托云和的自然资源优势和传统产业基础，大力发展以食用菌、云和雪梨、有机鱼和生态名茶为主的农业主导产业。云和县食用菌年生产量达到8000万袋，户均种植量和户均收入居全国前列。推进村庄示范整治、乡村康庄、农民饮用水等一系列惠民工程的深入实施，改善留守农民生产生活条件。加快内聚外迁步伐，在有条件的中心镇、中心村，采用自建房式下山、公寓式下山、资金补助式下山等多种方式，引导相对困难的群众就近下山转移。

加速融合，统筹城乡发展。强化转移农民职业技能培训，通过深入实施"万名农村剩余劳动力素质培训工程"，提高农民就业技能和整体素质。推进户籍制度改革，取消对农民进城务工就业的不合理限制和各类登记项目，逐步实行暂住证一证管理。积极推进计划生育、社会保障、退伍军人优抚等制度改革，逐步让城乡居民享受同等的待遇和实惠。为进城农民提供市民待遇，在确保进城农民有房可住的同时提供了3万多个就业岗位。努力使进城农民在云和县城享受与市民同等的待遇，化农民为市民。

2. 模式内涵

"小县大城"模式，是指城乡要素一体化配置，积极引导人口、产业、资金、建设用地等向县城集聚，做大做强中心县城增长极，提升集约化发展水平，带动县域经济社会整体实现跨越式发展的模式。

3. 发展要点

"小县大城"模式的基本特征：一是强化产业、人口和社会事业集聚，以产业和事业发展夯实人口集聚的就业支撑，以适度超前的城市化进程，推动工业化和城市服务功能提升；二是实施做大县城与推进社会主义新农村建设双管齐下的方针，推进城乡统筹协调发展；三是进一步创新土地要素等流转机制，增强发展活力。

### 4. 经验启示

"小县大城"模式，是欠发达山区推进城乡格局转变的重要发展模式，主要适用于人口密度较低，县域总人口不断外流，县域内除县城外其他集镇支撑作用较弱，同时中心县城具有连片开发空间的地区，如泰顺、文成、景宁、磐安、开化、常山等县。

## （三）"陆海联动"模式

### 1. 临海样本

临海市坚持陆海联动，把陆域优势与海洋优势有机结合，实现海陆产业联动发展、基础设施联动建设、资源要素联动配置、生态环境联动保护。

强化陆海交通。临海市立足全省和全台州的高度，勾勒了交通"三大建设"规划，即大路网规划——构筑"二铁四高三环六连三延"；大港口规划——建设"一港一航一线"；大物流规划——建设"五站二园一中心"，构筑市域"半小时经济交通圈"，积极构建沿海立体交通网和综合物流网，把临海建设成浙江沿海中部重要的交通枢纽、港口城市和物流基地。

构筑合作平台。以建设台州湾循环经济产业集聚区为核心，构建海洋经济发展平台。加快临海东部头门港区建设，以其良好的深水航道、泊位和150平方公里的围海造陆空间，辐射浙中腹地产业，把头门港发展为产业港，有效推进临海产业转型升级，实现临海发展从内陆封闭型向陆海联动型的跨越。

布局产业发展。东部区块初步形成医化、眼镜、不锈钢、机械等几大产业的同时，着力抓好医化、药化、石化三大基地，以海洋新兴产业培育、传统制造业提升为重点，推动块状经济向产业集聚发展，在临港型产业发展和产业转型升级上取得突破。

### 2. 模式内涵

"陆海联动"模式，是进一步发挥沿海发达地区资金、人才与产业等优势，着力发挥海洋经济辐射带动作用，引导沿海地区基础设施、工商和人力资本向山区拓展，强化山区对沿海地区发展的支撑作用，形成沿海和内陆山区联动发展的模式。

### 3. 发展要点

"陆海联动"模式的基本特征：一是加强各级政府的统筹协调，实现山区与沿海的"产业对接""基础设施对接"，增强一体化发展格局；二是努力推进资源要素的双向流动，形成"人要山山，钱要进山"的要素资源双向流动格局。

### 4. 经验启示

"陆海联动"模式具体可划分为两种类型，不同类型具有不同适用范围。省级层面的"陆海联动"模式，是以全省26个欠发达山区县特别是12个重点欠发达山区县为重点，加大对口帮扶和山海协作力度，推动沿海发达地区资金、产业与人才等资源向欠发达山区转移，实现全省区域均衡化发展。县级层面的"陆海联动"模式，是立足余姚市、奉化市、宁海县、象山县、乐清市、永嘉县、绍兴县、临海市、三门县、平阳县、苍南县等11个沿海山区县，充分利用海陆两种资源，着力推进山区乡镇与沿海乡镇的一体化比翼发展。

## （四）"异地开发"模式

### 1. 磐安样本

作为钱塘江、曹娥江、瓯江、灵江四大水系发源地之一的磐安县，是全省最重要的生态敏感区之一，由于经济发展空间狭小、交通不便等先天不足，经济发展相对滞后。金华市委市政府为扶持磐安县异地发展工业经济，在金华市经济技术开发区内规划了3.8平方公里土地，设立金磐扶贫经济开发区。金磐开发区建区18年来，累计实现工业销售产值195亿元，外贸出口交货值79亿元，上缴税收和其他非税收入20多亿元，实现固定资产投资和基础设施投入80亿元，各项主要经济指标均占全县的1/4以上。

金磐开发区已经成为磐安县主要的工业基地和重要的经济支柱，同时也是省级山海协作示范区。磐安异地开发的成功实践，推动了欠发达地区扶贫体制的创新、区域间生态补偿机制的创新和异地开发区管理体制的创新。

### 2. 模式内涵

"异地开发"模式，是发挥省市县三级政府联动协作优势，扶持土地资金紧缺、生态环境敏感、人民生活亟须改善的部分山区，异地创办工业开发区，打造"飞地"经济，实现山区异地开发。

### 3. 发展要点

"异地开发"模式的基本特征：一是着力协调"异地开发"模式中的多方利益关系，确保多方受益、共赢发展；二是切实发挥"异地开发"模式的主体积极性，上级政府必须在生态环境保护、税收分配、转移支付、节能减排等多个领域，给予一定优惠，提高欠发达地区对"异地开发"模式的积极性。

### 4. 经验启示

"异地开发"模式，以省内跨县级行政区域的"异地开发"模式为主，具体可划分为不同适用范围的三种类型。

省内跨县级行政区域的"异地开发"模式，主要是适用于重点欠发达山区县，并以县政府所在的地级市本级范围内的跨区域异地开发为主。除金华的磐安县、丽水的景宁县外，全省可重点探索推进文成县与泰顺县在温州市实施"异地开发"，庆元县在丽水市实施"异地开发"，开化县在衢州市实施"异地开发"的发展模式。

县内跨乡镇行政区域的"异地开发"模式，全省山区县根据发展实际，均可在其行政区域范围内，实施跨行政村、跨乡镇的"异地开发"模式。新昌县实施"农村异地物业联建"，针对县内一部分集体经济薄弱的行政村，在县内开发区、工业功能区划出部分工业用地，由村集体联合筹资新建标准厂房，收入用于村集体经济发展。

省外"异地开发"模式，主要适用于市场经济发达、资金实力较为雄厚的地区，这些地区可依托市场主体，组织较大规模的民间资金，实施省外"异地开发"模式。即通过企业在省外、国外租用或购买土地，实施大规模的农业开发、原材料基地以及工业园区建设。

### （五）"生态旅游"模式

#### 1. 遂昌样本

遂昌县构建了以乡村休闲旅游为引领、一二三产业统筹协调发展的山区科学发展"遂昌样板"，已经成功跨入浙江省旅游经济强县和首批旅游综合改革试点县。

政府主导。科学制定旅游产业发展规划，实施旅游产业发展战略。加人政策引导和基础设施投入，高质量包装旅游项目，积极争取资金支持。县政府出资 60 万元对金矿旅游进行包装，2006 年 8 月被国土资源部列为首批国家矿山公园，并获取专项补助资金 1000 万元。

吸引各投资主体参与旅游资源开发。引导本地知名企业投资旅游业，支持和引导本地龙头企业——元立集团、凯恩集团等为代表的民营资本投资旅游业。吸引县外资本来遂昌投资，县委县政府重视旅游项目的招商引资工作，积极引进旅游项目。以"农家乐"为载体，搭建农村民间资本投资旅游平台，大大拓宽了农村民间资本参与旅游业发展的渠道。

实施旅游精品战略、全方位立体营销战略。加大融入旅游产品的文化内涵，以此提升旅游品位。挖掘资源优势，着力彰显旅游产品中生态因素的吸引力。在旅游产品的设计中注重对生态因素的充分利用，尽可能体现"非常山水、肆意遂昌"风格。全方位立体营销战略的做法主要有：一是舍得广告投入，立足长三角主要城市，通过上海、浙江及周边城市的传统媒体宣传，推介遂昌旅游；二是利用网络等现代媒体进行营销；三是通过举办各类活动推介遂昌旅游产品。以节庆文化常态化、传统文化产业化、群众文化职业化为出发点，以旅游节庆活动为载体，组织或指导开展形式多样、内容丰富的特色旅游节庆活动，进一步拓展旅游市场，提升知名度和影响力[1]。

#### 2. 模式内涵

"生态旅游"模式是以自然风光和人文资源为基础，积极推进各类资源

---

[1] 中共丽水市委党校：《县域旅游业发展的"遂昌经验"》，http：//dx. lishui. gov. cn/xyky/syj/t20110607_ 729491. htm，最后访问日期：2011 年 6 月 7 日。

的综合开发，提高当地群众的经济收益，促进当地对自然环境与人文资源综合保护的积极性，实现开发与保护双赢。

3. 发展要点

"生态旅游"模式的基本特征：一是着力推进道路、酒店、旅馆以及景区开发等各类设施建设，鼓励和吸引民间资本投资旅游产业，提升"生态旅游"模式中的设施支撑水平；二是妥善处理好"生态旅游"模式中开发与保护的关系，坚持生态优先，科学确定可容纳度假者的总体规模和开发建设规模，加大环境保护治理力度，倡导生态度假方式，确保可持续发展。

4. 经验启示

全省具有生态旅游比较优势的山区县，可以把"生态旅游"作为当地加快发展的主要或重要模式。浙北地区主要针对中心城市游客，大力发展湖山休闲度假和乡村生态休闲旅游；浙东地区发挥山海优势和工商繁荣的产业优势，推进传统景区改造提升，大力发展山海并举的生态休闲旅游；浙中地区建设以金华—义乌为主体的浙中生态旅游圈，提升发展武义温泉休闲养生度假产业；浙西南地区依托整体生态旅游资源优势，加快建设投入，可大力发展养生养老休闲度假旅游。

## 第二节　"养好两只鸟"，促进经济结构转型升级

习近平指出："养好'两只鸟'，一个是'凤凰涅槃'，另一个是'腾笼换鸟'。所谓'凤凰涅槃'，就是要拿出壮士断腕的勇气，摆脱对粗放型增长的依赖，大力提高自主创新能力，建设科技强省和品牌大省，以信息化带动工业化，打造先进制造业基地，发展现代服务业，变制造为创造，变贴牌为创牌，实现产业和企业的浴火重生、脱胎换骨。所谓'腾笼换鸟'，就是要拿出浙江人勇闯天下的气概，跳出浙江发展浙江，按照统筹区域发展的要求，积极参与全国的区域合作与交流，为浙江的产业高度化腾出发展空间；并把'走出去'和'引进来'结合起来，引进优质的外资和内资，促进产业结构的调整，弥补产业链的短项，对接国际市场，从而培育和引进吃

得少、产蛋多、飞得高的'俊鸟'。实现'凤凰涅槃'和'腾笼换鸟',是产业高度化发展的客观趋势和必然选择。"①

## 一 经济结构转型升级战略的演变

经过改革开放 30 多年的实践,浙江走出了一条具有区域特色的经济社会发展之路,实现了经济社会发展的历史性跨越,经济结构转型升级战略从促进经济转型升级逐渐向推进经济发展方式转型。

十一届省委在深入调查研究的基础上,于 2003 年 7 月省委十一届四次全会上提出了"八八战略",之后多次强调要以"凤凰涅槃"的勇气、"腾笼换鸟"的举措、"浴火重生"的气魄,坚持不懈地抓好经济结构调整和产业优化升级。2006 年,"十一五"规划提出要坚持转变经济增长方式,推进国民经济和社会信息化,切实走新型工业化道路,优化产业结构,提升产业层次。

十二届省委深入实施"八八战略"和"创业富民,创新强省"总战略,形成了加快转变发展方式、推进经济转型升级的新局面②。2007 年 12 月,浙江省经济工作会议首次明确提出加快经济转型升级这一重大战略任务。2008 年 9 月 26 日,省委十二届四次全体会议审议通过了《中共浙江省委关于深入学习实践科学发展观 加快转变经济发展方式 推进经济转型升级的决定》,提出了加快构筑现代产业发展、加快构筑节约集约创新发展、加快构筑消费投资出口协调拉动、加快构筑城乡区域协调发展的"四大新格局",清晰地勾画了具有浙江特点的现代产业体系蓝图,明确提出要着力改变服务业特别是现代服务业发展滞后、经济增长过分依赖工业支撑的状况③。同时,中共浙江省委还发布了《浙江省人民政府关于加快工业转型升

---

① 习近平:《干在实处 走在前列——推进浙江新发展的思考与实践》,中共中央党校出版社,2006,第 128~129 页。

② 骆逸群:《我省加快"腾笼换鸟" 促进经济转型升级》,《浙江日报》,http://www.zjjxw.gov.cn/jxdt/zjgy/2013/07/16/2013071600079.shtml,最后访问日期:2013 年 7 月 16 日。

③ 《省委〈决定〉解读:推进转型升级的重要指南》,浙江政协网,http://www.zjzx.gov.cn/Item.aspx?id=11378。

级的实施意见》，加快浙江省工业转型升级，提高工业综合实力、国际竞争力和可持续发展能力①。

2010 年 3 月，时任省委副书记、省长的吕祖善同志在加快经济发展方式转变专题会议上作了题为"在'加快'上下功夫　在'转变'中求实效"的讲话②，提出追求可持续的平稳发展、群众得到更多实惠的发展和社会和谐稳定发展的三大发展理念，优化产业结构、要素支撑结构、需求结构和空间布局结构，加强体制政策保障和组织领导。

2010 年 5 月，时任浙江省委书记的赵洪祝同志在省委专题学习会上作了题为"正确把握九个关系　努力实现九个突破"的报告。他提出要正确把握"大"与"小"的关系，力求在培育新优势上取得新突破；要正确把握"新"与"旧"的关系，力求在产业结构调整上取得新突破；要正确把握"引进"与"研发"的关系，力求在科技创新上取得新突破；要正确把握"山"与"海"的关系，力求在培育经济新增长点上取得新突破；要正确把握"破"与"立"的关系，力求在深化改革上取得新突破；要正确把握"内"与"外"的关系，力求在对内对外开放上取得新突破；要正确把握"城"与"乡"的关系，力求在城乡区域协调发展上取得新突破；要正确把握"利用"与"保护"的关系，力求在生态文明建设上取得新突破；要正确把握"共建"与"共享"的关系，力求在全面改善民生上取得新突破③。随后，省政府出台了《浙江省人民政府关于加快淘汰落后产能　促进工业转型升级的若干意见》，推动工业转型升级，推进节能减排，努力构建集约发展新格局。

省第十三次党代会提出了"物质富裕、精神富有"现代化浙江的总目标，对加快"腾笼换鸟"提出了更紧迫、更高的要求。省委、省政府进一步加强战略统筹，2012 年 6 月，正式出台《关于加快"腾笼换鸟"　促进

---

① 浙江省人民政府办公厅：《浙江省人民政府关于加快工业转型升级的实施意见》，http：//www. zj. gov. cn/art/2013/1/4/art_ 13012_ 69990. html，最后访问日期：2008 年 12 月 19 日。

② 吕祖善：《在"加快"上下功夫　在"转变"中求实效》，《求是》，http：//www. qstheory. cn/zxdk/2010/201009/201004/t20100426_ 27891. htm，最后访问日期：2010 年 5 月 1 日。

③ 杨媚：《赵洪祝：正确把握九个关系　努力实现九个突破》，人民网，http：//cpc. people. com. cn/GB/64093/64102/11710150. html，最后访问日期：2010 年 5 月 27 日。

经济转型升级的若干意见（试行）》，明确提出促进"腾笼换鸟"工作的目标要求和政策举措，强调了"坚持以市场调节手段为主，经济、法律、行政手段相结合，倒逼、激励、服务措施相结合，依法淘汰、就地转型和梯度转移相结合，努力形成'腾笼换鸟'工作的长效机制"[①]，努力推动产业梯度转移、结构优化与竞争力提升，力争在"十二五"末资源利用效率有较大提高，有效投资较快增长。

加快"腾笼换鸟"，事关浙江经济社会未来发展的大局。2012年9月，省政府办公厅出台了《浙江省人民政府办公厅关于加快"腾笼换鸟"工作的实施意见》，进一步明确了加强工作协同推进、政策统筹协调、体制机制创新、试点示范和引导激励等五个方面的工作任务举措，成立了由分管副省长任协调小组组长的省"腾笼换鸟"工作协调小组，下设协调小组办公室和淘汰落后产能、用能优化配置、土地集约利用、环境污染治理四个工作组。各市、县（市、区）也同步建立了"腾笼换鸟"工作协调推进机制。省市联动、部门协同、合力推进，体系化的"腾笼换鸟"推进机制目前已在浙江省初步建立，并取得了积极成效。

面对要素供给和环境承载能力的瓶颈制约，粗放型增长方式对可持续发展的约束日益显著。浙江省采取"优农业、强工业、兴三产"三大方略，用生态农业、精致农业代替传统农业，用新型制造业改造提升传统产业。同时，依靠创新驱动，从成本领先转向技术领先，实现"腾笼换鸟"，将低水平重复建设的项目和企业腾出，换进战略性新兴产业、新的机制和新的增长方式。

## 二　经济结构转型升级的战略举措

### （一）大力推进企业自主创新

面对复杂多变的经济形势，浙江省委、省政府提出"标本兼治、保稳

---

① 浙江省区域经济与社会发展研究会：《2012年浙江区域经济发展的新趋势》，http：//www.raresd.com/brownew.asp？n_ID=13944，最后访问日期：2013年2月6日。

促调"的总体思路，破解发展难题，鼓励企业自主创新，率先转型升级，努力做精做强[1]。2006 年，省委、省政府专门出台了《关于加快提高自主创新能力，建设创新型省份和科技强省的若干意见》，2008 年浙江省工商局出台了《关于贯彻"保稳促调"方针 进一步减轻企业负担的通知》，浙江省质监局发出《关于实行收费减免 切实减轻企业负担的通知》，全方位扶持和鼓励企业自主创新[2]。

1. 引导企业增加科技投入

充分发挥企业作为研究开发投入、技术创新活动和创新成果应用主体的作用，引导企业加大科技投入尤其是研发投入，不断开发新技术、新产品、新工艺。凡被认定为省级以上高新技术企业和科技型中小企业的，其研究开发费分别不得低于年销售收入的 5% 和 3%。鼓励、支持省级以上高新技术企业和大中型企业建立研发机构。鼓励和支持中小企业采取联合出资、共同委托等方式进行合作研究开发，建立可靠的技术依托。积极开展创新型企业培育工作，扶持和发展一批具有持续创新能力、自主知识产权和知名品牌的国家和省级创新型企业。鼓励科技人员和民间资金通过多种途径创办科技型中小企业。省级科技型中小企业可参照享受高新技术企业的有关优惠政策。

2. 加强企业科技合作与交流

加强长三角区域科技合作，联合建设一体化、开放型的创新体系。深入实施引进大院名校战略，鼓励各地以企业为主体，以引进团队、高层次人才和核心技术为重点，与国内外大院名校共建研发机构等各种形式的创新载体。支持有条件的地区建立集聚研发机构的科技创新、成果转化和产业化基地。鼓励、支持有条件的企业到国（境）外设立研发中心，充分利用国（境）外的科技和人才资源，增强自主创新能力。各地对引进的各类研发机

---

[1] 袁亚平：《浙江鼓励企业增强自主创新能力》，人民网，http://politics.people.com.cn/GB/14562/7691807.html，最后访问日期：2008 年 8 月 19 日。

[2] 钱玉红、吕国昌、吴幼祥：《新增 4 亿元支持科技攻关 浙江鼓励企业自主创新》，《杭州日报》，http://biz.zjol.com.cn/05biz/system/2006/05/18/006626080.shtml，最后访问日期：2006 年 5 月 18 日。

构在建设资金、土地征用、人才引进、科技项目等方面予以优先支持，对到国（境）外设立研发中心的企业给予政策扶持。

### 3. 加强知识产权保护

建立健全归属清晰、权责明确、管理规范、流转顺畅的现代知识产权制度，增强发明创造活力，加强知识产权保护，推进专利成果产业化。鼓励和引导企业拥有专利技术、技术秘密、软件著作权，特别是发明专利，把获取发明专利作为科技项目立项和绩效考评的重要内容。推进专利示范企业创建工程，培育和发展一批知识产权优势企业。加大知识产权执法力度，营造尊重和保护知识产权的良好环境。进一步加强知识产权保护和管理工作，充分发挥行业协会在知识产权保护中的自律作用，不断完善政府监管、企业自律、舆论监督、群众参与的知识产权保护体系。

### 4. 扎实推进"三名"工程①

鼓励企业走自主创新、品牌发展之路。支持企业通过技术创新提高产品的质量和档次，创立自主品牌。培育发展驰名商标、著名商标，打响企业品牌。推动中小企业联合创牌，打造区域品牌。鼓励和支持出口企业在境外注册商标、实施质量认证，使国内品牌成为国际品牌，着力培育一批具有国际影响力和竞争力的世界知名品牌。鼓励企业成立商标、商号和品牌的自律组织，开展品牌的创新、保护和宣传工作。通过实施驰名商标、著名商标和知名商号认定等"三名"工程，提升企业无形资产。

### 5. 支持企业大力培养和吸收创新人才

深化企业分配制度改革，进一步贯彻落实技术要素参与分配的政策。在高等学校和科研机构中设立面向企业创新人才的客座研究岗位，选聘企业高级专家担任兼职教授或研究员。鼓励高校教师和科研院所研究人员到大中型骨干企业和高新技术企业兼职。推进企业博士后科研工作站建设，吸引优秀博士后到企业从事科技创新，支持企业为高等学校、科研机构建立学生实习

---

① 韩洪祥、杜文博：《浙江省工商局出台十项举措强实体促转型》，浙江省工商局新闻中心，http：//gsj. zj. gov. cn/zjaic/jrgs/gsyw/201405/t20140529_ 128944. htm，最后访问日期：2014年5月29日。

基地。高等学校在校研究生、本科生创办民营科技企业的，经学校批准可保留学籍。

6. 加大金融支持力度

推动各类金融机构与科技项目、创业投资的紧密合作，积极探索发放科技开发贷款，支持企业技术创新。各金融机构加大对已形成生产能力、成长性好的高新科技企业的信贷支持力度。对有还贷能力的自主创新产品出口企业，优先安排流动资金等贷款。探索开展知识产权等无形资产的质押贷款试点。支持有条件的高新技术企业和科技型中小企业在国内主板、中小企业和境外上市。支持符合条件的高新技术企业发行公司债券。建立健全中小型科技企业信用担保体系，鼓励担保机构加大对科技型企业技术创新活动的支持力度。凡向高新技术企业及民营科技企业提供信用担保超过其累计担保额70%以上的信用担保机构，可按规定享受高新技术企业的优惠政策。支持保险公司发展企业财产保险、产品责任保险、出口信用保险、业务中断保险等险种，为高新技术企业提供保险服务。省和有条件的市县设立专项资金，用于科技开发、成果转化、产业化项目贷款贴息。支持和推动商业银行与科技型中小企业建立稳定的银企关系，对创新活力强的企业给予重点支持。加快建设企业和个人征信体系，促进征信业发展，为商业银行改善对科技企业的金融服务提供支持。

（二）推进土地节约集约利用

2008 年浙江省发布了《浙江省人民政府关于切实推进节约集约利用土地的若干意见》，2013 年省政府办公厅又发布了《全省实施"亩产倍增"计划 深化土地节约集约利用方案》，以提高全省土地资源节约集约利用水平①。

1. 实行新增建设用地"节流减量"

一是优化土地供应结构。全面加强土地利用计划管理，严格控制新增建

---

① 浙江省人民政府办公厅：《浙江省人民政府办公厅关于印发全省实施"亩产倍增"计划 深化土地节约集约利用方案的通知》，http：//www.zj.gov.cn/art/2013/8/26/art_13012_100754.html，最后访问日期：2013 年 6 月 17 日。

设用地总量。突出区域产业发展导向，加强准入管理，建立产业项目准入联审制度。探索差别化供地政策，优先保障战略性新兴产业、重大产业、先进制造业以及科技型创业创新项目用地。严格执行《限制用地项目目录》《禁止用地项目目录》和《工业项目建设用地控制指标》，从源头上遏制产能过剩和重复建设项目用地。二是严格土地使用标准。修订了《浙江省工业等项目建设用地控制指标》，逐步提高新增建设项目用地准入门槛。严格土地使用标准执行力度，对国家和地方尚未颁布土地使用标准和建设标准的特殊项目，探索建立项目节地评价和专家评审制度，提高新增建设用地投资强度和利用效益。三是规范土地供应行为。严格执行"净地"出让和经营性用地招拍挂出让制度，全面落实土地供应公告公示要求，及时上传划拨决定书和土地出让合同到土地市场动态监测监管系统，实行网上填报和备案管理，切实加强土地市场的监管和调控。

2. 加快存量建设用地"挖潜增效"

一是推进工业用地挖潜增效活动。积极推进"空间换地"，鼓励企业在符合城乡规划，满足质量、消防安全且在不改变土地用途的前提下，通过技术改造、压缩绿地和辅助设施用地，扩大生产性用地；通过厂房加层、利用地下空间等途径实施"零增地"技术改造，追加投资，提高工业用地投资强度和利用效率。二是推进工业企业"退二进三"活动。鼓励有条件的企业利用自有存量土地和原厂房，依法依规兴办商业服务、电子商务、研发设计、文化创意、物品储运、鲜活农产品销售等服务业。三是推进调整城镇土地使用税政策试点。发挥税收调节经济的杠杆作用，促进土地节约集约利用。

3. 推进批而未用土地"减量加速"

一是严格落实"双挂钩"制度。制定批而未用土地利用情况与新增建设用地计划指标分配、与耕地保护目标责任制考核相挂钩的具体实施办法。加大对"双挂钩"制度的执行力度，加快批而未供、供而未用土地的有效利用。二是开展批而未用土地利用攻坚活动。2005年以前形成的批而未供土地在2014年底前基本消化。省国土资源厅加强批而未供土地的总量动态监控，建立了不定期通报制度，督促各地切实加快批而未用土地消化利用工作。三是强化建设用地批后监管。完善建设用地批后监管制度，强化对土地出让合同履行情况的监管，提高建设用地供后按期开工率；严格执行《闲置土地处置办法》，加大闲置土地处置的力度，防止土地资源闲置浪费。

4. 实施城镇低效用地再开发

一是开展城镇低效用地清查。以城市、建制镇建成区为重点，组织开展城镇低效利用建设用地清查，建立城镇低效用地数据库，为实施城镇低效用地"再开发"打好基础。二是推进城镇低效用地再开发试点。按照《国土资源部关于印发开展城镇低效用地再开发试点指导意见的通知》要求编制试点实施方案，推进浙江省城镇低效用地再开发试点。三是实施城镇低效用地分类处置。结合"三改一拆"三年行动部署，加快城镇低效用地再开发进度，完善土地增值收益分配机制，有序推进城镇低效用地分类处置，提高低效用地再利用效率。

5. 促进开发区集约高效用地

一是开展开发区节约集约用地示范区创建活动。建立开发区节约集约用地评价体系，对达到节约集约用地标准的，予以通报表扬；组织开展开发区节约集约用地示范区评选，努力在全省建成一批开发区节约集约用地示范区。二是推进开发区土地集约利用。突出开发区产业导向，提高建设项目用地控制指标标准，加强土地供应管理，推动现有建设用地整合利用，提高土地利用率。三是加强开发区土地利用监管。定期开展开发区土地利用现状变化情况调查，更新评价成果。加强开发区土地供应和开发利用动态监管，及时发现、处置闲置土地和低效用地。

## （三）积极淘汰落后产能

淘汰落后产能是转变经济发展方式、促进产业转型升级的客观要求，也是拓展发展空间，增强经济发展后劲的重要举措。省委、省政府高度重视，坚决淘汰高耗能、重污染行业落后产能，为产业转型升级腾出空间。

1. 强化组织领导和机制建设

2010 年，根据国家要求和工作推进需要，浙江省成立了淘汰落后产能工作协调小组，2012 年，成立了浙江省"腾笼换鸟"工作协调小组，并下设办公室，省"腾笼换鸟"办公室还下设了淘汰落后产能、用能优化配置、土地集约利用、环境污染治理四个工作组，各级地方政府也建立相应的机制，并建立完善了责任分工、计划申报、任务分解、检查验收、公示公告、考核奖励、试点示范等一揽子的工作推进、试点考核、长效激励和"腾换"倒逼机制。

2. 强化政策引导和标准引领

在 2010 年和 2011 年省政府出台加快淘汰落后产能的政策意见基础上，2012 年，又出台了《浙江省人民政府关于加快"腾笼换鸟" 促进经济转型升级的若干意见（试行)》《浙江省人民政府办公厅关于加快"腾笼换鸟"工作的实施意见》，明确了全省"腾笼换鸟"工作的目标要求和政策举措。制定了《浙江省淘汰落后产能规划（2013～2017 年)》《浙江省淘汰落后产能指导目录（2012 年)》，通过产业政策限制、产业规划引导和淘汰标准界定，持续推动落后产能淘汰有序深入进行。

3. 强化多管齐下，综合推进

综合运用法律、经济、技术和必要的行政手段加强"腾笼换鸟"和淘汰落后产能工作。严格维护市场秩序，通过有序竞争实现优胜劣汰。充分发挥经济手段的作用，修订出台了执行差别电价政策企业认定暂行办法，提高了淘汰类、限制类企业的认定标准，并加大对差别电价的执行力度，有力地倒逼落后产能加快淘汰。充分发挥法律法规的约束作用和技术标准的门槛作用，加大执法处罚力度，依法依规淘汰落后产能。

4. 强化部门联动合力推进

省淘汰办根据省政府文件要求及时将十大工作措施 29 项重点任务分解落实到 23 个省级单位和各市、县（市、区)，强化了淘汰落后产能工作横向到边、纵向到底、成体系推进。加强省级部门间工作联动，合力倒逼"腾笼换鸟"和落后产能淘汰，如省经信委、环保部门联合制定出台了印染、造纸、制革、化工等 6 个行业整治提升方案，通过大力推进行业整治加快落后产能的淘汰。"腾笼换鸟"四个工作组按照职责，在专项推进、试点示范、督察考核、表彰奖励等方面进一步加强了工作联动①。

### （四）改造提升传统产业

传统产业是浙江国民经济的基础，创造了绝大部分的产值、利税和就业机会，是浙江省的基础产业、民生产业和支柱产业，改造提升传统产业对浙江省经济发展和转型升级具有重大意义。

**1. 加强政策引领，着力构建传统产业改造提升的政策体系**

建立健全产业规划和产业政策引导体系，完善优势支柱产业扶持机制，建立传统产业改造提升促进机制，建立企业技术改造促进机制。完善块状经济生产性服务业体系，建立促进块状经济向现代产业集群转型的有效机制。

**2. 扶持行业龙头，着力培育传统产业改造提升的领军企业**

2010 年浙江省办公厅发布了《浙江省人民政府关于支持行业龙头骨干企业加快发展的若干意见》，提出行业龙头骨干企业是浙江省工业创新发展的排头兵、经济转型的主力军、经济实力和竞争力的重要标志。发挥龙头企业的带动作用，促使其拓展产业链、提升价值链，优化企业组织结构，进一步提高产业集中度，提高企业配套协作水平。

**3. 加大帮扶力度，着力在传统产业改造提升中培育一批成长型中小企业**

加强中小微企业扶持，引导中小企业向"专、精、特、优"方向发展。2011 年浙江省经信委下发了《关于开展浙江省成长型中小企业（产业集群示范区）推荐工作的通知》，浙江省中小企业局印发了《中小企业"百千万工程"年度实施方案》，积极引导和推动浙江中小企业从数量大省向素质强省转变，重点扶持一批符合产业发展方向、成长性突出的中小企业拓宽融资渠道，并在融资担保、专项资金项目等方面给予重点支持。

**4. 突出示范试点，着力抓好传统产业改造提升的有效载体**

充分发挥块状经济的主体作用，2010 年省政府办公厅发布了《浙江省

---

① 浙江省经济和信息化委员会：《全省"腾笼换鸟"、淘汰落后产能情况通报》，http：// xwfb．com．cn/system/2013/05/09/019328610．shtml，最后访问日期：2013 年 5 月 10 日。

人民政府关于进一步加快块状经济向现代产业集群转型升级示范区建设的若干意见》，把握块状经济向现代产业集群升级的内在规律，选择一批自主创新较好的产业集群作为全省的培育重点和示范点，逐步培育在国内领先、具有国际竞争力、在同行业中具有较大影响的有深厚技术创新能力支撑的区域产业集群。同时，开展工业大县转型升级试点，2012年浙江省政府办公厅公布了20个工业强县（市、区）建设试点名单。试点县（市、区）将结合本地实际，带动块状经济转型升级，培育总部型、品牌型、上市型、高新型、产业联盟主导型等"五型"企业，在建设特色工业设计基地以及创建智慧城市等方面实现率先突破。

5. 加快两化融合，着力探索信息技术改造提升传统产业的有效途径

以装备制造、轻工、纺织、化工、医药、电力、建材、冶金、汽车、船舶等十大传统行业为着力点，实施"两化"深度融合行动计划，推进企业从单项业务应用向多业务集成应用转变，从单一企业应用向产业链上下游协同应用转变，实现信息技术在传统制造业的全面渗透、综合集成和深度融合，促进工业创新发展、绿色发展和智能发展，提高工业生产的集约化水平。普及推广信息智能工具，推进仿真实验、平台集成、协同研发等新型工业研发模式的应用，构建协同创新的研发体系；推进企业管理信息系统的一体化运行和综合集成，实现生产管理的精细化和柔性化；加快重大装备、关键生产设备的数字化和网络化，运用信息技术优化装备、设备功能，提高工业生产母机和重大产业装备的信息化水平；利用信息技术改造传统工艺和生产流程，实现生产流程的自动化和智能化，提高生产效率和能源综合利用率，保障工业生产安全，减少污染排放，促进资源综合循环利用；鼓励企业深度开发利用工业信息资源，分行业建立专业知识库、数据库和信息库，发挥信息资源对行业和产业集群中小企业发展的指导和支撑作用。

（五）积极发展战略性新兴产业

加快推进战略性新兴产业发展，是推动产业转型升级的关键举措。2011年，《中共浙江省委浙江省人民政府关于加快培育发展战略性新兴产业的实施意见》出台，将物联网、高端装备制造、新能源、新材料、节能环保、

生物、新能源汽车、海洋新兴产业和核电关联产业九个产业列为战略性新兴产业，按照产业发展规划明确发展思路、发展目标、重点领域、重点任务和政策措施，制订落实年度实施方案，明确年度目标任务和责任分工，加快培育扶持，推动产业发展。

1. 持续推进"千百十培育工程"

坚持以企业为主体，着力培育千家企业。深入开展 1000 家重点企业培育工作，完善重点企业储备库，积极引导和推动一批龙头骨干企业向战略性新兴产业转型升级，扶持一批具有技术优势的创新型中小企业跨越式发展，发挥重点企业的引领带动和典型示范作用。对储备库企业实行动态管理，库内企业在符合相关规定的前提下，在各类省财政专项资金安排、申报国家相关专项、进口设备免税及重大技术装备免税等方面，优先考虑政策倾斜扶持。

坚持以项目为载体，大力实施"百项工程"。组织实施《浙江省战略性新兴产业"百项工程"项目计划（2013 年）》，合计 101 项重点项目，总投资 572.2 亿元。重点推进一批重大关键技术、重大技术产业化项目和示范应用工程。各产业中集中扶持 3 个左右的重点领域，加快新兴产业的成长，形成研发、产业化、示范应用配套工程，提高财政资金使用绩效①。

坚持以园区为主阵地，建设十个产业基地。选择产业基础比较好的高新技术产业园区和产业集聚区，以政府为主导、重点企业为主体，联合科研院校、行业协会等力量，科学谋划、合理布局。着重推进建设 10 个左右特色鲜明、有国内影响力的战略性新兴产业基地，成为浙江省经济新的增长极。

2. 推进创新示范基地建设

以政府为主导，重点企业为核心，联合科研院校、行业协会等力量，根据各地产业发展基础，围绕当地培育发展重点，依托省级以上产业集聚区、高新技术产业开发区、经济开发区（工业园区）、产业集群示范区，突出重点，科学谋划，进一步健全推进机制，强化要素保障，优化市场环境，建设

---

① 浙江省经济和信息化委员会：《浙江省持续推进"千百十培育工程"　助推战略性新兴产业提质提速》，http://www.zjjxw.gov.cn/cszc/cytzc/zlxxxcy/2013/07/05/2013070500022.shtml，最后访问日期：2013 年 7 月 5 日。

一批战略性新兴产业创新示范基地。"十二五"期间，着重培育建设 10 个左右创新示范基地①，为全省战略性新兴产业培育发展积累经验，树立典型。省级产业集聚区、省级以上高新技术产业开发区（园区）作为培育发展战略性新兴产业的主阵地，要求其战略性新兴产业增加值占生产总值的比重每年提高 3 个百分点以上。省级以上经济开发区（园区）、产业集群示范区则要求每年提高 2 个百分点以上。

3. 加强财政扶持

积极争取中央财政对浙江省战略性新兴产业重点项目的支持，用好省战略性新兴产业财政专项资金，加大对重点战略性新兴产业项目的扶持。加强与金融机构的沟通协调，建立多层次的担保体系，综合运用风险补偿等财政政策，搭建银企对接合作平台，积极向金融机构推荐战略性新兴产业重点项目。转变融资观念，拓宽融资渠道，积极引入股权投资基金等直接融资手段，为战略性新兴产业发展提供多层次的资金保障。

4. 推进标准化建设

强化标准引领技术创新作用，重点支持示范企业的发明专利转化为标准工作。加强组织支撑能力建设，提升标准制（修）订水平，完善标准技术体系，鼓励和支持以战略性新兴产业特色优势企业、科研机构或行业协会为主制（修）订国际、国家、行业和地方标准。推进标准推广实施工作，强化标准实施情况的监督检查，切实发挥标准化对引领、规范和促进战略性新兴产业快速健康有序发展的作用。

## 三　经济结构转型升级成效明显

### （一）企业自主创新能力显著提升

企业科技投入稳步增长。2013 年规模以上工业科技活动经费支出总额为 451.53 亿元，购置技术成果费用为 11.77 亿元。高新技术产业的科技投

---

① 浙江省经济和信息化委员会：《关于加快推进战略性新兴产业培育发展工作的实施意见》，http：//www. zjjxw. gov. cn/zcfg/wfwj/2011/10/20/2011102000117. shtml，最后访问日期：2011 年 10 月 9 日。

入增幅高于规模以上工业的相应增幅。

培育发展高新技术企业和科技型中小企业。省科技厅深入实施"十百千万企业培育工程",截至 2013 年,浙江高新技术企业累计达 5160 家,科技型中小企业总量达 10000 家,国家创新型试点企业 44 家,国家科技企业孵化器累计达 34 家。155 家知名、行业龙头骨干企业建立了省级企业研究院,研发的新产品实现 2500 多亿元的销售额,超过销售收入总额的一半以上。累计建立 91 家省级重点企业研究院,国家级工程技术研究中心 12 个,国家认定的企业技术中心 53 个。支持重点企业研究院牵头实施重大专项,资助研发经费 8100 万元。同时,从省部属院校选派 109 名科技人员到 46 家省级重点企业研究院工作。

有序开展知识产权优势企业培育工作。到 2010 年底,全省实施国家中小企业知识产权战略推进工程的城市有 3 个,拥有国家专利技术展示交易中心 2 个,国家知识产权示范试点企事业单位 84 家,国家级企业专利工作交流站 2 家,省专利示范企业 722 家,市、县两级专利示范试点企业 4299 家。2010 年浙江省企业的发明专利申请量达到 7691 件,授权量为 2436 件,分别比 2007 年增长 4.05 倍和 5.63 倍,占全省发明专利的 42.7% 和 38%,杭州华三通信居全国单个企业第 6 位。

（二）土地节约集约利用水平提高

新增建设用地"节流减量"。全省新增工业用地平均投资强度由 2007 年底的 181 万元/亩提升到了 2012 年的 233 万元/亩,6 年平均增长率为 5.18%（见表 2-1）。2010 年单位固定资产投资新增建设用地为 0.85 米/万元。

表 2-1　浙江省 2007~2012 年工业新增项目固定资产投资强度情况变化

单位：万元/亩，%

| 年份 | 2007 | 2008 | 2009 | 2010 | 2011 | 2012 | 2007~2012 年年均增长率 | 2007~2012 年平均值 |
|---|---|---|---|---|---|---|---|---|
| 固定资产投资强度 | 181 | 187 | 185 | 203 | 214 | 233 | 5.18 | 200.5 |

资料来源：浙江省国土资源厅批后监管系统土地供应数据。

存量建设用地"挖潜增效"。单位工业用地固定资产净值及单位工业用地固定资产投入从 2007 年到 2011 年年均增长率分别达到 9.04% 和 6.87%。反映工业用地产出水平的单位工业用地利润总额、单位工业用地利税总额、单位工业用地总产值、单位工业用地增加值、单位工业用地销售收入 2007 ~ 2011 年年均增长率分别达到 12.93%、13.04%、9.44%、9.89%、9.19%，5 个单位工业用地产出指标增长率平均达到 10.90%（见表 2 - 2）。

表 2 - 2　浙江省 2007 ~ 2011 年单位工业用地投入产出效率增长情况

| | 年份 | 2007 | 2008 | 2009 | 2010 | 2011 | 2007 ~ 2011 年年均增长率(%) |
|---|---|---|---|---|---|---|---|
| 工业用地产出效率 | 地均利润总额(万元/亩) | 4.9 | 4.2 | 5.6 | 8.4 | 8.0 | 12.93 |
| | 地均利税总额(万元/亩) | 8.4 | 7.7 | 9.6 | 13.5 | 13.7 | 13.04 |
| | 地均工业总产值(万元/亩) | 133.4 | 143.9 | 141.2 | 169.3 | 191.4 | 9.44 |
| | 地均工业增加值(万元/亩) | 25.7 | 28.3 | 28.0 | 33.5 | 37.4 | 9.89 |
| | 地均销售收入(万元/亩) | 97.6 | 105.0 | 104.5 | 132.2 | 138.8 | 9.19 |
| 工业用地投入强度 | 地均固定资产净值(万元/亩) | 25.3 | 20.0 | 34.6 | 37.3 | 35.8 | 9.04 |
| | 地均第二产业固定资产投入(万元/亩) | 10.1 | 10.6 | 11.3 | 12.5 | 13.2 | 6.87 |
| | 新增固定资产土地消耗量(亩/亿元) | 55.2 | 26.6 | 27.2 | 36.2 | 28.7 | - 15.07 |

资料来源：每年土地利用现状变更调查及统计年鉴数据。

同时，2008 ~ 2012 年，全省共消化利用批而未供土地 98.1 万亩，盘活存量建设用地 29.3 万亩。

### （三）淘汰落后产能成效显著

2012 年浙江省共完成淘汰落后钢铁（含不锈钢）产能约 90 万吨、水泥产能 771 万吨、造纸产能 32 万吨、制革产能 780 万标张、印染产能 19 亿米、制造产能 6 亿米、化纤产能 19 万吨、铅蓄电池产能 250 万千伏安时等，共涉及 14 个主要行业和 2411 家企业，大大超出了国家下达浙江省的淘汰落后产能目标任务。通过淘汰落后产能，全省共腾出土地资源 12744 亩、节约能源 139 万吨标准煤，减少二氧化硫、化学需氧量排放分别约 14582 吨、4809 吨。2013

年，共计淘汰 18 个行业 1658 家企业的落后产能，腾出用能空间 144 万吨标准煤，减排 COD 等各类主要污染物近 3 万吨，超额完成国家下达的年度任务。

### （四）传统优势产业升级提速

加快块状经济向现代产业集群转型升级。持续推进杭州装备制造业产业集群等 42 个块状经济向产业集群转型升级示范区试点。

龙头企业引领作用不断增强。培育了一批规模较大、技术水平较高、竞争力较强的重点优势企业，一大批企业通过并购重组、设立海外生产基地、国外商标注册等手段，实施国际化发展道路。

通过"两化融合"改造提升了一批产业、企业，培育发展了一批"两化"深度融合的优秀解决方案、优秀咨询服务机构和优秀应用电子产业基地；建立一批信息化服务平台，提供产品设计、质量检测、行业数据库共享等服务。在印染、造纸、化工等 20 个重点行业层面，建设了一批两化融合产业示范基地。在企业层面，积极发展企业电子商务，改变传统的营销模式，推动了传统专业市场向现代商贸物流、现金现货交易向网上交易转变；培育了 15 家企业为总部型企业两化融合示范试点培育企业。

### （五）战略性新兴产业快速发展

2013 年，全省战略性新兴产业增加值 2744 亿元，同比增长 8.2%。销售产值 14816 亿元，同比增长 6.8%。从产业看，新材料、新能源汽车和核电关联增长速度占据前三位，增加值增速超过了 10%。

2013 年，新材料产业增加值 529 亿元，同比增长 12.3%，稳居九大产业之首。新能源汽车产业增加值同比增长 11.5%，居第二位。从利润总额看，新材料产业同比增长 12.2%。新能源汽车产业同比增长 11.3%，均保持较高水平。核电关联、节能环保和高端装备制造等产业的增加值增幅分别为 10.2%、9.0%、8.8%，均高于战略性新兴产业总体水平。从利润总额看，核电关联产业同比增长 12.8%，节能环保产业同比增长 12.5%。

科技投入持续增长。浙江省战略性新兴产业科技活动经费支出 267 亿元，同比增长 13%，处于较高水平，增幅较主营业务收入高 6.6 个百分点。同时，全省战略性新兴产业科技活动经费支出相当于主营业务收入比重，达

1.8%，较规模以上工业高 0.5 个百分点。

建设了一批高新技术园区、高新技术特色产业基地。杭州高新区软件园被科技部列为国家首批软件欧美出口工程试点。全省共有 5 个国家级高新区以及 25 个省级高新园区，已建国家火炬计划特色产业基地 39 个，省级高新技术特色产业基地 83 个①，它们已经成为战略性新兴产业发展的核心载体。

## 第三节　大力发展绿色经济

当今世界，发展绿色经济已经成为一个重要趋势。发展绿色经济，克服资源短缺的瓶颈制约，解决环境污染和生态问题，切实建设资源节约型、环境友好型社会，加大资源节约和环境保护力度，将有利于促进经济结构调整和发展方式转变，实现经济社会可持续发展；有利于带动环保和相关产业发展，培育新的经济增长点和增加就业；有利于提高全社会的环境意识和道德素质，保障人民群众身体健康；有利于维护中华民族的长远利益，为子孙后代留下良好的生存和发展空间。尤其是在经济发展与资源环境矛盾日益突出的情况下，发展绿色经济是破解能源资源瓶颈制约难题、实现现代化的客观要求和必然选择②。

### 一　绿色经济发展理念

绿色经济是以市场为导向、以经济与环境的和谐为目的而发展起来的一种新的经济形态，是产业经济为适应人类环保与健康需要而产生并表现出来的一种发展状态③。

2002 年 6 月 12 日，浙江省第十一次党代会正式提出建设"绿色浙江"

---

① 浙江省科学技术厅：《浙江省省级高新技术特色产业基地》，http：//www.zjkjt.gov.cn/html/node06/list3_ 1.jsp？lmbh＝0623&lmms＝0623&xh＝47839&curM＝f22。

② 刘硕：《发展绿色经济　推动可持续发展》，《经济日报》，http：//news.xinhuanet.com/2010 - 05/24/c_ 12133480.htm，最后访问日期：2010 年 5 月 24 日。

③ 黄庆山：《努力打造"绿色浙江"》，http：//mlzj.zjol.com.cn/mlzj/system/2009/01/20/010869711.shtml。

的战略目标，并明确指出：建设"绿色浙江"是浙江省实现可持续发展的大事。必须从全局利益和长远发展出发，把发展绿色产业、加强环境保护和生态建设，放在更加突出的位置。加快发展生态农业、生态工业、生态旅游和环保产业等①。"绿色浙江"是浙江省在新的历史阶段，围绕人的全面发展，促进人与自然的和谐、物质文明和精神文明的协调，走生产发展、生活富裕、生态良好的文明发展道路的内在需求。

2005 年 1 月 17 日，时任浙江省委书记的习近平指出，大力发展高效生态农业，提高农业综合生产能力、建设现代化农业的主攻方向是：以绿色消费需求为导向，以农业工业化和经济生态化理念为指导，以提高农业市场竞争力和可持续发展能力为核心，深入推进农业结构的战略性调整，大力发展高效生态农业②。大力发展高效生态农业，转变农业增长方式，全面提高农业综合生产能力，是增加农民收入的重要途径，也是充分发挥浙江省比较优势，加快农业现代化建设的必然要求。

2010 年 6 月 29 日，时任浙江省委书记的赵洪祝在省委十二届七次全体（扩大）会议上的报告中明确指出：必须顺应国际新趋势，大力调整经济结构和能源结构，加快发展战略性新兴产业和现代服务业，使经济变"绿"，争取在国际竞争中赢得主动。同时认真评估绿色壁垒对浙江省进出口的影响，充分发挥绿色经济、循环经济在实施"走出去"战略中的重要作用，发展绿色产业，推行绿色标准，实施绿色经营，进一步增强国际竞争力。大力发展高效生态农业，积极推进生态旅游业发展，要加快发展绿色经济，大力推行绿色生产，全面推行清洁生产，培育一批清洁生产企业和绿色企业，大力发展无公害农产品、绿色食品和有机食品，努力实现农产品的优质化和无害化③。绿色发展已经成为当代国际经济发展的重要趋势，世界各国都在

---

①　张德江：《中国共产党浙江省第十一次代表大会上的报告》，《浙江年鉴》，浙江年鉴社，2003。
②　习近平：《之江新语》，浙江人民出版社，2013，第 109 页。
③　赵洪祝：《省委十二届七次全体（扩大）会议上的报告》，《浙江年鉴》，浙江年鉴社，2011。

通过建立绿色机制、绿色标准，把生态环境建设与经济贸易问题挂钩，力图保持竞争优势。浙江省作为国家重要的工业基地，只有牢固树立绿色发展的理念，大力推进自主创新，不断推进产业结构转型升级，走科技先导型、资源节约型、清洁生产型、生态保护型、循环经济型的绿色发展之路，才能在新一轮区域竞争中抢占先机、赢得主动。

2012年6月6日，赵洪祝在中国共产党浙江省第十三次代表大会上的报告中明确指出：大力发展生态经济，严格实行空间、总量、项目"三位一体"环境准入制度，加快淘汰重污染高能耗的落后产能，大力发展生态循环农业、绿色制造业、生态服务业以及生态旅游、休闲养生等产业①。发展绿色经济既是一场攻坚战，也是一场持久战。要把发展绿色经济作为调整经济结构、转变发展方式的重要抓手，促进经济社会又好又快发展。

2014年5月23日，中国共产党浙江省第十三届委员会第五次全体会议通过《中共浙江省委关于建设美丽浙江　创造美好生活的决定》。该决定明确指出：加快建立和推广现代生态循环农业模式，大力发展无公害农产品、绿色食品和有机产品。发展现代林业经济，带动山区林农增收致富②。只有坚持绿色发展，大力建设资源节约型、环境友好型社会，建设山清水秀的美丽浙江，才能为人民群众创造优美、干净、舒适的生活环境，为子孙后代造福。

## 二　大力发展绿色产业

绿色经济的内涵很广，包括生态农业、生态工业、生态旅游、生态林业及清洁能源等，是一种经济再生产和自然再生产有机结合的良性发展模式，是人类社会可持续发展的必然选择。发展绿色经济，就要大力培育低消耗、轻污染、高效益型的产业，提高浙江省GDP中的绿色含量，从而增强浙江省的综合实力和国际竞争力。

---

① 赵洪祝：《中国共产党浙江省第十三次代表大会上的报告》，《浙江年鉴》，2012。
② 沈正玺：《中共浙江省委关于建设美丽浙江　创造美好生活的决定》，《浙江日报》，http://zjnews.zjol.com.cn/system/2014/05/29/020051621.shtml，最后访问日期：2014年5月29日。

### （一）大力发展生态农业

**1. 政府高度重视，明确发展目标**

浙江省委、省政府高度重视有机食品产业发展，《中共浙江省委关于推进生态文明建设的决定》明确把"大力发展无公害农产品、绿色食品和有机产品，加快建设一批有规模、有品牌、标准化的绿色食品生产基地"作为加快发展生态经济的重要任务之一。2010年发布的《浙江省发展生态循环农业行动方案》明确提出，到2015年通过认证的无公害农产品、绿色食品、有机食品达5500个以上，生产基地面积达1500万亩以上。2014年，《中共浙江省委关于建设美丽浙江　创造美好生活的决定》明确提出，加快建立和推广现代生态循环农业模式，大力发展无公害农产品、绿色食品和有机产品。

**2. 加强部门合作，合力推动发展**

有机食品产业的发展涉及多部门、多领域，浙江省充分利用生态省建设考核机制，把"新增无公害农产品认证数、绿色食品认证数（含有机食品）"等指标列入年度生态省建设工作任务书考核内容，把"主要农、水产品中有机、绿色及无公害产品种植面积"列为省级生态县考核指标，整体推动区域有机食品产业发展。根据《浙江省政府办公厅关于积极推进有机食品产业发展的若干意见》和《浙江省有机食品产业发展规划》，省环保厅会同省发展和改革委员会、省农业厅等有关部门，加强有机食品生产基地建设宣传培训，形成了广泛发动、合力推进的良好局面。

**3. 强化过程监管，提高基地质量**

强化源头管理，加强土壤环境状况调查监测，建立土壤环境质量监督管理体系，加强土壤污染防治，促进农产品安全。开展浙江省土壤污染状况调查工作和"浙江省重点区域土壤污染典型调查和风险评估"专项工作，并在全省范围开展"菜篮子"种植基地土壤、水、空气等项目的监测和基地背景情况调查工作。严格按照《认证认可条例》和国家认证认可监督管理委员会的有关规定，保证认证过程的公正性和规范性，确保有机食品事业的健康发展。加强对有机食品生产、认证、市场流通等各个环节的监管，强化企业内部质量控制，确保规范运作、严格管理，保证质量、提高水平。近年来，全省无公害农产品、绿色食品、有机农产品质量抽检合格率一直稳定在98%以上，未发生重大产品质量安全事故。

4. 夯实基础支撑，保障健康发展

大力培育"三品"（无公害农产品、绿色食品、有机食品）生产企业，增加经济和生态效益，夯实市场运作的基础。扶持农民发展有机农产品专业合作社，发挥合作社上连龙头企业和市场、下连农户的服务功能。注重培育有机龙头企业，引导企业向科技型、规模型、带动型方向发展，走"企业＋合作社＋农户"之路。大力发展有机食品加工企业，提高有机食品的附加值。加大对有机农业科研和技术咨询、推广应用的投入力度。建立有机食品生产科技示范园区，直接与生产领域对接，加快科技成果转化进程。进一步完善有机农业技术服务支撑体系，加快有机食品生产加工技术的研发和应用，建立有机农业技术推广网络，定期开展相关新技术新方法的培训，及时为农民提供有关的咨询与服务，为有机食品的生产提供技术上的保障。强化技术保障，加强与浙江大学、浙江省农科院等大专院校的合作，聘请专家进行科技攻关，积极鼓励科技人员深入一线，广泛开展技术推广、技术培训和技术咨询。

（二）推进工业绿色发展

1. 推进产品绿色设计

建立政策引导与市场推动相结合的工业产品生态设计推进机制。制订一批产品绿色设计标准；初步建立绿色设计产品评价和监督管理机制；开展产品绿色设计试点，发布绿色设计产品评价结果清单；开发、应用和推广一批无毒无害或低毒低害原材料（产品）以及清洁生产工艺技术。

2. 大力倡导绿色生产

2004年出台《浙江省创建绿色企业（清洁生产先进企业）办法（试行）》。在工业循环经济"733"工程中明确要求创建80家以上的"绿色企业"，并将此作为相关部门年度工作任务完成情况的考核标准之一。2010～2013年，浙江省还举行了四届"绿色低碳经济标兵企业"评比活动。通过评比，激励企业进行产业结构优化和升级，追求绿色生产。

3. 发展壮大环保产业

研制和生产具有市场竞争力的环保产业名牌产品，形成结构合理、适销对路、技术含量高的环保产业体系。重点推广生活垃圾、畜禽粪便、秸秆无害化和资源化，工业企业污染预防和集中治理，废弃物综合利用，以及开发水资源重复利用技术与设备、环境监测仪器设备等。建立环保关键技术和产品研发试验基地，发展一批产值亿元以上的环保产业骨干企业和集团。

### （三）积极发展生态旅游

1. 积极推进生态旅游项目建设

提升森林公园、自然保护区和风景名胜区等生态旅游发展水平，加快拓展古村落（遗址）、湿地景观、地质公园、自然遗产、宗教文化、休闲养生等主题生态旅游。重点实施百丈漈·飞云湖生态旅游度假区、安吉南部生态休闲经济度假区、中国（东阳）古生物文化产业示范区、衢州湿地公园、丽水生态休闲养生基地等一批重点项目，充分利用高海拔山地资源丰富的优势，打造一批集休闲、养生、避暑等功能为一体的高山纳凉基地，着力提升山区重点生态旅游景区的市场竞争力和综合带动力。

2. 不断完善生态旅游基础设施

围绕重点景区基础设施、通景公路以及游客集散中心等基础设施，加大枢纽型、功能型基础设施建设力度，完善公路、铁路、机场、航运立体交通网一体化布局，推进各类交通方式相互衔接，构建快速换乘、出行便捷、通达顺畅的旅游交通体系，提升高等级旅游景区和拟规划建设高等级旅游景区的通景道路等级，加大联景公路建设力度，实现高等级旅游景区"景景相连、县县相通"。

3. 加快旅游服务设施建设

加快星级饭店、特色文化主题酒店、乡村酒店、经济型连锁酒店等旅游功能性基础设施配套建设；加强旅游信息化服务设施建设，建立智慧旅游服务体系，利用云计算、物联网等新技术，通过互联网、移动互联网，借助便携的终端上网设备，达到对各类旅游信息的智能感知、方便利用的效果。

### （四）大力发展林业产业

#### 1. 完善投融资体系

一是创新投融资机制，拓宽资金渠道，广泛利用各方面的资金，包括企业资金、信贷资金和个体、联合体的资金来加大资金投入，建立稳定的资金来源渠道，逐步形成政府引导、企业和林农主导、社会参与的多渠道投融资机制。二是要在资金扶持政策上实行优惠，优化资金结构，调整投资重点和方向，实行"以奖代补"的政策，充分发挥财政资金的引导作用。

#### 2. 健全技术推广体系

一是不断培育优良新品种，推广良种化、优质化栽培技术，推进特色经济林产业由资源支撑型向科技支撑型转变。二是建立一批科技含量高的生产科技示范基地，实现依靠科技转变产业的增长方式。三是建立健全科技推广网络，开展对广大农民的科技培训，在农村培养更多能够掌握和运用先进科技的新型农民。四是重点抓好行业协会和专业经济组织的技术服务能力和服务规范建设，提高协会和经济组织凝聚力，形成各方联动的技术服务与推广模式。

#### 3. 实施品牌战略

一是把品牌打造作为一项战略措施，加大品牌创新力度，对具有市场发展潜力的产品，在扩大规模、提高质量的基础上，积极进行品牌认定、评选和商标注册，进一步提升品牌价值、知名度和影响力。二是依托现有优势资源建设一批优势农、林产品的专业交易市场，通过各种形式的产品展销会、洽谈会，加大品牌宣传和产品推广力度，提高市场占有份额。

### （五）加快清洁能源开发

#### 1. 积极出台清洁能源政策法规

一是进一步加快《浙江省石油天然气管道建设和保护条例》立法工作。组织召开了两次领导小组会议，完成了条例征求意见并由省政府上报省人大，列入了2014年一类立法计划。二是贯彻实施《浙江省可再生能源开发利用促进条例》。开展国家《可再生能源法》执法检查，开展《浙江省可再生能源开发利用促进条例》执行情况调研等相关工作。三是印发和完成《浙江省天然气管网专项规划》《天然气利用规划》《天然气利用方式研究》《浙江省石油天然气管道保护条例可行性研究》等工作。

**2. 采取多项举措促进可再生能源发展**

一是安排 2 亿元可再生能源发展专项资金。二是全力推进全省光伏发电项目建设。全省示范项目已建成装机 45 万千瓦，金太阳等项目整体推进速度居全国前两位。三是千方百计促进可再生能源并网接入。积极协调浙江电网公司，多措并举，促进可再生能源并网。四是开展光热利用、海洋潮流能利用、浅层地热能利用等技术研发和项目示范。

**3. 积极推进清洁能源项目开发**

浙江省积极争取国家政策支持，促进光伏发展，杭州桐庐、绍兴滨海、宁波杭州湾三个项目获批全国首批分布式光伏发电应用示范项目，总容量 12.9 万千瓦。积极推进陆地和海上风电开发工作，核准国电奉化牛角山等 9 个风电项目，总容量 29 万千瓦，全省已核准风电总规模达 115 万千瓦；国电茶山等 3 个风电项目（共 10 万千瓦）建成投入运行，全省风电总装机规模达 50 万千瓦；国电舟山普陀 6 号、国电宁波象山 1 号等 6 个海上风电项目前期工作加快推进，装机容量达 140 万千瓦；其中国电普陀 6 号风电场已于 2013 年 12 月份获得核准，作为浙江省第一个海上风电工程，该项目可在 2014 年开工，2015 年部分风机投入运行。

## 三 绿色经济发展成效显著

### （一）绿色产品发展迅速

**1. 绿色农产品规模逐渐扩大**

2003～2008 年浙江省无公害农产品、绿色食品、有机食品认证数量有了显著增加。2008 年底，全省认定的有效期内无公害农产品 2357 个，与 2003 年认证初期的 457 个相比，增加了 4.16 倍。有效使用绿色食品标志 513 家企业 1042 个产品，与 2003 年底的 112 家绿色食品企业 160 个产品相比分别增长了 3.58 倍和 5.51 倍。获得有机食品标志 41 家企业 93 个产品，与 2003 年底的 6 家有机食品企业 8 个产品相比，分别增长了 5.83 倍和 10.63 倍①。截至 2013 年年底，全省有效期内"三品"总量为 5826 个，累计产地面积 1453.62 万亩，约占全省主要农产品种植面积的 40%。2013 年，全省新认证无公害农产品 770 个、绿色食品 175 个，新认定产地面积 120.67 万亩，无公害农产品、绿色食品抽检合格率分别达 98.77% 和 99.3%，全年未发生"三品"质量安全事故②。

2. "三品"产业化水平不断提升

浙江省无公害农产品、绿色食品、有机食品——"三品"产业化水平不断提升，农业规模化程度越来越高。基地化生产、企业化开发、品牌化经营、带动农户增收致富已成为"三品"的主导发展形式。到 2008 年底，全省无公害农产品产地达 2466 个，其中种植业面积达 830 万亩，比认证初期扩大 4 倍。有 30 个无公害农产品示范基地和 28 个绿色（有机）食品示范基地通过验收考核。认证企业实力不断增强，获得"三品"认证的国家级和省级龙头企业 66 家，农民专业合作社 398 家，在推进农业产业化方面发挥了很好的示范作用③。截至 2012 年年底，全省累计产地面积 1343.74 万亩，其中无公害农产品产地面积 1210.86 万亩，绿色食品监测面积 121.78 万亩，经中绿华夏有机食品认证中心认证的有机农产品面积 11.1 万亩。"两区"内无公害农产品产地整体认定工作进一步加强，新认定 48 个园区为无公害农产品产地，整体产地认定面积达 57 万亩④。

3. 绿色农产品品牌影响力不断提升

随着"三品"企业积极参加农交会、绿色食品博览会、有机食品博览

---

① 蔡镭：《浙江省无公害农产品、绿色食品、有机食品发展现状和对策研究》，浙江大学硕士学位论文，2009。

② 浙江农产品质量安全中心：《浙江省"三品"产业发展成效明显》，http://www.nysnet.cn/shehui/nongchanpin/guoneidongtai/2014/0305/7410.html，最后访问日期：2014 年 2 月 26 日。

③ 蔡镭：《浙江省无公害农产品、绿色食品、有机食品发展现状和对策研究》，浙江大学硕士学位论文，2009。

④ 王霞：《2012 年浙江稳步推进"三品一标"产业发展》，浙江农业信息网，http://www.lsnj110.gov.cn/html/main/nydtview/82235.html，最后访问日期：2013 年 2 月 17 日。

会等，绿色农产品品牌知名度和影响力不断提升，认证产品越来越多地进入大型超市，走向国际市场，成为社会公认的安全优质农产品品牌。为进一步发挥绿色食品公共品牌的导向作用，提升全省绿色食品产业发展水平，2011年共授予12家企业为浙江省绿色食品示范企业，其中种植企业10家①。这些示范企业发挥着标杆、引领作用，通过创新经营理念，努力提升绿色食品标准化生产水平，为提高全省绿色食品影响力作出贡献。

### （二）生态工业加快发展

#### 1. 绿色企业日益增多

2002年，浙江在全省工业企业中着力开展"绿色企业"创建活动。根据企业的经济指标和能耗环保指标，每年开展"绿色企业"的认定和核查，并对获得"绿色企业"荣誉称号的工业企业给予相关的优惠政策。2011年，有90家企业获得"绿色企业"荣誉称号，2012年度浙江省绿色企业（清洁生产先进企业）84家，2013年度浙江省绿色企业（清洁生产先进企业）66家。

#### 2. 绿色技术逐渐成熟

通过整合节能技术服务平台、行业科技创新平台、清洁生产平台等技术资源，建立了各地绿色技术促进中心，完善了生态工业信息和技术服务体系。在高校设立绿色技术研发基地，鼓励争创绿色技术重点实验室、研发中心等，水污染防治与水资源综合利用技术、工业固体废物和污水污泥资源化处置技术、高效节能技术及绿色化工技术等均有所突破。

#### 3. 节能环保产业粗具规模

2013年，浙江省的节能环保产业规模居全国第二位。2011年，浙江省节能环保产业增加值达到776亿元，占全省战略性新兴产业增加值比重为31.1%；实现利润总额231亿元，占全省战略性新兴产业利润总额比重为26%，已成为重要的高新技术产业、战略性新兴产业②。

---

① 浙江省绿色食品办公室：《关于2011年浙江省绿色食品示范企业的通报》，http://www.jingleisun.com/detail-20111019-39014.html，最后访问日期：2011年10月10日。

② 浙江省节能环保产业发展路径研究课题组：《浙江省节能环保产业发展路径研究》，http://www.zdpri.cn/newsite/sanji.asp?id=223646，最后访问日期：2013年6月7日。

### （三）生态旅游成绩喜人

#### 1. 打造了一批生态旅游品牌

浙江省积极推进生态旅游强省建设，打造了一批"绿色浙江"旅游品牌产品。截至 2013 年底，旅游度假区品牌方面：建成国家级旅游度假区 1 个——杭州之江国家旅游度假区，省级旅游度假区 29 个。风景名胜区品牌方面：建成国家级风景名胜区 19 个、省级风景名胜区 40 个。森林公园品牌方面：建成国家森林公园 37 个、省级森林公园 72 个。自然保护区品牌方面：建成国家级自然保护区 10 个、省级自然保护区 9 个。地质公园品牌方面：建成世界地质公园 1 个、国家地质公园 3 个、省级地质公园 4 个。

#### 2. 生态环境资源得到有效保护

生态旅游建设有利于湿地、生物、水域等生态资源的保护，较好地保护了自然保护区的旅游资源，建成国家级自然保护区 10 处，省级自然保护区 9 处；较好地保护了森林公园旅游资源，建成国家森林公园 37 处；较好地保护了湿地公园旅游资源，建成国家级湿地公园 7 处，省级湿地公园 10 处。杭州西溪湿地以发展生态旅游为依托，植物配置以突出自然和野趣为主，西溪梅岸已恢复梅树 300 多亩，设置了水禽嬉戏地。

#### 3. 生态旅游经济效益显著

生态旅游作为近十几年浙江省旅游发展的重要形式，由生态旅游带来的经济效益也非常明显。2002～2013 年，旅游总收入不断攀升，旅游经济总量从 2002 年的 710.7 亿元增加到 2013 年的 5536 亿元；旅游收入占全省 GDP 的比重也呈现递增趋势，2002 年旅游收入仅占全省 GDP 的 9.3%，2011 年旅游收入占全省 GDP 的比重高达 14.7%。

### （四）林产品品牌建设加快推进

#### 1. 质量安全水平明显提升

2005～2011 年共组织抽查了食用笋（春笋、鞭笋、冬笋等）、干果（山核桃、香榧、板栗等）等食用林产品 7357 批次，全省食用林产品生产环节抽检合格率从 2005 年的 92.6% 提高到 2011 年的 96%。截至 2012 年 10 月 25 日，全省各地共落实乡镇（街道）食用林产品质量安全监管员 1284 名，全省食用林产品生产主体（企业、专业合作社）共有 2370 家，其负责人培训率、约谈率、承诺书签订率、建立生产记录档案率均达到 100%；针对排查出来的鲜笋农药残留突出问题制订了整治方案，隐患整治率达到 100%；市、县两级共抽检食用林产品 1424 批，合格率为 97.3%。2013 年 6 月，浙江省开展全省食用林产品质量安全第一次省级监测工作，抽检食用笋 455 批次，经检测，449 批次合格，抽检合格率为 98.7%。

2. 品牌建设力度不断加大

浙江省高度重视林产品品牌建设，强化科技服务，大力实施林业标准化，深入推进林业产业化，积极开展林业品牌培育工作，加快发展森林食品、绿色食品、有机林产品和地理标志登记保护林产品，加大品牌营销推介，强化品牌监督管理，培育打造了一批特色鲜明、质量稳定、信誉良好、市场占有率高的品牌林产品，林业品牌建设取得了积极进展。浙江名牌林产品评选认定自 2008 年至 2013 年共 5 批，全省各地共获得"浙江名牌林产品"称号的林产品有 199 个。

### （五）清洁能源产业蓬勃发展

1. 清洁能源利用量持续增加

2013 年，浙江全省清洁能源利用量（含省外调入水电）折合约 2857 万吨标准煤，同比增长 7.6%，预计占全省能源消费总量的 15.1%。其中：天然气利用量 55.5 亿立方米，同比增长 17.6%；风电利用量 10 亿千瓦时，同比增长 28.2%；太阳能发电大幅增长，利用量达 2.9 亿千瓦时，同比增长 314.3%；沼气及其他利用方式折合标准煤 155 万吨，同比增长 3.3%。接入区外水电 200 亿千瓦时，同比增长 23.3%。

2. 清洁电力装机稳步增加，电力结构进一步优化

截至 2013 年底，浙江全省已建成清洁能源装机 2412 万千瓦，占全省电力总装机的 37.0%，比上年提高 2.6 个百分点、增加 258 万千瓦。新增天然气热电联产机组 205 万千瓦，占全省新增投产机组的 76.5%。建成投入运行大唐江山和浙能长兴 1 号机等热电联产机组，有序推进方家山核电、三门核电一期、仙居抽水蓄能等一批在建重大清洁能源项目。

3. 天然气储运设施建设稳步推进，储运能力进一步增强

新增天然气省级管网和城市管网 760 公里。截至 2013 年底，浙江全省累计建成天然气省级管网长输管线 834 公里，城市管网 17955 公里，分别比上年增长 38.8%、3.0%。省级城市天然气应急储备能力达到 10 天以上。全力推进甬台温天然气管道工程建设，全面开工建设金丽温天然气管道项目。西二线绍杭嘉配套管道工程萧山联络站建成通气；南网常山、义乌天然气支线基本建成，具备通气条件。前期工作取得重大突破，宁波液化天然气（LNG）接收站二期获得国家核准，舟山国际航运船舶液化天然气（LNG）加注站试点项目、温州液化天然气（LNG）接收站项目获得国家能源局核准[①]。

# 第四节　大力发展循环经济

发展循环经济是一项涉及自然、经济、社会各个领域，生产、流通、消费各个环节以及地区、产业、企业各个方面的系统工程。围绕生态文明建设和循环经济试点省建设，以资源高效利用和循环利用为核心，以科技创新和制度创新为动力，加快形成节约能源资源和保护生态环境的产业结构、增长方式和消费模式，着力探索具有浙江特色的循环经济发展道路，努力实现经济社会可持续发展和人与自然和谐发展。

## 一　循环经济发展理念

2005 年 5 月 11 日，时任浙江省委书记的习近平指出：发展循环经济是走新型工业化道路的重要载体，也是从根本上转变经济增长方式的必然要求。要深入研究发展循环经济的技术支撑和保障，开发生产清洁化、环境无害化、能耗节约化的科学技术，开展这方面的信息咨询、技术推广和培训服务等[②]。循环经济是我国推进产业升级、转变经济发展方式的重要力量，同

---

① 浙江省发展和改革委员会：《2013 年浙江省清洁能源发展情况及 2014 年工作思路》，http://www.zjdpc.gov.cn/art/2014/1/24/art_ 719_ 625776. html，最后访问日期：2014 年 1 月 24 日。

② 习近平：《之江新语》，浙江人民出版社，2007，第 140 页。

时也是我国实现节能减排目标的重要手段之一。

2005 年 11 月 6 日，中国共产党浙江省第十一届委员会第九次全体会议通过《中共浙江省委关于制定浙江省国民经济和社会发展第十一个五年规划的建议》。该建议明确指出：大力发展循环经济，加强发展循环经济的地方性法规和评价体系建设，制定实施资源节约和综合利用总体规划以及再生资源回收利用等循环经济专项规划；积极推进废弃物回收和循环利用，完善再生资源回收、加工和利用体系①。循环经济与传统的经济发展模式不同，不可能单纯依靠市场机制来实现，需要通过法律和法规的形式来规定社会不同主体的行为准则，通过政府力量来推动其发展。2008 年 9 月 26 日，时任浙江省委书记的赵洪祝在省委十二届四次全会第一次全体会议上的报告中明确指出：要大力发展循环经济，积极推进清洁生产，抓好循环经济试点省工作，率先把浙江省建设成为全国循环经济发展示范区，加快形成节约能源和保护生态环境的产业结构和消费模式；推动循环经济试点省建设，大力发展循环经济，全省工业固体废弃物综合利用率达到 94% 以上，规模以上企业用水重复利用率达到 72%，秸秆综合利用率达到 85% 以上②。作为一个经济大省和资源小省，浙江正在积极探索一条具有地方特色的循环经济发展道路。

2010 年 6 月 30 日，中国共产党浙江省第十二届委员会第七次全体会议通过《中共浙江省委关于推进生态文明建设的决定》。决定明确指出：加快发展生态循环农业，加快推广种养结合、农牧结合、林牧结合的生态立体农业循环模式，建设一批生态循环农业示范区和示范项目；大力发展工业循环经济，加强循环经济骨干企业、示范园区和基地建设，逐步在化工、石化、造纸等行业全面推进循环经济发展，形成循环经济产业链③。坚持走生态立省之路，深入推进生态省建设，积极提升生态文明建设水平。

---

① 《中共浙江省委关于制定浙江省国民经济和社会发展第十一个五年规划的建议》，《浙江年鉴》，浙江年鉴社，2005。
② 《省委十二届四次全会第一次全体会议上的报告》，《浙江年鉴》，浙江年鉴社，2008。
③ 《中共浙江省委关于推进生态文明建设的决定》，《浙江年鉴》，浙江年鉴社，2010。

2011 年 11 月 19 日，赵洪祝在省委十二届第十次全体（扩大）会议上的报告中明确指出：推进循环经济试点省建设，继续实施循环经济"991"行动计划，推进工业循环经济"733"工程、生态循环农业"4121"工程和"节约集约用地六大工程"，抓好 25 个循环经济试点基地建设，推行资源消耗减量化、资源利用循环化、企业生产清洁化和区域经济生态化，加快形成循环经济产业体系①。经济循坏化、产业生态化、工业共生化、生产清洁化、资源再生化、废物减量化是浙江省产业结构优化和调整的方向。

2012 年 6 月 6 日，赵洪祝在中国共产党浙江省第十三次代表大会上的报告中指出：大力发展生态循环农业、绿色制造业、生态服务业以及生态旅游、休闲养生等产业。全面深化循环经济试点省建设，实施循环经济"991"行动计划，推动循环经济发展取得新成效②。合理开发和有效保护资源和环境，大力发展循环经济，加快高效益、低消耗、少排放、可持续的国民经济体系和资源节约型、环境友好型社会建设，是落实科学发展观的必然要求，是解决经济发展与人口、资源、环境矛盾的根本出路。

2014 年 5 月 23 日，中国共产党浙江省第十三届委员会第五次全体会议通过《中共浙江省委关于建设美丽浙江　创造美好生活的决定》。决定明确指出：大力推进循环经济发展，积极推进园区循环化改造，全面提高再生资源综合利用水平③。浙江省循环经济发展取得显著成效，循环型产业形成较大规模，资源利用效率和再生资源利用水平显著提高，主要污染物排放得到有效控制，绿色消费理念深入人心，发展环境进一步优化，基本形成具有浙江特色的循环经济发展模式。

---

① 赵洪祝：《省委十二届第十次全体（扩大）会议上的报告》，《浙江年鉴》，浙江年鉴社，2011。
② 赵洪祝：《中国共产党浙江省第十三次代表大会上的报告》，《浙江年鉴》，浙江年鉴社，2012。
③ 沈正玺：《中共浙江省委关于建设美丽浙江　创造美好生活的决定》，《浙江日报》，http：// zjnews. zjol. com. cn/system/2014/05/29/020051621. shtml，最后访问日期：2014 年 5 月 29 日。

## 二　四大举措力推循环经济发展

### （一）大力推进三次产业循环发展

1. 推进工业循环经济发展

深入实施工业循环经济"733"工程，在七大重点领域，树立浙江工业循环经济 30 个示范园区和 300 家示范企业，逐步在化工、印染、医药、造纸、冶金、建材等行业全面推进工业循环经济，形成循环产业链[①]。切实抓好石化、钢铁、电力、化工、建材、有色金属、纺织印染、造纸等重点行业的资源消耗减量化。着力构建循环型工业产业链，在产业集群、产业集聚区、开发区（工业园区）内构建具有地方特色的循环型产业链，促进企业内部、企业之间以及园区之间废弃物的循环利用。依托已建及拟建的大型炼油、乙烯项目以及氟化工基地，大力发展下游产业，着力构建石化产业及其下游的纺织、塑料、精细化工、化纤、医药等一批循环经济产业链。充分发挥浙江省的产业集群优势，促进再生资源回收利用与区域特色产业进一步融合。重点支持废旧金属、塑料、家电及电子产品、纸张、车辆、木制品等循环利用产业化，实施绿色再制造工程。

2. 促进生态循环农业发展

大力推广资源节约型农业技术和农业废弃物资源化利用技术，积极推广应用有机肥，促进农作物秸秆、畜禽排泄物、农产品加工副产品、农林剩余物、废弃农用薄膜等的综合利用。积极推进农业标准化、清洁化生产，大力推广设施栽培、生态养殖、立体种养、种养加工一体化、休闲观光农业等高效生态农业发展模式，以及种养结合、粮经结合、农机农艺结合和农作物间作、套作、轮作等农作制度，着力构建农（林）牧结合的生态种养殖、生物质资源开发及应用、农产品精深加工等领域的生态循环农业产业链，建立健全生态循环农业生产经营体系。促进海洋生态渔业发展，建设贝藻养殖、

---

① 谢力群：《建设生态工业　促进产业转型》，《浙江日报》，http：//zjrb. zjol. com. cn/html/2010 - 10/12/content_ 562262. htm，最后访问日期：2010 年 10 月 12 日。

增殖区,探索推广海洋贝藻复合、多营养层次的生态增养殖技术和模式,促进水体中二氧化碳和陆源性有机物的吸收利用。

3. 加快循环型服务业发展

积极、稳妥、有序推进再生资源综合利用产业基地、区域集散市场、专业分拣中心建设,发展社区、村镇回收网点和电子网络在线收废,支持国家和省定点回收拆解废旧家电、报废汽车资质的企业跨区域发展现代连锁网络。大力优化交通运输结构,积极发展能耗低、污染少的运输方式,促进低碳交通服务业的发展。鼓励培训、认证、投资、咨询等与循环经济相关的服务业发展,积极推动能源合同管理服务业、生态物流业、绿色旅游业、环境服务业、循环经济科技服务业发展。引导公民自觉抵制"白色污染"和过度包装,鼓励使用再生产品、绿色产品、能效标识产品、节水认证产品和环境标志产品。

**(二)不断提高资源综合利用水平**

1. 加强再生资源回收利用

建立健全再生资源回收利用体系,全面推进废旧金属、废旧塑料、废旧家电及电子产品、废旧汽车、废旧轮胎、废旧纺织品、废旧竹木制品、废纸、废弃油脂等可再生资源的回收利用,力争"城市矿产"成为浙江省重要的资源来源。建立健全城乡垃圾分类收集处置系统,积极促进全省垃圾焚烧发电厂的合理布局和健康发展,全面推进污泥、城市餐厨垃圾、农业农村废弃物的资源化利用与无害化处理,防止资源再生利用的"二次污染"。

2. 鼓励开展水资源综合利用

大力推进工业节水,鼓励工业企业推进废水深度处理回用和冷却水回用。大力推进农业和农村节水,强化农村灌区节水改造和农业喷滴灌工程建设。大力推进城市节水,加大城市供水管网维护力度,降低城市供水管网漏损率。鼓励开展再生水利用,在需水量大和水资源紧缺地区积极推广雨水集蓄、中水回用及分质供水工程。引导城市市政环卫、生态景观、洗车等行业使用再生水,鼓励城市大型公共建筑、居住小区建设区域雨水收集利用系统和中水回用系统。积极引导和鼓励海水和亚海水的利用,加快推进海水淡化产业发展。

### 3. 推进清洁能源开发利用

科学规划清洁能源发展，努力建设清洁能源示范基地，不断提高清洁能源供应能力，优化能源消费结构。扎实推进核电基地建设。鼓励风能、生物质能、太阳能、海洋能、浅表地热能等可再生能源开发利用，努力建设一批沿海、内陆可再生能源开发利用基地。积极争取天然气气源气量和份额，加大天然气利用深度，逐步减少对煤炭、石油等传统能源的依赖。

### （三）着力推进三大载体建设

#### 1. 大力推进循环经济产业集聚区建设

加快台州湾循环经济产业集聚区规划建设，鼓励先行先试，努力建设成为全省乃至全国循环经济发展示范区。依托各地现有的产业基础及比较优势，着力建设一批循环经济试点基地。全面推进开发区（园区）生态化改造，着力建设一批工业循环经济示范区；以粮食生产功能区、现代农业园区建设及农业主导产业发展为重点，着力建设一批生态循环农业示范区；以生态物流、生态旅游等为重点，着力建设一批服务业循环经济示范区。

#### 2. 着力培育循环经济示范企业

以冶金、电力、医药、造纸、建材、轻纺等行业为重点，培育一批清洁生产示范企业；以用能用电大户企业为重点，培育一批节能示范企业；以电力、纺织、造纸、化工等高耗水行业为重点，培育一批节水示范企业；以海岛地区、沿海地区为重点，培育一批海水淡化示范企业；以冶金、石化、建材、电力、造纸、印染、皮革等行业为重点，培育一批资源回收与综合利用示范企业；以农业主导产业发展、农产品精深加工、农业废弃物资源化利用为重点，培育一批生态循环农业示范企业。大力推进"绿色企业""节约型企业"等创建工作，把循环经济发展水平作为企业创优评先的重要依据。

#### 3. 建设循环经济重点项目

继续实施全省循环经济"991"行动计划，在再生资源回收利用、餐厨垃圾利用、污泥资源化利用、中水回用、海水淡化、余热利用、垃圾发电、农业废弃物资源化利用等重点领域，每年滚动实施100余项循环经济重点项目。

### （四）加快突破三大领域关键技术

加快突破水资源综合利用关键技术。重点研究开发海水淡化与综合利用、中水和再生水回用、工业废水和城市污水高效处理、主要水系污染控制和水域生态修复等关键技术。

加快突破节能与可再生能源利用关键技术。重点研究开发机电节能、建筑节能、新能源技术、绿色照明技术，太阳能光热光伏、风能发电、生物质发电、地热能利用等高效低成本技术以及生活垃圾高效环保燃烧发电技术。

加快突破固体废弃物综合利用关键技术。重点研究开发工业废弃物、污水污泥、城市生活垃圾和餐厨垃圾的无害化、资源化处置关键技术，生活垃圾焚烧发电有毒有害气体无害化处理技术，畜禽养殖排泄物、农作物秸秆、农村清洁能源和有机肥加工施用等综合利用技术。

## 三 发展循环经济的初步成效

### （一）构建了一批循环经济产业链

#### 1. 构建了一批循环经济产业链

在产业集群、产业集聚区、开发区（工业园区）、试点基地构建了一批特色产业循环型产业链，促进了循环型产业链的纵向延伸和横向拓展，加大关联企业的整合力度，在石化、钢铁、医药、纺织、建材等领域率先构建循环经济产业链。依托宁波石化、台州大石化等一批石化产业园区建设，推进炼化一体化项目，提升了炼油和乙烯生产能力，延伸发展了合成树脂、合成橡胶、聚酯、聚氨酯、特种纤维、聚碳酸酯等石化产业链。以废弃物资源化利用、中水回用、余热利用为重点，在纺织印染、皮革制造、造纸等行业构建了能量和物质梯级利用的循环型产业链；以废旧金属、废塑料等"城市矿产"开发利用为重点，构建了再生资源回收利用产业链。

#### 2. 构建了一批农业循环经济发展模式

围绕农业主导产业，大力推广生态养殖、立体种养、种养加工一体化、休闲观光农业等高效生态发展模式，以及种养结合、粮经结合、农机农艺结合和农作物间作、套作、轮作等农作制度，构建了农（林）牧结合的生态种养殖、生物质资源开发及应用、农产品精深加工等领域的生态循环农业发展模式，建立健全了生态循环农业生产经营体系。2009 年，宁海县通过关停或搬迁禁养区内畜禽养殖场，在农业示范基地建有机肥加工厂，实现了种养结合的规模养殖场污染物零排放，形成了一条由畜牧业、种植业、农产品加工业组成的农业循环经济产业链。

### （二）资源综合利用水平有效提升

1. 再生资源回收利用水平提升

2012 年，永康市的 200 余家废旧金属加工企业每年利用各种再生资源 150 万吨以上，市政府建设无公害环保型的分拣处理中心 3 个，无公害化分拣当地产以及从各地回收的 85% 以上的废旧物资，年分拣废钢铁 80 万吨，废纸、废塑料 10 万余吨，废有色金属 50 万吨。城镇生活垃圾焚烧发电企业逐年增加，从 2009 年的 25 家发展到 2013 年的 38 家。截至 2013 年底，全省 38 家城镇生活垃圾焚烧发电企业年发电量 29.8 亿千瓦时，比上年增长 30.7%，年垃圾焚烧处理量约 800 万吨；5 家污泥焚烧发电企业，发电量 7.6 亿千瓦时，比上年增长 4.1%，年焚烧污泥量 136 万吨。2013 年，宁波的餐厨垃圾日处理量已经达到了 240 吨左右，市六区及宁波国家高新区已实现对 80% 餐厨垃圾的统一处理，在全国处于领先地位。

2. 水资源综合利用率有所提高

浙江省水资源公报显示，2009 年全省总用水量 217.07 亿立方米，其中农田灌溉用水 83.2 亿立方米，占总供水量的 38.3%。2010 年全省总用水量 220.08 亿立方米，其中农田灌溉用水 80.61 亿立方米，占总供水量的 36.6%，农田灌溉用水量逐渐降低，水资源利用率有了极大提高；2013 年，园区工业重复用水量 53.3 亿吨，比上年增加 4 亿吨，增长 8.1%；工业重复用水率为 71.4%，比上年提高 1.2 个百分点。

3. 清洁能源利用量持续增加

2013 年浙江省清洁能源利用量（含省外调入水电）折合约 2857 万吨标准煤，同比增长 7.6%，预计占全省能源消费总量的 15.1%。其中：天然气利用量 55.5 亿立方米，同比增长 17.6%；风电利用量 10 亿千瓦时，同比增长 28.2%；太阳能发电大幅增长，利用量达 2.9 亿千瓦时，同比增长 314.3%；沼气及其他利用方式折合标准煤 155 万吨，同比增长 3.3%。

### （三）培育了一批循环经济示范点

**1. 循环经济示范园区规模不断扩大**

2010 年，浙江省初步拟定了浙江省工业循环经济"733"工程首批 10 个示范园区；2011 年，评选出浙江衢州高新技术产业园区等 5 个园区为浙江省第二批工业循环经济示范园区；2012 年，从申报的 15 个园区中评选出金华经济技术开发等 10 个园区为浙江省第三批工业循环经济示范园区；2013 年，评选出浙江淳安经济开发等 8 个园区为浙江省第四批工业循环经济示范园区。

**2. 循环经济示范企业数量日益增多**

2010 年，浙江省初步拟定了浙江省工业循环经济"733"工程首批 100 家示范企业名单；2011 年，评选出浙江新和成股份有限公司等 76 家企业为浙江省第二批工业循环经济示范企业；2012 年，申报的 105 家企业中评选出浙江华正新材料股份有限公司等 59 家企业为浙江省第三批工业循环经济示范园区和企业；2013 年，评选出杭州优科豪马轮胎有限公司等 46 家企业为浙江省第四批工业循环经济示范企业。

## 第五节　大力发展低碳经济

低碳经济的基本内涵是指经济增长与碳排放脱钩的经济发展方式。其中，当经济增长率高于碳排放增长率时，是相对的低碳经济发展；当经济稳定增长而碳排放不增长或负增长时，则是绝对的低碳经济发展，这两者统称为低碳经济发展。浙江省以率先实现更高要求的全面小康和加快推进基本实现现代化为目标，以政府推动、企业主动、市场驱动、公众互动为主要驱动力，依靠制度创新和科技创新，通过推进产业结构低碳化调整、提高能源利用效率、优化能源结构、增加碳汇储备、转变生活消费观念等途径，打造具有浙江特色的经济发展与碳排放脱钩的经济体系，努力实现人口、资源、环境与经济社会协调发展。

## 一　低碳经济发展理念

2005 年 11 月 6 日中国共产党浙江省第十一届委员会第九次全体会议通过的《中共浙江省委关于制定浙江省国民经济和社会发展第十一个五年规划的建议》指出：控制高能耗项目，禁止高污染项目，淘汰浪费资源、污染环境的落后生产工艺和设备，扶持发展污染小、消耗低、效益高的资源节约型产业。推广高性能、低耗材、环保型的建筑材料，建设节能省地型住宅和公共建筑。开发和使用环保型运输工具，建设绿色交通系统[①]。发展低碳经济是浙江省应对化石能源短缺及全球气候变暖带来的挑战、实施可持续发展战略的必由之路。

2009 年 10 月 21 日，时任浙江省委书记的赵洪祝在省委十二届六次全体（扩大）会议上的报告中明确指出：完善节能减排监测、监督和考核体系，加强开发区（园）生态化改造，加快培育循环经济、低碳经济和生态经济，完善生态环境补偿机制，进一步加大对生态功能区的转移支付力度，大力推进生态文化建设，加快形成节约资源能源和保护生态环境的产业结构、增长方式和消费模式[②]。

2010 年 6 月 30 日中国共产党浙江省第十二届委员会第七次全体会议通过的《中共浙江省委关于推进生态文明建设的决定》指出：大力发展低碳技术，全面推进国民经济各领域、生产生活各环节的节能，重点抓好电力、钢铁、有色金属等行业高能耗设备的淘汰和改造，加强工业余热利用，着力提高能源利用效率，促进单位生产总值能耗进一步下降；研究开发碳捕获和碳固化技术，促进单位生产总值二氧化碳排放强度不断下降[③]。政府设立节

---

① 《中共浙江省委关于制定浙江省国民经济和社会发展第十一个五年规划的建议》，《浙江年鉴》，浙江年鉴社，2005。

② 赵洪祝：《省委十二届六次全体（扩大）会议上的报告》，《浙江年鉴》，浙江年鉴社，2009。

③ 《中共浙江省委关于推进生态文明建设的决定》，《浙江年鉴》，浙江年鉴社，2010。

能专项资金，通过贴息、补助、奖励等方式，引导企业和社会资金加大对节能技术研发和技术改造的投入，提高能源利用效率。

2012年6月6日，赵洪祝在中国共产党浙江省第十三次代表大会上的报告中明确指出：全面推进节能降耗，突出抓好工业、交通、公共机构、居民生活等重点领域和重点耗能企业节能工作，积极发展绿色建筑，推进低碳试点示范①。

2014年5月23日中国共产党浙江省第十三届委员会第五次全体会议通过的《中共浙江省委关于建设美丽浙江　创造美好生活的决定》指出：发展绿色循环低碳经济，加快淘汰高能耗、高排放落后产能，积极发展太阳能、风能等新能源和可再生能源；鼓励企业开发绿色低碳产品，建立实施绿色采购消费政策，构建以低能耗、低污染、低排放为基础的低碳经济发展模式；积极推进低碳综合交通网络建设，有效削减道路交通的能源消耗和温室气体排放等②。低碳经济是人类社会可持续发展的出路，向低碳经济转型已经成为世界经济发展的大趋势。浙江作为我国沿海经济发达地区，有能力、有责任也有必要尽快采取行动，转轨到"低碳经济"这种新的经济运行模式，率先创建低碳大省，给全国其他地区提供示范和样本。

## 二　构建低碳发展体系

### （一）构建低碳产业体系

1. 推动产业低碳升级

经济服务化是世界产业结构调整的一个重要趋势，也是实现产业结构减碳的重要途径。就浙江服务业发展而言，加快发展现代服务业，将推进工业转型升级与生产性服务业联动发展，居民消费结构优化提升与消费性服务业互动发展。突出电子商务、研发设计和数字传媒等创新性现代服务业的培育

---

① 《中国共产党浙江省第十三次代表大会上的报告》，《浙江年鉴》，浙江年鉴社，2012。
② 沈正玺：《中共浙江省委关于建设美丽浙江　创造美好生活的决定》，《浙江日报》，http：//zjnews. zjol. com. cn/system/2014/05/29/020051621. shtml，最后访问日期：2014年5月29日。

发展，突出金融保险、现代物流、信息服务、科技教育等生产性服务业的增速提质，着力提高服务业比重。同时积极推进块状经济向现代产业集群转型升级，整合提升产业链、价值链和供应链，以产业集群的规模经济和范围经济以及较大规模的循环经济，实现产业低碳升级。

2. 改造传统高耗能产业

实施浙江省汽车、钢铁、石化等十一大产业转型升级规划，促进传统产业和高新技术产业的互动发展。大力改造高耗能产业，降低高耗能产品产量，减少产品内涵能源。

3. 培育新能源产业

发展新能源是减碳的重要措施，因此要把风电、光伏等新能源产业（符合低能耗要求）作为新兴产业培育，推动工业转型升级。规划建设新能源产业基地，以新能源和新能源设备制造产业为重点，培育壮大低碳产业集群。

4. 发展碳汇产业

在自然碳汇建设方面，注重生态系统保护与建设，增强自然碳汇消纳能力。推进生态公益林、沿海防护林、阔叶化改造、野生动植物保护等林业重点工程建设，加强水质监测、减少水域污染、防止外来物种入侵、强化湿地生态环境保护，增强生态系统碳汇消纳功能。

在人工碳汇建设方面，积极开展 CCS 技术引进和研发，拓展人工碳汇。重点加强国际合作，强化 CCS 技术引进；加大政府政策和资金支持力度，引导能源生产企业与科研院所合作，增强 CCS 技术的自我研发能力。

（二）打造低碳能源体系

1. 积极开发低碳能源

积极推进核电建设。浙江省的核电发展具有较好的基础和条件，发展核电能有效降低浙江省对煤炭的依赖，从而缓解浙江省煤电发展面临的各种问题。在环杭州湾地区、温台地区和浙西地区开展核电项目，力争十年内实现核电在电力结构中的比重大幅度提高，真正实现替代部分煤电的目标。

大力发展天然气和可再生能源。天然气和风电、光伏等可再生能源是实现能源清洁化的重要措施。"十二五"时期，随着供气量的增加，天然气在能源中的比重将有所增加。风能和光伏发电在浙江省已有很好的基础，今后五年内陆和近海风能发电装机将有大幅度增加；光伏发电将结合金太阳示范工程等载体，实施百万屋顶发电计划。

**2. 实施节能技术创新工程**

以技术进步为重要手段，组织实施重大技术开发和示范推广，加快用高新技术改造传统产业步伐，着力提高能源利用效率，尤其是提高终端能源利用效率。一是交通运输技术创新工程，积极开展混合动力车、洁净燃气汽车、燃料电池汽车、城市轨道交通技术等的研发，突破高效交通运输技术，提高运输业用能效率；二是能源生产、转化和输送技术创新工程，如清洁煤电技术、特高压输变电技术等，提高能源生产和转化效率，减少对能源资源的消耗；三是开展包括太阳能建筑一体化技术等在内的可再生能源低成本规模化利用技术的创新，推进建筑节能，提高能源利用效率。

**3. 大力推广应用节能技术**

推广应用适应市场需要、效益明显、先进成熟的技术。主要包括热电联产、集中供热、蓄冷蓄热、联合循环的热能综合利用技术，洁净煤加工配送技术，余能余热回收技术，建筑节能技术，自动化控制技术；以高压电机调速电机变压器经济运行、绿色照明为主的节电技术；以工业锅炉窑炉改造、循环流化床锅炉大型化为主的先进燃烧技术；节约和替代石油技术，主要包括成熟的等离子点火、低油煤粉点火、天然气替代燃料油技术等。组织实施节能技术改造示范工程，抓好电力、冶金、建材、化工等高耗能行业的节能增效技术改造，提高节能产品的市场竞争力。

**4. 实施节能技术进步重点示范工程**

一是抓好节能型、清洁型企业示范。从冶金、石化、化工等高耗能行业中选择一批企业，进行系统节能改造，发挥示范效应。二是抓好高能效中小城市示范。选择条件较好的中小城市，实施以提高城市总体能源效率为目标的高效化城市挑战计划，运用综合资源规划和需求侧管理方法推进技术改造，逐步实现区域内多数企业"增产不增能、扩建不扩能、增能靠节能"

目标，实现整个城市（或区域）的能源消费达到零增长、废弃物达到零排放的目标。三是抓好太阳能节能一体化建筑示范。通过应用门窗密封条、多层保温窗、外保温复合墙体、热量按户计量及控温、供热管网调节控制、热反射保温隔热、太阳能建筑、高效照明系统和计算机模拟等技术，开发太阳能节能一体化房地产项目，创立节能、环保型房地产品牌，提高城市和生活居住品位。四是抓好风电国产化和大型沼气示范工程、优质洁净煤加工配送工程。

### （三）倡导低碳生活方式

#### 1. 倡导绿色出行

首先，减少交通用油的需求，通过强制标准或自愿协议提高汽车燃油经济性，大力发展替代燃料，合理引导规划交通需求，增加私车购置使用成本，开发可再生能源利用技术等途径来实现。其次，大力发展非机动车交通体系和公共交通，重点发展轨道交通，推广电车、自行车的使用等。再者，严格执行机动车低排放标准，加快推进交通智能化管理等。

#### 2. 倡导绿色建筑

全省新建民用建筑严格执行实施节能65%的设计标准，提高可再生能源在建筑中的应用比例，并逐步提高建筑节能标准。政府机关办公楼和大型公共建筑全面建立用能监管系统，实现可再生能源在建筑中的普遍应用。健全建筑节能改造标准，高耗能公共建筑50%以上实施节能改造。推行建筑节能"绿色评级"。同时结合新农村建设，积极引导农村新建住宅采用节能新技术。

#### 3. 倡导绿色消费

不断提高空调、冰箱等高耗能家用电器的节能标准，对大多数家用能源设施实施最低能源效率标准。倡导居民尽量选用节能型家用电器，更新能耗较高的老式家用电器等。

### 三　低碳经济发展初显成效

浙江省低碳经济发展初显成效，顶层设计更趋完善，基础工作扎实推进，低碳理念深入人心。经初步测算，2013 年全省单位 GDP 碳排放年度下降率 3. 54%，比 2010 年下降 13. 37%，高于全国 10. 68% 的下降幅度，三年累计完成国家下达的"十二五"下降目标的 70. 4%。

### （一）顶层设计更趋完善

一是编制《浙江省应对气候变化规划（2013~2020）》，并通过国家发展和改革委员会验收。二是出台方案。省政府出台了《浙江省控制温室气体排放实施方案》（浙政办发〔2013〕144 号），明确了至 2015 年浙江省控制温室气体排放的总体要求和主要目标，对单位 GDP 碳排放下降目标和重点任务进行了分解落实。三是完善制度。浙江省出台了《关于加强应对气候变化统计工作的意见》，加快建立涵盖气候变化各领域数据的部门统计制度（试行）；将市县碳强度下降目标责任考核和重点企事业单位碳排放报告制度列入生态文明体制改革重要内容。

### （二）低碳试点积极推进

第一，国家低碳城市试点各具特色。杭州市依托节能减排财政政策综合示范城市打造"六位一体"的低碳城市，宁波发挥低碳交通试点城市优势在国内率先提出碳排放峰值，温州依托金融综合改革试验区力争在低碳金融方面取得突破。第二，积极开展低碳工业园区试点。2014 年以来，国家发展和改革委员会、工业和信息化部开展低碳工业园区试点，杭州经济技术开发区、宁波经济技术开发区、温州经济技术开发区及嘉兴秀洲工业园区成为首批国家低碳工业园区试点。第三，在全国率先开展碳汇林业示范试点，先后成立了第一个省级基金——中国绿色碳汇基金会浙江碳汇基金、第一个地级市级基金——温州市碳汇基金、第一个县级专项——浙江碳汇基金鄞州专项，建设碳汇林面积 13. 72 万亩，占全国的 10%，在华东林业产权交易所建立全国首个林业碳汇交易平台。

### （三）工作基础不断夯实

一是有序推进省市两级温室气体清单编制和市县碳强度下降目标考核。编制完成 2006~2011 年浙江省温室气体排放清单，印发了《浙江省市县温室气体清单编制工作方案》（浙发改资环〔2014〕103 号）和《浙江省市县温室气体清单编制指南（试行）》，启动 11 个设区市的清单编制和县级清单编制试点，形成市县碳强度下降目标评价考核初步方案。二是逐步推进企业温室气体排放报告工作。根据国家关于加快建立全国碳交易市场的思路和关于推进重点企事业单位温室气体排放报告的工作要求，按照试点先行、分步推进的思路，启动浙江省重点企业温室气体排放报告工作。三是建设气候变化研究交流平台。加快建设浙江省气候变化研究交流平台，整合省市县温室气体清单数据、企业碳排放数据、产品碳足迹数据等气候变化基础数据。

**（四）低碳理念不断深入**

为进一步提高全社会应对气候变化意识，营造推动绿色低碳发展的良好社会氛围，积极开展"全国低碳日"、低碳中国院士行等活动。在 2014 年低碳日活动期间，浙江省宣布成立国内首个省级层面的气候变化专家委员会，发布了浙江首份低碳发展报告，邀请国家气候中心专家作了联合国政府间气候变化专门委员会（IPCC）第五次报告的宣讲，并集中展示了浙江省应对气候变化工作以及杭州市、宁波市、温州市三个国家低碳城市试点的建设情况，宣传了浙江省在低碳能源、低碳产业和低碳技术等方面的典型案例[1]。

---

① 浙江省发展和改革委员会：《浙江低碳发展成效和举措——〈2013 年浙江省低碳发展报告摘要〉》，http://www.zjdpc.gov.cn/art/2014/6/28/art_ 719_ 659294. html，最后访问日期：2014 年 6 月 28 日。

# 第三章
## 山川秀美的生态环境保护

浙江是著名的江南水乡。"江南丝竹""富春山居"的韵味源自浙江这片神奇土地上山的坚韧和水的灵动。经济增长的无限性与环境容量的有限性之间的矛盾，对浙江的生态环境构成严峻的挑战。生态环境是经济发展的基础，是生活质量的保障。为此，以山青、水秀、天蓝、地净的诗画江南为目标的生态环境建设成为美丽浙江建设的基础性工程，"811"行动计划、"五水共治"、"三改一拆"、"森林浙江"等均成为浙江生态环境建设的著名品牌。

## 第一节 "山水林田湖是一个生命共同体"

### 一 "山水林田湖是一个生命共同体"理念的提出

习近平总书记在十八届三中全会上指出："我们要认识到，山水林田湖是一个生命共同体，人的命脉在田，田的命脉在水，水的命脉在山，山的命脉在土，土的命脉在树。用途管制和生态修复必须遵循自然规律，如果种树的只管种树、治水的只管治水、护田的单纯护田，很容易顾此失彼，最终造成生态的系统性破坏。由一个部门负责领土范围内所有国土空间用途管制职责，对山水林田湖进行统一保护、统一修复是十分必要的。"[①]

"山水林田湖是一个生命共同体"，就是指山、水、林、田、湖这几种

---

① 习近平：《关于〈中共中央关于全面深化改革若干重大问题的决定〉的说明》，《人民日报》2013 年 11 月 15 日。

物质在其物质运动及能量转移过程中存在相互依存、相互关联、相互激励的关系，并有机地构成一个生命共同体。田者出产谷物，人类赖以维系生命；水者滋润田地，使之永续利用；山者凝聚水分，涵养土壤；山水土地（涵盖气候与地形等）构成生态系统中的环境，而树者依赖阳光雨露，成为生态系统中最基础的生产者。"山水林田湖是一个生命共同体"理念的提出，要求我们进一步关注这些自然资源的合理配置，科学设定资源利用强度，因地制宜管护资源，实现这一生命共同体的生态服务功能最大化，促进自然资源的永续利用与人地和谐①。

自然资源的永续利用是生命共同体生生不息的基础。山、水、林、田、湖之间进行物质与能量交换，存在一定的条件，因此人类攫取或消耗的物质与能量也就存在一定的限度，如果超过这个限度，该共同体的运行就会发生重大的变异，甚至断链停歇。与此同时，山、水、林、田、湖又都是有形、有质的实体，由这些实体构成的生命共同体也必定具有因时、因地的差别。要管好、用好自然资源，一定要讲究因地制宜的基本原则。山、水、林、田、湖作为生态要素，与人存在极为密切的共生关系，可谓"相生相克"，共同组成了一个有机、有序的"生命共同体"。其中生态要素的合理配置，直接决定了这个"生命共同体"的兴旺、繁荣、健康和可持续程度。

## 二　"山水林田湖是一个生命共同体"在浙江的探索

浙江的生态环境建设取得显著的成效，离不开"山水田林湖生命共同体"理念的指导。浙江素有"七山一水两分田"之称，山林面积占 65.6%，但山区经济发展一直比较缓慢，山区似乎成了制约浙江省经济社会发展的短板。但如果以"山水林田湖是一个生命共同体"的理念来看这个问题，就会发现，山区不仅不是浙江的累赘，相反，是宝贵的财富。通过统筹经营和合理开发，完全可以让山区为浙江整体发展作出更大贡献。

---

① 南京大学自然资源用途管制课题组：《一个指挥棒协奏山水林田湖——自然资源共同体综合管理路径选择》，南京大学人文地理研究中心，http：//hugeo. hju. cn/zixun/1907，最后访问日期：2014 年 3 月 7 日。

建设生态浙江，保护山川秀美的生态环境，关键是要深刻领会、贯彻落实"山水林田湖是一个生命共同体"的重要理念，吃透"生命共同体"一词，遵循"共生共存、共促共进、共管共建、共治共理"的路径。

一是深刻认识、牢固树立"山水林田湖"共生共存的基本理念。所谓共生共存，就是相互依存、不可或缺，休戚相关、生死与共。比如，浙江加强森林生态建设时，不忘水土保持，逐步把大江大河上游、重要水源地、自然保护区等重要区域纳入生态公益林范围，综合运用改坡、护岸、植草、退耕还林和建设水保林等工程和生物措施，大力推进小流域水土流失治理。

二是形成完善"山水林田湖"共促共进的总体思路。所谓共促共进，是指各种力量要协同发力，也可以说是源头意义上的并驾齐驱，同时这种力量要尽可能均衡有序，也可以说是发展结果的统一协调。浙江地貌多样、地形复杂，为统筹协调地发展"山水林田湖"提供了绝好的自然空间。例如，发展高效生态农业，在水网平原地区可以重点发展以粮畜渔为基础，蔬菜、瓜果等经济作物相结合的生态农业；在丘陵盆地可以发展立体种植、农牧渔相结合的生态农业；在山地丘陵，可以着力发展以名茶、名果、笋竹、药材、高山蔬菜等作物立体种植为主体的生态农业；在沿海港湾平原可以重点发展以沿海种植业、滩涂养殖业为主的生态农业；在海洋岛屿地区可以大力发展以生态渔业和节水型种植业为主的生态农业。

三是研究出台"山水林田湖"共管共建的对策举措。所谓共管共建，一方面是指对自然资源要管建结合、以建促管，确保资源的可持续开发利用；另一方面是指用途管制与生态修复要充分尊重大自然的整体性与系统性特征，不能顾此失彼。要致力于增强水源涵养、水土保持、维持生物多样性等提供生态产品的能力，以共管共建的举措保持生态系统的完整性。既推进天然林保护，治理土壤侵蚀，维护和重建湿地、森林等生态系统，加强水源涵养，又大力推行节水灌溉，发展旱作节水农业。限制陡坡垦殖和超载放牧，同时努力维护生物多样性，实现野生动植物资源的良性循环和永续利用。

四是建立健全"山水林田湖"共治共理的体制机制。所谓共治共理，一方面是指完善监管体制，统一行使所有国土空间用途管制职责，使自然资源资产所有权人和国家自然资源管理者之间既相互独立、相互监督，又相互配合、相互促进；另一方面是指探索建立统一权威的部门负责区域范围内所有国土空间用途管制职责，对山水林田湖进行统一保护与统一修复。浙江省正从体制层面建立一个激励和约束相结合的长效机制，实现环境保护从以行政手段为主向综合运用经济、技术和行政等多种手段的转变。在水土流失防治方面，预防、保护、监督、治理和修复相结合，因地制宜，因害设防，优化配置工程、生物和耕作措施，形成有效的水土流失综合防护体系。建立区域、流域和近岸海域联防联控管理模式，完善环境保护区域协调和跨区域综合治理机制，不断增强资源环境管制的统一性和系统性①。

## 第二节　以"811"行动为抓手推进生态省建设

"811"行动是浙江环保工作的品牌行动，是浙江省生态文明建设的基础性、标志性工程。2003 年 1 月，经国家环保总局批准，浙江成为全国第 5 个生态省建设试点省份。为了实现生态省建设目标，2004 年，浙江省政府创造性地提出了"811"三年环境污染整治行动计划，轰轰烈烈的环境整治行动由此拉开序幕，生态省建设从此有了更牢固的抓手、更有力的保障。2004～2007 年三年的环境整治初显成效。2007 年，省政府决定持续推进"811"行动，启动"811"环境保护新三年行动，全省上下坚定不移地走"生产发展、生活富裕、生态良好"的文明发展之路。2011 年，中共浙江省委、浙江省人民政府又全面部署开展了"811"生态文明建设推进行动，争取经过 5 年的努力，基本实现经济社会发展与资源、环境承载能力相适应，环境质量提高与改善民生需求相适应。浙江坚持持续十年的"811"行动，生态省建设保持全国领先，生态文明建设走在全国前列。

---

① 于新东：《着眼"生命"，把握"共同"——山水林田湖是生命共同体的浙江探索》，《浙江日报》2014 年 9 月 3 日第 9 版。

## 一 生态省建设的思路与理念

### （一）生态省建设的提出

浙江省地处中国东南沿海长江三角洲南翼，是一个地域小省、资源小省，同时又是一个人口大省、经济大省。全省环境容量小，人口分布不均，产业分布也很不平衡，70%的人口集中在20%的平原地区，经济布局也相对集中于沿海及平原地区。改革开放的前25年，浙江经济持续快速发展，国内生产总值年均增长13.1%，2004年实现国内生产总值11243亿元，经济总量跃居全国第4位。经济的快速增长给资源、环境带来了巨大的压力。特别是跨入新世纪，浙江省进入了加快推进工业化、城市化，全面建设小康社会、提前基本实现现代化的新阶段，经济社会的发展给资源、环境带来了更大的压力。如果不从根本上转变传统的粗放型经济增长方式，必然会带来更严重的资源浪费和环境问题，反过来严重制约经济社会的持续发展。因此，必须按照科学发展观确立新的发展理念，更加注重生态建设和环境保护，更加注重经济社会与人口资源环境的协调和可持续发展。正是立足于这样的基本省情和发展理念，浙江省委、省政府把握规律，审时度势，作出了进一步发挥浙江的生态优势、建设生态省、打造"绿色浙江"的重大战略决策。

### （二）生态省建设的总体思路

建设生态省是浙江省委、省政府贯彻党的十六大精神，全面建设小康社会，提前基本实现现代化的战略决策，是立足省情、把握规律、走新型工业化道路、实施可持续发展战略的重大举措。建设生态省就是坚持可持续发展战略，运用生态学原理、系统工程方法和循环经济理念，以促进经济增长方式的转变和改善环境质量为前提，充分发挥区域生态、资源、产业和机制优势，大力发展生态经济，改善生态环境，培育生态文化，基本实现区域经济社会与人口、资源、环境的协调发展。全省各级政府加大投入，并以改革的思路拓宽投融资渠道，推进生态建设和环保项目的市场化、产业化进程。

浙江生态省建设的总体工作思路是：以邓小平理论和"三个代表"重要思想为指导，认真贯彻党的十六届四中全会和省委十一届七次全会精神，牢固树立和落实科学发展观，按照中央关于建设社会主义和谐社会的要求，紧紧围绕"八八战略"和建设"平安浙江"的战略部署，以落实《浙江生态省建设规划纲要》为主线，以"811"整治工程和"千村示范、万村整治"工作为重点，分类指导，创新工作机制、加大工作力度、狠抓工作落实、强化政策保障、推进项目建设、注重典型示范，攻坚克难，大力推进生态省建设向前发展。

### （三）生态省建设的理念

世纪之交，时任浙江省委书记习近平同志在以往历届省委工作的基础上，认真贯彻中央的精神，紧密结合浙江的实际，充分尊重全省广大干部群众的创造性实践，借鉴吸收国内外开展环境保护和生态建设的有益做法和经验，逐步形成了具有浙江特色的生态省建设理念①。

"生态兴则文明兴，生态衰则文明衰。"这是习近平关于生态与文明兴衰关系的辩证观点。习近平指出，人类追求发展的需求和地球资源的有限供给，是一对永恒的矛盾，我们必须解决好"天育物有时，地生财有限，而人之欲无极"的矛盾，达到"一松一竹真朋友，山鸟山花好兄弟"的意境。他主张树立尊重自然、顺应自然、保护自然的生态文明理念。他认为，高度重视可持续发展，重视资源和生态问题，发展循环经济，开展生态省建设，对于浙江来说，事关全局、事关未来、事关民生。

"既要金山银山，又要绿水青山。"习近平在浙江省生态建设领导小组会上指出，我们追求人与自然的和谐、经济与社会的和谐，通俗地讲就是要"两座山"：既要金山银山，又要绿水青山，绿水青山就是金山银山。"两座山"之间有矛盾，又辩证统一。绿水青山可以源源不断地带来金山银山，我们种的常青树就是摇钱树。生态优势可以变为经济优势，环境本身就能带来财富，这是一种更高的境界，体现了科学发展观的本质要求。

"环境保护和生态建设，早抓事半功倍，晚抓事倍功半，越晚越被动。"

---

① 中共浙江省委党史研究室：《为了浙江的明天更加美好——浙江推进生态文明建设的历史回顾》，《今日浙江》2010 年第 12 期。

习近平强调，绝对不能允许那种只顾眼前、不顾长远，先污染后治理、先破坏后恢复的发展方式。

"保护环境就是保护财富。"习近平认为，破坏生态环境就是破坏生产力，保护生态环境就是保护生产力，改善生态环境就是发展生产力。安吉县的发展就是一个印证。作为山区县，安吉全县农民人均纯收入超过13000元，达到全省平均水平，在生态环境改善的同时，经济持续得到发展，人民福祉得到提升。

"经济越发展，越要重视环境保护和生态建设。"习近平认为，不重视生态的政府是不清醒的政府，不重视生态的领导是不称职的领导，不重视生态的企业是没有希望的企业，不重视生态的公民不能算是具备现代文明素质的公民。

## 二 持续推进"811"环境保护和生态文明建设行动

进入新世纪，浙江省委、省政府积极探索生态环保新道路，持续推进三轮"811"行动，迎头破解环保难题，着力改善生态环境质量。三轮"811"行动展示了浙江省生态环保事业循序渐进、不断深入的演进过程，这也是浙江省不断向生态文明迈进的轨迹。

### （一）"811"环境污染整治行动

第一阶段："811"环境污染整治行动（2004～2007年）。

2004年，浙江省政府印发了《浙江省环境污染整治行动方案》，明确了各地市和各省级厅局污染整治工作的主要任务，省政府与各地市签订了市长环境污染整治责任书。同时，将污染整治任务分解到每年的生态省建设责任书考核中，年终进行考评，重点污染治理任务如污水处理工程、重点监管区整治等实行"一票否决"。由此，"811"环境污染整治行动拉开了序幕。

"811"环境污染整治行动中的"8"，是指全省八大水系及运河、平原河网，"11"既指11个设区市，也指11个省级环境保护重点监管区。11个省级环境保护重点监管区包括椒江外沙、岩头化工医药基地，黄岩化工医药基地，临海水洋化工医药基地，上虞精细化工园区，东阳南江流域化工企业，新昌江流域新昌嵊州段，衢州沈家工业园区化工企业，萧山东片印染、染化工业，平阳水头制革基地，温州市电镀工业，长兴蓄电池工业。此次整治行动排出的重点行业包括化工、医药、制革、印染、味精、水泥、冶炼、造纸等 8 个重污染行业，重点企业包括 573 家省级环境保护重点监管企业以及 27 家钱塘江流域氨氮排放重点源企业。2006 年，又增加了富阳（造纸行业）等 5 个区域为省级环保准重点监管区，比照重点监管区的要求进行监管；同时，每年分别确定不同的重点污染行业、污染企业进行重点整治。

"811"环境污染整治行动开始实施后，全省各级环保部门联合发改、经贸、建设等政府职能部门，每年开展集中专项督察，检查环保基础设施建设、重点监管区整治等重点任务的完成情况，对整治工作明显滞后的，省整治办及时反馈给各地政府，提出督察要求。2005 年初，浙江省环保污染整治工作领导小组与 11 个市签订《浙江省环境整治重点工程项目任务书》，加大责任追究力度，并把钱塘江的治理列为当年浙江境内八大水系的整治重点。时任省长吕祖善同志在环境污染整治工作领导小组会议上表示，浙江将把环境污染整治工作纳入各级政府部门的年度目标责任考核，并将万元GDP 主要污染物排放强度和环境质量水平两项指标纳入浙江省党政干部政绩考核评价指标体系。为推动重点监管区污染整治工作，2006 年，省环保局实行由局领导带队、各处分区包干的蹲点督察制度；2007 年，又实施了省环境污染整治工作领导小组各相关成员单位分区包干蹲点督察制度，由各单位负责人带队每月赴现场督促指导整治工作。对重点污染区域、污染行业、污染企业实施动态管理[①]。

三年中，浙江的化工、医药、制革、印染、味精、水泥、冶炼、造纸和固废拆解等 9 个重点污染行业，积极采取技术改造、关停转迁、增添治污设施等措施加大治理力度，效果显著。截至 2007 年，全省味精行业全面完成

---

① 浙江省环保局：《大治三年刷新浙江——"811"环境污染整治行动纪实》，http：// zjnews. zjol. com. cn/05zjnews/system/2008/08/28/009884820. shtml，最后访问日期：2008 年 8 月 28 日。

污染整治，率先在全国实现省域范围内味精行业全行业化学需氧量（COD）和氨氮指标达标排放；水泥行业结构调整基本完成，提前一年完成机立窑淘汰任务；造纸行业草浆生产线全部关闭；电力行业在两年内完成总装机容量为2502兆瓦机组的脱硫工程，削减二氧化硫排放量约9万吨；进口固废拆解业基本实现园区化。

三年中，全省主要污染物的排放总量进一步削减。2007年上半年，国务院办公厅、国家环保总局、华东督察中心多次对浙江主要污染物减排工作进行暗访、督察、检查和核查，结果显示，在2007年上半年全国COD排放量比上年同期上升0.24%、二氧化硫排放量仅下降0.88%的背景下，浙江省COD排放量下降了2.48%，居全国第一；二氧化硫排放量下降了4.05%，居全国第四。

在经济快速发展的同时，全省的环境质量得到进一步改善。生态环境状况保持全国领先，2006年11月，在中国环境监测总站编制的《全国生态环境状况评价报告》中，浙江以87.1分的成绩名列全国第一。至2007年底，"811"环境污染整治行动"两个基本、两个率先"的总体目标得以如期实现。至2007年10月底，全省设立的11个省级环保重点监管区、5个准重点监管区已全部通过现场验收。

### （二）"811"环境保护新三年行动

第二阶段："811"环境保护新三年行动（2008～2010年）。

鉴于第一轮"811"环境保护行动取得的不俗成绩，为了让生态环境进一步得到保护、建设、改善和提升，浙江省政府于2008年初下发了《"811"环境保护新三年行动实施方案》，提出通过今后三年的努力，基本解决各地突出的环境污染问题，继续保持环境保护能力建设、生态环境质量全国领先。此时的"8"已演化成要实现污染减排，工业污染防治，城乡污水、垃圾及其他固体废弃物处置，农业面源和土壤污染防治，环境监管能力建设，生态保护和修复，环境质量，生态环境质量综合指数等八个方面的工作目标。包括化学需氧量排放总量比2005年下降15.1%以上，二氧化硫排放总量比2005年下降15%以上，1/3左右的县（市）达到省级生态县

（市）标准，全省生态环境状况指数继续位居全国前列等 20 项具体指标①。

"8"也指要着力抓好 8 个方面的工作任务：确保完成主要污染物减排任务，继续重点推进水污染防治，继续加大工业污染防治力度，继续深入开展城镇环境综合整治，全面推进农业农村环境污染防治，积极推进近岸海域污染防治，加快推进土壤、矿山、河道等生态修复，持续深入开展生态创建活动。

"11"，一方面是指省级督办的 11 个重点环境问题。第一批省级督办的 11 个重点环境问题有：杭新景高速公路沿线小冶炼污染，宁波临港工业废气污染，温州温瑞塘河环境污染，湖州南浔旧馆镇有机玻璃污染，嘉兴畜禽养殖业污染，萧绍区域印染、化工行业污染，东阳江流域水环境污染，台州固废拆解业污染，衢州常山化工园区环境污染，丽水经济开发区革基布、合成革行业环境污染以及全省部分开发区、工业园区环境污染问题。另一方面是指要落实 11 项保障措施，即加快转变经济发展方式，从源头上解决环境问题；全面实施生态环境功能区规划，严格执行分区环境准入政策；继续强化环境法治，严格环境执法监管；继续完善环保基础设施，切实加强运行监管；加快建设现代化的环境监测监控体系，提升环境监管水平；提高环境应急处置能力，切实保障环境安全；加强环保科技平台建设，切实强化环保科技支撑；加快发展环保产业，提升环境保护专业化水平；健全完善环保经济政策，引导鼓励社会各方面积极参与环境保护和生态建设；积极培育发展生态文化，不断增强全社会的生态文明意识；创新生态环保工作体制机制，强化目标责任考核。

浙江省将重点防治工业污染向全面防治工业、农业、生活污染转变，进一步提出"一个确保、一个基本、两个领先"的目标，即确保完成"十一五"环保规划确定的各项目标任务，基本解决各地存在的突出环境污染问题，继续保持环境保护能力全国领先、生态环境质量全国领先。这是一次更加完整、更加广泛的整治与保护行动，从农村生活污水治理到畜禽养殖规范，从城镇

---

① 吴妙丽、廖小清：《我省启动"811"环境保护新三年行动》，浙江在线，http：//zjnews. zjol. com. cn/05zjnews/system/2008/02/20/009225300. shtml，最后访问日期：2008 年 2 月 20 日。

垃圾的处理到地表水质的保护，从主要污染物的减排到深化工业污染的防治，从实施生态修复与保护工程到加快推进近岸海域污染防治等①。

"十一五"期间，全省累计投入资金856亿元，完成水污染防治项目579个；每年投入近80亿元实施百余项工业企业循环经济重点项目；开展城镇环境综合整治，在建制县甚至中心镇建污水处理厂，完善固体废弃物处置体系；持之以恒地开展"千村示范万村整治"工程，全面加强农业农村环境保护；大力推进生态公益林建设，着力推进水土流失治理，广泛深入开展生态示范创建等。

到2010年底，"811"环境保护新三年行动顺利收官。行动计划明确的8个方面20项工作目标，除钱塘江流域市县交接断面水质达标率较低外，全部得以实现。同时，经国家环保部核定，到2010年底，浙江省的化学需氧量和二氧化硫排放量在2005年的基础上，已分别削减18.15%和21.15%，分别完成"十一五"任务的120.2%、141%，超额完成了"十一五"减排目标。

### （三）"811"生态文明建设推进行动

第三阶段："811"生态文明建设推进行动（2010年至今）。

2010年6月，浙江省委十二届七次全会作出《中共浙江省委关于推进生态文明建设的决定》后，省委就落实全会精神、推进生态文明建设，进行了密集的调研，提出推进生态文明建设要有具体的行动纲领，要设计出具体可行的抓手和载体。鉴于此，省委提出继续实施"811"行动，使它成为推进生态文明建设的主抓手和重要载体。这次行动的全称被确定为"811"生态文明建设推进行动，期限为五年。与此同时，"811"被赋予了新的内容，"8"是指生态经济、节能减排、环境质量、污染防治、生态保护与修复、环境安全保障能力建设、生态文明建设、生态文明制度建设；"11"是指节能减排、循环经济、绿色城镇、美丽乡村、清洁水源、清洁空气、清洁土壤、森林浙江、蓝色屏障、防火减灾、绿色创建等11项专项行动，又是指11个方面的保障措施。其中，11个专项行动是主体，整个"811"生态文明建设推进行

---

① 许佐民：《"811"，浙江生态建设的品牌》，《今日浙江》2011年第13期。

动开展得怎么样，最终都要靠 11 个专项行动的成效来体现。

"811"生态文明建设推进行动实施以来，全省上下齐心协力，攻坚克难，已取得阶段性成果。截至 2012 年，"811"生态文明建设推进行动的阶段性成果体现在以下 11 个方面①：

（1）单位生产总值能耗下降 4% 左右，化学需氧量，氨氮、二氧化硫排放量，均减少 2.5%，氮氧化物排放量减少 3%；完成 5 台 12.5 万千瓦以上火电机组脱硝工程建设并投入运行，开展水泥脱硝示范工程建设。

（2）在循环经济、节能、节水、污染防治、节能环保产业、海水淡化等领域推进 100 个重点项目建设，争取 25 个以上项目纳入中央预算内投资计划。

（3）完成 60 个建制镇污水处理设施建设任务，新增城镇污水配套管网 1500 公里。

（4）完成 3500 个村环境综合整治，解决 200 万农村居民饮用水安全问题，完成 400 个村中央农村环境连片整治任务。

（5）建成 81 个集中饮用水源地水质自动监测站。

（6）整治淘汰燃煤小锅炉 1000 座以上，杭州、宁波、湖州、嘉兴、绍兴等市开展 PM2.5 监测。

（7）完成 19 座集中式污泥处理处置设施建设。

（8）完成平原绿化面积 36 万亩、森林抚育面积 310 万亩，建成生态公益林优质林分面积 3130 万亩。

（9）完成渔船节能降耗技术改造 600 艘，建设碳汇渔业（浅海贝藻养殖）面积 15 万亩。

（10）加固病险水库 200 座、海塘 100 公里、主要堤防 150 公里，改扩建城乡避灾安置场所 500 个。

---

① 浙江省环保厅：《2012 年"811"生态文明建设推进行动 11 件实事》，http：//www. zjepb. gov. cn/hbtmhwz/rdzt/811/201205/t20120504_ 293094. htm，最后访问日期：2012 年 5 月 4 日。

（11）省级生态县（市、区）创建率达到50%以上，新增生态文明教育基地、绿色企业、绿色学校、绿色医院、绿色家庭等绿色细胞550个。

第三轮"811"行动正在党的十八大提出"大力推进生态文明建设"的旗帜下不断深化，在全省上下一心、共同努力卜稳步推进。三轮"811"行动既传承了浙江尊重自然、顺应自然、保护自然的理念，又彰显了浙江着力推进绿色发展、循环发展、低碳发展的决心，夯实了打造"生态浙江""美丽浙江"的基础。三轮"811"行动，从"环境污染整治"到"生态文明建设"、从"两个率先"到"两个领先"、从"关注环境质量"到"更加关注民生改善"，既一脉相承又层层递进，引领浙江省生态文明建设不断走向深入。

## 三　生态环境保护的成效与经验

三轮"811"行动，有力推动了全省环境保护和生态文明建设事业的跨越式发展。经过十余年的努力，全省水、大气等环境质量总体保持稳定，局部地区有所好转，生态环境状况指数始终保持全国前列。环保基础设施建设进一步加强，在全国率先实现县以上城市污水处理厂、垃圾处理设施全覆盖，率先推进镇级污水处理设施建设。环境监管能力显著提升，率先建设环境质量和重点污染源自动监测系统，基本形成覆盖全省的环境监测网络。生态环保机制日益完善，在全国率先由政府提出完善生态补偿机制意见，率先以较系统的方式全面推进生态补偿实践，率先启动跨行政区域水质交接断面考核管理制度并实现考核结果与区域建设项目环评、水资源论证审批、经济奖励和处罚"三挂钩"，落实政府职责。

### （一）生态环境保护的主要成效

1. 生态环境质量明显改善

（1）环境污染减排顺利达标

生态文明建设要着眼于经济社会发展与环境相协调，改变高投入、高消耗、高污染的传统发展方式。浙江省从2004年开始，连续开展了三轮

"811"行动，重点解决了一批流域性、区域性、行业性的突出环境问题。在"十一五"期间，累计关停小火电机组531万千瓦，淘汰落后炼钢能力231万吨、落后水泥产能2397万吨、落后造纸产能57.8万吨，淘汰低效工业锅炉2100台，关停黏土砖瓦窑2547座。在"十二五"期间着重开展铅蓄电池、电镀、印染、化工、造纸、制革六大行业的整治提升工作。2011年已经完成铅蓄电池整治，全行业273家企业关闭了211家。通过标准引领、依法管制，促进结构调整、产业升级。

浙江省各地各部门紧紧围绕省委、省政府的决策部署，从经济社会发展全局中定位环境保护，因势利导、谋势而动，着力推进生态文明建设和污染减排，全面完成了各项环境保护目标任务。在"十一五"期间，全省污染减排成效显著。2010年全省化学需氧量排放量较2005年下降18.15%；二氧化硫排放量下降21.15%，均超额完成国家下达的"十一五"减排目标。2011年，化学需氧量、氨氮和二氧化硫减排比例分别为2.81%、2.53%和3.15%，氮氧化物增加0.68%，4项主要污染物指标全部达到年度减排目标。2013年，省委、省政府以治水为突破口倒逼转型升级，全面实施"河长制"，深入开展"四边三化"和"双清"行动，积极防治空气污染，积极推进节能减排。2013年，全省单位GDP能耗降低3.7%；化学需氧量、氨氮、二氧化硫和氮氧化物减排比例分别为3.95%、4.26%、5.18%和6.9%，4项主要污染物均超额完成年度减排目标[①]。

（2）环境整治取得明显成效

水质得到明显改善。2011年，全省221个省控断面中水质达到或优于地表水环境质量Ⅲ类标准的断面占62.9%，县级以上集中式饮用水水源地水质达标率为86.4%；县级以上城市空气质量达到二级标准的比例为92.8%，11个设区城市空气质量达到二级标准天数的比例为90.9%；区域环境噪声小于55分贝的县以上城市比例达到75%以上。通过不断完善环境

---

① 浙江省环保厅：《浙江省环境状况公报（2013年）》，http：//www. zjepb. gov. cn/hbtmhwz/gzfw/hjzl/hjzlzkgb/201406/t20140604_ 309131. htm。

基础设施，浙江全面建成了环境质量和重点污染源自动监控网，城市污染物处理能力进一步加强。2011 年末，全省城市污水处理率达到 82%，建成污水处理设施的建制镇比例达到 72.4%；设区市生活垃圾无害化处理率达到 97%；浙江省内县以上城市污水处理厂处理能力达到 842 万吨/日，污水处理率达到 94%。截至 2013 年，水质达到或优于地表水环境质量Ⅲ类标准的断面占 63.8%；县级以上集中式饮用水水源地水质达标率为 86.1%；全省设区城市日空气质量（AQI）达标天数比例平均为 68.4%，舟山市各项污染物指标年均浓度达到环境空气质量标准（GB3095－2012）二级标准，是全国三个达标城市之一；城市声环境质量总体较好，设区城市的区域环境噪声平均值为 55.7 分贝。生态环境状况指数继续位居全国前列。

2. 生态环境建设蓬勃开展

（1）在森林、湿地、平原、自然保护区等生态建设上取得积极进展

《中共浙江省委关于推进生态文明建设的决定》明确提出"森林覆盖率、林木蓄积量、平原绿化面积稳步提高，生态安全保障体系基本形成，城乡环境不断优化，宜居水平不断提高"的生态建设目标。"十二五"期间，浙江省以占全国 1% 的土地面积，承担占全国 9% 的林木蓄积增量，这是浙江省在应对气候变化方面为国家作出的一大贡献。根据 2012 年浙江省森林资源年度检测，全省林地面积 661.27 万公顷，活立木蓄积 2.82 亿立方米，毛竹总株数 24.41 亿株。全省森林覆盖率 59.34%，一般灌木林覆盖率 1.48%；若按浙江省以往同比计算口径，则森林覆盖率为 60.82%，继续位居全国前列。

在湿地建设上，浙江省人民政府早在 2005 年就下发了《关于加强湿地保护管理工作的通知》，并于 2012 年通过了《浙江省湿地保护条例》，通过湿地自然保护区建设、湿地恢复工程、湿地公园建设等方式，重点保护湿地资源、生态系统的多样性。据 2013 年第二次全国湿地资源调查结果，浙江省湿地面积（水稻田面积未计入）达 111.01 万公顷，占浙江区域总面积的十分之一以上。

在平原绿化建设上，2011 年提出了"1818"平原绿化行动，根据规划，到 2015 年，全省平原要完成新增林木面积 180 万亩以上，平原林木覆盖率

达到 18% 以上。2010～2014 年，全省新增平原绿化面积 181.8 万亩，人均增绿 13.8 万平方米，平原林木覆盖率达 18.1%，成功创建国家森林城市 8 个，省级森林城市 46 个，省级森林城镇 177 个，森林村庄 1094 个。

在自然保护区建设上，浙江省政府于 2006 年发布《浙江省自然保护区管理办法》，2014 年发布第 321 号浙江省人民政府令《浙江省人民政府关于修改〈浙江省林地管理办法〉等 9 件规章的决定》，对《浙江省自然保护区管理办法》予以修正。省环境保护局等部门于 2008 年印发了《浙江省自然保护区规范化建设考核指标（试行）的通知》，将每年分别对不同类型保护区的规范化建设达标情况进行考核。截至 2013 年底，全省建设国家级自然保护区 10 个，省级自然保护区 9 个。

（2）建设了一批生态市县、环保模范城市

生态市县、环保模范城市和"绿色细胞"三大系列创建活动蓬勃开展，成果不断涌现。2014 年底累计建成国家级生态县 16 个，国家环境保护模范城市 8 个，国家级生态乡镇 581 个，省级生态县 57 个，省级环境保护模范城市 10 个，省级生态乡镇 1038 个。

3. 环境保护政策渐趋完善

（1）制定和完善了一批环境保护法规

浙江省人大常委会先后颁布了《浙江省核电厂辐射环境保护条例》《浙江省大气污染防治条例》《浙江省海洋环境保护条例》《浙江省人大常委会关于建设生态省的决定》《浙江省固体废物污染环境防治条例》等地方性法规。省政府出台了《浙江省建设项目环境保护管理办法》《浙江省排污费征收使用管理办法》《浙江省自然保护区管理办法》等规章。杭州、宁波等市也加快了地方立法进程。这一系列法规、规章的出台，进一步强化了生态建设和环境保护的法制保障。

（2）生态建设与环境保护的保障体系逐步完善

出台了《中共浙江省委、浙江省人民政府关于落实科学发展观　加强环境保护的若干意见》，把加强生态建设和环境保护作为深入实施"八八战略"的重要举措，作为全面建设"生态浙江"的重要内容，基本形成了党委领导、政府负责、各部门整体联动、社会广泛参与的工作机制。近年来，浙江省初步建立和落实了环境保护领导责任制，逐级签订生态省建设和环境保护目标责任书，分解落实规划目标指标和年度计划，严格考核，严格奖惩，将环境保护纳入地方党政领导班子和领导干部实绩考核指标体系。此外，还出台了《浙江省人民政府关于进一步完善生态补偿机制的若干意见》，省级财政生态补偿转移支付力度持续增强，生态建设投入力度不断加大。从 2006 年到 2010年，省级财政安排生态保护专项资金累计超过 176 亿元。

（3）不断运用市场化手段创新环境管理机制，并取得显著进展

出台了《浙江省人民政府关于进一步完善生态补偿机制的若干意见》，按照"试点先行、逐步推进"的原则，逐步建立健全责、权、利相对应的规范有序的生态补偿运行机制。在省内若干县（市）域内探索化学需氧量和二氧化硫排污权有偿分配和排污权交易试点，在嘉兴市等地区建立的排污权交易中心运行良好，为今后进一步扩大排污权交易范围、建立排污权交易市场提供了有效的前期平台。此外，浙江省充分发挥市场机制在资源配置中的作用，用市场化的手段，建立和完善多元化融资渠道，鼓励和支持社会资金以独资、合资、承包、租赁、拍卖、股份制、股份合作制、BOT 等不同形式参与生态建设和环境保护事业。

**4. 公众环保意识日益增强**

生态环境建设需要公众的积极参与，也呼唤公众环保意识的增强。浙江省十分注重对公众的宣传教育工作，通过生态节日宣传强化环境保护与绿色消费行为。一方面，充分利用生态节日做好宣传引导。结合"世界环境日""中国水周""全国土地日""中国植树节"等重要时节，推行低碳生活，鼓励绿色消费。另一方面，营造具有浙江特色的生态日氛围。自从安吉县2003 年创设全国首个县级生态日取得成功经验后，2009 年浙江省创设了全国首个省级层面的生态日，决定每年 6 月 30 日为浙江生态日。

浙江十分注重通过绿色组织来内化绿色消费理念，积极开展"绿色系列"创建工作。积极创建绿色学校、绿色社区、绿色家庭、绿色医院、绿色企业和绿色饭店等，使社会不同层面的主体均参与到环保工作中来。

此外，浙江省采取非绿色产品的约束性政策和绿色产品的鼓励性政策，引导居民自觉崇尚绿色消费。大排量汽车的限制性措施与电动汽车的补贴政策，化石能源的总量控制和可再生能源的鼓励开发，公害食品的严格监管和绿色食品的优质优价等等，都在悄然引导着居民的消费行为和生态环保理念。

（二）生态环境保护的基本经验

1. 末端治理、过程管理和源头控制三个环节环环相扣

末端治理解决如何有效治理污染物、如何通过改造工艺减少污染物的发生；过程控制则是针对资源在生产、使用、消费过程中的问题，解决如何再利用和再资源化问题，提高资源利用效率，追求经济增长与环境保护协调共生；源头控制针对产业导向、产品设计本身，强调对环境负责任的企业家精神，追求经济、社会和环境最优的可持续发展战略和综合管理战略，将环境管理纳入企业组织的各个层面[①]。

在末端治理上，浙江省全面部署开展了以八大水系和省级环保重点监管区为重点的"811"环境污染整治行动，加大了化工、医药、制革、印染、味精、水泥、冶炼、造纸、固废拆解等重点行业整治和573家省控重点污染源的治理力度，"十五"期间累计关停各类环境违法和污染严重企业6000余家，否决或要求重新选址的不符合国家产业政策和生态环保要求的建设项目4000余项。利用污染减排的刚性约束手段，采取淘汰一批、转移一批、提升一批的方式，促进总量削减、质量改善、发展优化。浙江省还把资源节约和环境保护作为结构调整的突破口，实施"节能降耗十大工程"，"十一五"期间，累计关停小火电机组531万千瓦，淘汰落后炼钢能力231万吨、落后水泥产能2397万吨、落后造纸产能57.8万吨，淘汰低效工业锅炉2100台，关停黏土砖瓦窑2547座。持续在重点行业、重点企业开展强制性清洁生产，企业承担环境保护的社会责任意识明显增强[②]。同时加快了环保基础设施建设进程，城市污水处理、生活垃圾无害化处理能力极大增强，危险废

---

① 沈满洪等：《2012浙江生态经济发展报告》，中国财政经济出版社，2012，第259页。
② 沈满洪：《从绿色浙江到生态浙江——浙江生态文明建设辉煌五年》，《浙江日报》2012年5月25日。

物集中处置设施建设也全面启动，杭州、宁波、湖州、台州等市医疗废物无害化集中处置设施均已建成投入运营。

在过程管理上，浙江省不断致力于提高资源利用效率。一方面，以高耗能行业及企业节能工作为重点，强化重点耗材行业原材料消耗管理，推动城镇建设用地和工业用地的节约集约利用，并实行最严格的水资源管理制度。另一方面，加快推广应用节能新技术新产品，推动甲醇汽油试点推广工作，强化智能电网建设和清洁煤发电技术的发展，努力打造全国清洁能源基地示范省。

在源头控制上，浙江省以先导性规划和产业准入政策为重点，对新增生产项目实施严格的源头控制管理。随着《浙江省主体功能区规划工作方案》（2007）、《浙江省县（市、区）生态环境功能区规划技术导则》（2006）、《浙江省水功能区、水环境功能区划分方案》（2006）的颁布实施，省内各区域间的功能定位得以明确。同时，在产业分布和发展上，《浙江省制造业产业发展导向目录》（2008）、《浙江省重点产业转型升级规划》（2009）、《浙江省优先发展的高技术产业化重点领域指南》（2011）、《浙江省淘汰落后产能规划（2013~2017年)》（2013）等产业政策和准入规定则进一步明确了鼓励发展和限制发展的产业方向，并确定了单位用地产出、单位产值能耗、单位产值水耗等准入约束性指标，从而在源头上杜绝高污染、低效率的新增产能，对新增污染进行了有效控制和管理。

浙江省处于工业化中期向中后期转型的阶段，环境污染的累积效应十分明显，被污染的生态环境必须进行及时有效的末端治理来还清历史欠账；同时，浙江省立足现有生产过程中的资源利用效率低下等问题，致力于资源利用效率管理、节能技术应用以及废弃资源的重复使用和循环利用，积极推进清洁生产、循环生产；此外，浙江省立足长远，还将污染物的源头控制纳入日常工作中，通过区域主体功能规划、产业发展规划、产业准入制度等，从源头解决新增项目的清洁化问题，避免新增污染项目的开工建设，引导新增资本向绿色产业投入。从浙江省的生态环境建设历程来看，这三个环节基本上做到了各有突出、相互衔接、环环相扣。

2. 政府、企业与公众三大主体的协作联动

生态环境保护涉及面广，必须由全社会共同参与。浙江省生态环境保护另一个成功的基本经验在于，构建了以党委和政府负责、部门协调、全社会共同参与的生态环境保护工作格局，形成了政府、企业和公众三大主体协作联动机制。

在政府层面，浙江省政府建立了一系列调控和引导机制，推进生态环境保护。首先在意识形态上，率先作出了打造"富饶美丽、和谐安康"的生态浙江的重大决策，并全面实施"811"生态文明推进行动，确立了生态浙江建设和生态立省方略的发展思路。在组织领导上，成立了以省委书记为组长、省长为常务副组长、40个部门的主要负责人为成员的生态省建设工作领导小组，各市县也层层建立领导小组。其次，浙江省建立了一系列有利于生态环境保护的激励约束机制，包括主体功能区规划、生态省建设规划、循环经济发展规划、产业导向政策、生态补偿政策等，有力地激励和引导企业与居民的生产消费行为。再次，浙江省政府还构建了科学的综合考核体系，每年召开生态省建设工作领导小组会议，进行总结评价，按照各市和各部门生态环境保护的绩效来评定考核名次，并将考核结果作为评价党政领导班子实绩和领导干部任用与奖惩的重要依据。

在企业层面，资源在市场机制和政府激励约束机制的共同作用下得到了有效配置。浙江省的市场机制发育较早，经济发展基础较好，加上政府在宏观层面的激励约束机制，引导企业向"低投入、低消耗、低排放、高效益"的方向发展。尤其是随着浙江省生态补偿制度、排污权交易制度等一些创新性机制的实施，以及水、电、气等资源型产品价格改革的进一步深化，资源和生态环境被重新赋予了价值，企业开始自觉调整投入产出结构和研发方向，从而以更为经济的方式配置各种市场要素资源和处置污染物，将自身生产行为同政府的宏观调控有机结合。此外，企业内部、企业间以及工业园区的循环经济蓬勃发展，随着浙江省"911"行动计划、"1421"示范工程的建设，一大批示范工程得到推广应用，清洁生产由重点工业企业向全社会延伸，高效、绿色的生态农业也得到了长足发展。

在公众层面，公众参与生态环境保护的热情高涨，积极参与对政府、企业环境建设方面的监督，形成了有效的监督主体和氛围。随着经济收入水平的提高，公众对生态环境提高的需求也更为迫切，在政府部门广泛的环境宣传教育下，浙江省普通民众对生态环境保护的基本认识、理解和参与的意识也更为强烈，全社会形成了较好的环境保护氛围，公众通过各种宣传媒体、环境信息披露制度、环境事务参与等渠道对政府环境管理和企业的生产行为进行有效监督和参与。同时在政府倡导绿色消费的财税政策和宣传氛围下，浙江省公众已初步形成了绿色消费模式，将环境保护内化为自身的自觉行为，并贯穿到日常的生活中。

浙江省按照环保监管主体是政府、污染防治主体是企业、环保监督主体是公众的三大责任主体定位，构建"三位一体"的环保制度框架体系，政府通过约束、引导，推动环境保护和生态文明建设从部门走向社会、从政府走向民间，通过政府的一系列措施使浙江人民的环保意识日益增强。

3. 强制性手段、选择性手段和引导性手段相结合的制度结构

作为市场化改革最早、市场化程度最高的省份，浙江省在生态环境保护方面作出了大量的制度创新和贡献，综合利用别无选择的强制性手段、权衡利弊的选择性手段和道德教化的引导性手段等政策工具箱。

强制性手段作为刚性制度，是其他制度安排的基础和底线。浙江省多次出台有关绿色浙江、生态浙江的决定和意见，体现了政府从制度层面实施生态环境保护的决心和态度，并随后制定了各类政策、法规、标准和规划，从制度层面构建其完整的框架。例如，《浙江省主体功能区规划》根据浙江省资源环境禀赋和环境承载力，从科学保护和持续利用生态环境功能的角度，划定禁入区、限制区、防治区和准入区，明确各区域生态保护目标，将区域经济社会发展规划和环境保护目标有机结合起来，对产业布局和项目准入实施宏观调控。浙江省还建立了有效的监督机制，省生态办协同省委、省政府督查室每年组织一次专项督察，对重点任务落实情况进行抽查，对未完成目标任务的单位下发整改意见。此外，浙江省还将各地区强制性政策的制定与实施与绩效考核机制相联系，2007 年出台的《浙江省主要污染物总量减排

考核实施办法》首次对各级政府的环境减排工作进行量化考核，考核结果作为对各地区政府领导班子和领导干部综合考核评价的重要依据，并实行严格问责制和"一票否决"制。

在选择性手段方面，浙江省是全国首个出台生态保护补偿制度的省份。2005 年，浙江省政府印发了《关于进一步完善生态补偿机制的若干意见》，完成了生态保护从无偿到有偿的历史性变革。2007～2011 年，省财政累计安排转移支付的生态补偿资金达 51 亿元。在多年实践的基础上，浙江省不断深化生态补偿机制：一是将单一的生态补偿机制拓展为生态补偿与损害赔偿相结合的科学制度，在基于跨界河流水质监测结果的基础上确定补偿还是赔偿；二是将区域内的生态补偿拓展为区域间的生态补偿，制定并实施了《新安江流域水环境补偿试点实施方案》。生态补偿机制提高了生态屏障地区生态保护的积极性，保障了整个区域的生态安全，实现了区域经济、社会、生态的全面协调可持续发展。正因为如此，浙江省在生态建设的指标上处于全国领先地位。此外，作为国家排污权有偿使用和交易的试点省份，浙江省政府相继出台了《浙江省排污权有偿使用和交易试点工作暂行办法》等法规和政策性文件，相关部门出台了一系列配套政策。截至 2014 年 6 月底，已有 11 个地市 68 个县（市、区）开展排污权有偿使用和交易试点。

在引导性手段方面，浙江省十分重视绿色创建工作和生态环境保护的宣传教育工作，引导、鼓励和激励参与者购买绿色产品、选择绿色消费，强化其环境保护意识和行为。引导性手段可以有效减少环境保护的成本代价，同时培育了公众的绿色消费偏好，逐渐引导社会形成绿色消费、保护生态环境的氛围。例如，浙江省内各地区都开展了生态文明教育基地建设，编写并出版了面向机关、学校、企事业单位、农村（社区）等不同社会群体的生态文明建设系列教育读本，开展生态文明乡土教材编写试点，让生态文明知识进机关、进企业、进社区（农村）、进学校、进家庭。

浙江省十分重视制度的适应性、匹配性、实效性，构建了以强制性手段为主体、选择性手段为方向、引导性手段为配合的制度框架。并随着市场机制的不断完善，选择性手段和引导性手段的作用将日益强化。

# 第三节 以"五水共治"为抓手推进美丽浙江建设

浙江因水而名、因水而兴、因水而美。而当今浙江，同时面临几个水的问题："水多了"——洪涝灾害频发，"水脏了"——水污染严重，"水少了"——水资源短缺，由此导致"江南水乡喊渴了""山依然青而水不再秀"的局面，严重威胁着浙江人民的生命安全、生产安全和生态安全。基于此，浙江省委十三届四次全会提出，要以治污水、防洪水、排涝水、保供水、抓节水为突破口倒逼转型升级。"五水共治"决策的提出，吹响了浙江大规模治水行动的新号角。"五水共治"是根据浙江"水乡"省情和公众亲水诉求，深入贯彻"八八战略"的具体行动，是建设"美丽浙江"的战略重点和重要抓手，对于推进经济建设、政治建设、文化建设、社会建设和生态文明建设都具有重要意义①。

## 一 以"五水共治"促美丽浙江建设

浙江省委、省政府提出的"五水共治"战略决策，广大群众高度关注并热情参与，成为事关经济社会发展全局的战略性重大决策。这充分说明，"五水共治"的战略指向不只是治水，而是通过"五水共治"实现生活方式、生产方式以及发展方式的转变和转型。

### （一）促进产业转型

浙江水环境保护亟待产业升级。造成水环境污染的原因是多方面的，但最大的污染源是低层次产业造成的工业污染。水环境是一个地方产业的"透视镜"，水清则产业层次高，水黑则产业层次低。统计资料显示，2012年，浙江省规模以上工业主营业务收入超千亿元的制造业中，纺织、化工、

---

① 沈满洪：《"五水共治"的战略意义现实路径》，《浙江日报》2014年2月10日第6版。

橡胶、钢铁、有色金属、造纸等传统产业依然占有较大比重，这些产业大多耗水严重，而且排污量大。特别是一些产业"低、小、散、乱"情况比较普遍，生产工艺落后，污染防治不力，极易引发环境问题。

以治水为突破口倒逼转型升级、推动美丽浙江建设，是"五水共治"的重要目的。"五水共治"真正的攻坚不只在治水，而在坚定不移地淘汰重污染、高消耗、高排放的落后生产技术、工艺和产品，给吃得少、产蛋多、飞得远的好"鸟"腾地儿，腾出环境空间、腾出国土空间、腾出转型空间。

浙江正按照"关停淘汰一批、规范提升一批、搬迁入园一批"的原则，有保有压地对电镀、印染、造纸、化工等六大重污染行业进行整治。2013年，浦江一举关停、取缔14000多家水晶加工企业（户），鄞州区投入16亿元全面整治全省最大的电镀园区（鄞州电镀工业区），进行环境提升。在全力以赴抓治水的过程中，投入更多精力研究结构转型，根据区域水环境承载能力和资源禀赋，精心谋划生态经济、空间格局、产业布局，以更大气力推动产业升级，才能从根本上巩固"五水共治"成果，实现山常绿、水常清。

（二）改善水体环境

水是基础性的自然资源、战略性的经济资源和公共性的社会资源，是生态与环境的控制性要素，是人类和一切生物赖以生存发展的最重要物质基础。"山水林田湖是一个生命共同体。"无论是山林、湿地，还是水田、江湖，最基本的要素是水。有了适度的水、有了生态的水、有了灵动的水，山水林田湖这一生命共同体就健康了。"五水共治"就是要变污水为清水，恢复水生态；就是要化害为利，保障水安全；就是要保护源头活水，让百姓喝上生态水；就是要变浪费用水为节约用水，保障生态用水。因此，"五水共治"就是要保护水生态、改善水环境。

"五水共治"实施以来，全省各地掀起治水热潮，制订治水路线图，真抓实干，确保治水各项工作顺利进行。永康市按照"一年灭黑臭、两年提水质、三年可游泳"的目标要求，从小河小溪抓起，结合"双清""四边三化"行动，在全市范围内开展消灭黑河、臭河、垃圾河行动，采取镇村两级干部包干、分地块包干等形式，层层推进①。嘉兴市治水总投资约 675 亿元，实施 509 个项目，其中 2014 年计划完成投资 139 亿元，深入实施"河长制"，开展重点区域专项整治②。随着各地"五水共治"战略的落实，水环境将得到全面改善，浙江将真正回归为山清水秀的山水之乡。

### （三）推动治水产业发展

浙江开全国之先，进行"五水共治"，是基于对水资源作为战略性资源的远见卓识，是社会进步的重要标志。"五水共治"的实施，将给治水产业带来巨大的市场需求和广阔的发展空间。紧紧抓住"五水共治"的大好机遇，先人一步，先行试水，乘势而上，在治水产业上展开布局，进而走出去——输出设备、技术，从而形成整治一个领域、改善一方环境、带动一批产业的良好局面。

首先是治水设备制造、关键技术、运维服务前景广阔。据不完全统计，浙江省有污水防治、节水供水、防洪排涝各类适用技术 270 项，已确定 30 多项治水领域的省级优秀工业新产品（新技术），认定 10 台以上用于污水治理、中水回用等方面的重大装备首台（套）产品。这些设备、材料、技术与信息化深度融合、智能化全面对接后，在研制研发新设备、新材料、新工艺方面将迸发出无限商机。利用物联网技术实现节水和减排，利用传感器产品加强水资源监测、排污监控、洪涝预警、清洁生产、水环境治理等等，都具有良好的现实需求和应用前景。"千人计划"专家利用先进生态修复技术对河道进行生态修复，有效降低水体中氮和磷等富营养物质浓度，改善水环境质量，并通过生物除淤，提高自净能力，减少清淤工程量，每平方米治理成本较普通治污方法节约 70%。义乌一家吸管企业投资 200 万元建设"滴水不漏"生态循环回用设施，每年节

---

① 《五水共治，百城擂台：清水永康江，清新丽州城》，浙江在线新闻网，http：//zjnews. zjol. com. cn/system/2014/04/08/019953182. shtml，最后访问日期：2014 年 4 月 8 日。

② 《五水共治，百城擂台之嘉兴篇：重绘水乡美丽画卷》，嘉兴在线新闻网，http：//www. cnjxol. com/xwzx/jxxw/wmkjx/content/2014 – 03/20/content _ 3023580. htm，最后访问日期：2014 年 3 月 20 日。

约成本 70 多万元，水、电两项能耗支出占总成本的比例从 10% 降到 8%。

其次是污染企业实现华丽转身，成为治污领军企业、环保企业。在"五水共治"的倒逼下，污染排放大户不再心存侥幸，如能反求诸己，联手科研院所，潜心研究专项治污设备和技术，久病成良医，出诊能行医，有可能异军突起，成为某一行业的治水领导者，或从用水大户转型为节水专家。巨化集团是钱塘江上游的排放大户，不仅自身从产业和空间双维度进行生态化改造，率先在全国制造业中进行生态化循环经济改造，构筑"资源—产品—再生资源—产品"循环经济圈，发展"静脉经济"，将公司的原料、产品、中间品、副产物"吃干榨净"，极大地减少了能源消耗和污染排放；同时，与环保科研单位开展重大合作，强强联合，着力培育"立足巨化，辐射衢州，面向全国"的新兴环保产业发展平台。绍兴滨海日处理印染等污水达 90 万吨，为全国单体规模最大，绍兴水处理发展有限公司致力于科技创新，与科研单位、高等院校紧密合作，建立研发中心和中试基地，开展微生物强化、污水深度处理、异相催化氧化、生物毒性试验等多项研究测试，取得阶段性成果。

（四）建设"美丽浙江"

党的十八大报告提出建设"美丽中国"，承续了"中华民族伟大复兴"的中国梦，描绘了生态文明建设的美好前景。为深入贯彻党的十八大、十八届三中全会和习近平总书记系列重要讲话精神，积极推进建设"美丽中国"的浙江实践，加快生态文明制度建设，努力走向社会主义生态文明新时代，中共浙江省委适时作出了关于"建设美丽浙江、创造美好生活"的决定。"美丽浙江"建设的愿景，"努力实现天蓝、水清、山绿、地净，建设富饶秀美、和谐安康、人文昌盛、宜业宜居的美丽浙江"，准确概括了生态文明建设的外在表现，是一种终极的、理想的追求。要实现这一愿景，就要利用好"五水共治"这一重要抓手。

"五水共治"，就是以大禹治水的精神，以"重整山河"的雄心壮志，以砸锅卖铁的决心，举全省之力，坚持"科学治水、依法治水、铁腕治水、全民治水"，大力推进治污水、防洪水、排涝水、保供水、抓节水。通过治水，治出转型升级，治好老祖宗留给我们的绿水青山，治服洪水之虎，治去内涝之患，让广大群众安居乐业，与自然和谐相处，努力走出"绿水青山就是金山银山"的发展新路，努力实现天蓝、水清、山绿、地净，建设富饶秀美、和谐安康、人文昌盛、宜业宜居的美丽浙江①。

## 二 "五水共治"的实现路径

2013 年 12 月 23 日，浙江省委常委会作出"五水共治"的重大决策，确定了"五水共治"的路线图和时间表：三年（2014～2016 年）要解决突出问题，明显见效；五年（2014～2018 年）要基本解决问题，全面改观；七年（2014～2020 年）要基本不出问题，实现质变。

### （一）治污先行，重点突破

浙江面对水污染的突出问题——污水处理能力不足、管网不健全、达标排放率低、河面河床水质严重污染，主抓"清三河、两覆盖、两转型"。"清三河"即治理黑河、臭河、垃圾河。浙江计划 2014 年底前消灭垃圾河，有效改善臭河、黑河水质。"两覆盖"即城镇截污纳管和农村污水处理、生活垃圾集中处理基本覆盖。"两转型"即工业和农业转型。按照"关停淘汰一批、规范提升一批、搬迁入园一批"的原则，有保有压地对电镀、印染、造纸、化工等六大重污染行业进行整治。坚持"一厂一策"，推进污水处理设施提标改造，规范企业清洁生产。根据规定，对废水超过纳管排放标准排入污水处理厂的企业，一律责令其限期治理；对废水没有达标、直接向环境排放的企业，一律停产整治；对没有污水处理设施，也没有接入排污管网的企业，一律关停；对违法排污、严重超标排放的企业，一律按最高限额进行处罚；对涉嫌环境犯罪的，一律由司法机关依法追究其刑事责任。坚持生态化、集约化的农业发展方向，浙江大力推行种植养殖业、畜牧业的集聚化、

---

规模化经营和污染物排放的集中化、无害化处理，控制农业面源污染。

（二）严防洪水，强排涝水

治水患、保民生，修水利、兴农桑，浙江对水利建设的重视从未懈怠。针对部分城市抗内涝能力不足，排不出、下不去，部分堤坝标准低、有病害等突出问题，浙江各地采取各种措施"强库堤、疏通道、攻强排"。强库堤：2014 年浙江完成病险水库加固 100 座，1 万至 10 万立方米重点山塘综合整治 1200 座，独流入海重点河段干流堤防加固 100 公里。疏通道：主要是打堵道、开新道、疏河道、畅管道。全省持续推进万里清水河道建设，启动 21 个全国中小河流治理重点县综合整治试点建设，计划完成河道综合整治 2000 公里、河岸绿化 350 公里。攻强排：杭州出台了"防洪水"三年行动计划，安排了水利工程项目 109 项，计划投资 196 亿元，实施钱塘江综合治理工程，新建、加固堤防，提高防洪标准；3 年完成 60 座水库 350 万立方米以上的山塘除险加固；在滨江、之江等地，新建改建一批排灌站；实施七堡排涝泵站扩建工程、余杭塘栖防洪工程等。

（三）保障供水，狠抓节水

保供水，必先稳源头。浙江通过加快水资源保障百亿工程建设，建成了老虎潭水库、沐尘水库、舟山大陆引水、楠溪江引水等一批水源和引供水工程，全省水资源配置总体格局基本形成。2014 年，浙江加快水资源配置工程建设，一些区域调水工程迎来突破性进展，如舟山大陆引水三期、义乌双江水利枢纽、新安江引水工程。

实行最严格的水资源管理制度。2013 年 3 月，省政府颁布了《浙江省人民政府关于实行最严格水资源管理制度　全面推进节水型社会建设的意见》，提出建立较为完善的水资源管理制度和监督管理体系，基本建成节水型社会的目标、任务和路径；对水资源开发利用控制红线、用水效率控制红线、水功能区限制纳污红线"三条红线"下达了量化指标，提出了具体的工作举措。

建立水资源开发利用控制红线。采用暂停或限制审批等手段，严格取用水总量控制管理，未通过水资源论证的有关规划不得批准实施。建立用水效率控制红线。各项引水、调水、取水、供用水工程建设必须首先考虑节水要求；新建、扩建和改建项目应当制订节水措施方案；水资源短缺、生态脆弱地区限制高耗水工业项目建设和高耗水服务业发展。建立水功能区限制纳污红线。完善水功能区监督管理制度，对跨行政区域河流交接断面水质达标考核不合格的地区，取水许可和入河排污口审批权限上收一级，限制审批新增取水和入河排污口。

浙江还把水资源管理主要指标和工作内容纳入地方各级政府考核序列，考核结果作为对地方政府相关领导干部综合考核评价和生态保护财政转移支付、水利资金安排的重要依据。

开源，还须节流。浙江把节水型社会建设作为主载体来全面推进。2013年5月，浙江启动了第一批县（市、区）节水型社会建设工作。在试点基础上，总结经验，分批启动节水型社会建设标准化市、县（市、区）建设。争取到2020年，全省2/3的市、县（市、区）达到节水型社会建设标准。届时，浙江节水型社会将基本形成。

## 第四节　以"森林浙江"为建设目标推动林业发展

森林被誉为大自然的总调节器，维持着全球的生态平衡。森林在调节生物圈、大气圈、水圈、土壤圈的动态平衡中起着基础性、关键性作用；在生物世界和非生物世界的能量和物质交换中扮演着主要角色，对保持全球生态系统整体功能起着中枢和杠杆作用。林业具有防风固沙、涵养水源、保持水土、调节气候、净化空气、降低噪音、美化环境等生态功能。发展生态林业是应对气候变化的战略选择，是发展中国家推进可持续发展的重要手段。

### 一　林业发展战略

森林是陆地生态系统的主体，是人类发展不可缺少的自然资源。林业是生态建设的主体和生态文明建设的主要承担者，是经济社会可持续发展的一项基础产业和公益事业。随着经济的快速发展和人民生活水平的不断提高，林业的地位越来越重要，越来越受到社会的普遍关注。

2002 年 6 月 12 日，浙江省第十一次党代会正式提出建设"绿色浙江"的战略目标，并明确指出：建设"绿色浙江"是浙江省实现可持续发展的大事。搞好生态公益林建设，加强流域综合治理，建立生态保护补偿机制，建设秀美山川。合理开发、利用和保护土地、水、矿产、森林等自然资源，努力建设资源节约型社会①。

2003 年 12 月 22 日，习近平在省委十一届五次全体（扩大）会议上的报告中明确提出：全面规划和启动生态省建设，努力形成打造"绿色浙江"新氛围。以新的发展理念积极推进循环经济，推行清洁生产，严格控制和大力治理环境污染，高度重视农村环境的综合整治，全面推进林业现代化建设，更加注重自然资源的合理开发、利用和保护，进一步加大生态示范区、自然保护区、重要生态功能区的管理和建设力度②。

2010 年 6 月 30 日中国共产党浙江省第十二届委员会第七次全体会议通过《中共浙江省委关于推进生态文明建设的决定》。决定明确指出：推进森林扩面提质，大力发展生态公益林、名贵树种经济林，重点加强中幼林抚育、低效林和林相改造，着力平原地区绿化建设，加快建设"森林浙江"③。

2012 年 6 月 6 日，赵洪祝在中国共产党浙江省第十三次代表大会上的报告中指出：加快浙西绿色屏障和浙东蓝色屏障建设，切实加强自然保护区和重要生态功能区的建设和管理。广泛开展植树造林，大力发展现代林业，切实保护森林、湿地和野生动植物资源，加强生物多样性保护④。

---

① 张德江：《努力实践"三个代表"重要思想　全面推进我省社会主义现代化建设——在中国共产党浙江省第十一次代表大会上的报告》，《今日浙江》2002 年第 12 期。

② 习近平：《充分发挥"八个优势"　深入实施"八项举措"　扎实推进浙江全面、协调、可持续发展——在省委十一届五次全体（扩大）会议上的报告》，《今日浙江》2004 年第 1 期。

③ 《中共浙江省委关于推进生态文明建设的决定》，《浙江年鉴》，浙江年鉴社，2010。

④ 赵洪祝：《中国共产党浙江省第十三次代表大会上的报告》，《浙江年鉴》，浙江年鉴社，2012。

2014 年 5 月 23 日，中国共产党浙江省第十三届委员会第五次全体会议通过《中共浙江省委关于建设美丽浙江　创造美好生活的决定》。该决定明确指出：加强绿色生态屏障建设，深入推进"下山移民"工程，加大森林资源保护力度，全面推进平原绿化和森林扩面提质，提高林分质量和林木蓄积量，提升森林生态系统功能；完善集体林权制度改革，建立生态公益林省级财政补偿标准调整机制，研究湿地生态效益补偿办法①。

2014 年 10 月 10 日，浙江省委、省政府出台了《中共浙江省委　浙江省人民政府关于加快林业改革发展全面实施五年绿化平原水乡十年建成森林浙江的意见》，从全局和战略的高度，对当前和今后一个时期林业工作作出了重大战略部署。

## 二　以"森林浙江"为建设目标的现代林业发展

### （一）实施重点林业生态工程

1. 生态公益林补偿机制建设

浙江省级以上公益林的最低补偿标准②逐年提高。2011 年，省级以上公益林最低补偿标准从最初 2004 年的 8 元/（亩·年）提高至 19 元/（亩·年），2013 年，在年初已由每亩每年 19 元提高到 21 元的基础上，再次提高到 25 元；2014 年由 25 元/（亩·年）提高到 27 元/（亩·年），2015 年再提高到 30 元/（亩·年），省级以上自然保护区集体林租赁价格也同步提高 2 元和 3 元，增量资金由省财政全额承担。此后，浙江省"两年一调整，每次调整 2 元"的森林生态补偿增长机制将作重新调整。全省纳入省级以上财政补偿范围的公益林面积超过 4000 万亩，补偿资金超过 11 亿元。浙江省有 109 余万农户、1.8 万余个村级集体经济组织、300 余个国有单位从

---

① 沈正玺：《中共浙江省委关于建设美丽浙江　创造美好生活的决定》，《浙江日报》，http://zjnews. zjol. com. cn/system/2014/05/29/020051621. shtml，最后访问日期：2014 年 5 月 29 日。

② 沈正玺：《中共浙江省委关于建设美丽浙江　创造美好生活的决定》，《浙江日报》，http://zjnews. zjol. com. cn/system/2014/05/29/020051621. shtml，最后访问日期：2014 年 5 月 29 日。

中受益[①]。

### 2. 防护林体系建设

2010年全省完成造林面积104.33万亩，其中人工造林20.78万亩，更新造林20.5万亩，低产低效林改造38.24万亩。2011年完成造林面积63.3万亩，其中更新造林20万亩，低产低效林改造面积40.4万亩。2012年全省共完成造林面积39695公顷，其中重点防护林工程造林12561公顷，更新造林16587公顷，低产低效林改造16878公顷。2013年完成造林面积39455公顷，其中重点防护林工程造林17369公顷，人工更新造林14380公顷，低产低效林改造8574公顷。

### 3. 强力推进"1818"平原绿化行动

针对"最需要森林的地方缺乏森林"的现状，省委书记夏宝龙亲自抓平原绿化，自2010年起连续五年每年召开一次全省平原绿化工作座谈会，树立和巩固书记抓绿化的良好传统。"十二五"启动了"1818"平原绿化行动。目前，全省各县、市认真落实省委平原绿化工作座谈会精神，全面启动"1818"平原绿化行动，通过举办培训班、召开现场会、组织学习考察、开展专项督导等一系列行之有效的措施，加快推进平原绿化。许多市、县年均平原绿化财政投入超过1亿元，增绿面积超过1万亩。

### （二）全面加强森林资源保护

#### 1. 采伐管理立法

浙江省为加强林木采伐管理，有效保护、培育和合理利用森林资源，依据国家、省一系列采伐管理改革政策，吸收了试点中行之有效的做法，修订了《浙江省林木采伐管理办法》，在毛竹采伐、树木采挖、采伐公示、采伐面积控制以及简政放权等方面有较大突破。

#### 2. 机构保障

在森林资源管理机构设置方面，省林业厅机关内部设森林资源处、省资

---

① 浙江省林业厅：《2014年我省省级以上公益林补偿标准提高到每亩27元》，http://gov.zjly.gov.cn/sndt/85073.htm，最后访问日期：2014年9月9日。

源管理总站，资源管理总站协助资源处工作，各市设立林政处，县设林政科，乡镇有林管员，承担资源调查和林政管理任务。省有关部门还批准设立木材检验站和巡查大队，包括木材运输巡查大队、国道检查站、省道检查站、县乡道检查站、非公路检查站、水上检查站等。全省上下形成完备的森林资源管理机构体系，有效保护森林资源。

### 3. 野生动植物保护管理

积极开展濒危物种的抢救性保护工作，建立省级以上野生动物疫源疫病监测站 19 个。同时在全省范围内大规模地开展野生动物保护法律、法规、政策、科普等宣传活动。开展专家宣讲、图片展示、发放资料、有奖问答等特色各异、形式多样的活动，普及鸟类知识活动，对促进浙江省鸟类保护和资源恢复增长、提高全民爱鸟护鸟意识起到积极的作用。

### 4. 湿地保护

加强监管，依法制止违法占用、开垦、填埋以及污染湿地行为，依法追究严重破坏湿地生态的单位和个人的责任；加大湿地保护区（小区）、湿地公园、湿地合理利用示范区等重要湿地必要基础设施建设、生态修复和治理、生物多样性保护、科研和监测工作等项目的资金投入，保障湿地保护管理工作经费；广泛动员各类媒体加强对《国际湿地公约》《野生动物保护法》《浙江省湿地保护条例》《湿地保护管理规定》等法律、法规、规章的宣传，普及湿地保护知识，增强全社会的湿地保护意识，促使公民自觉履行湿地保护义务，合力推进湿地保护工作。

### （三）积极推进林业产业化经营

### 1. 加快现代林业园区建设

集中力量建设一批规划布局合理、生产要素集聚、科技和设施装备先进、经营机制完善、经济效益和示范带动效应明显的现代林业园区，加快推进木业、竹业、花卉苗木、森林食品、野生动植物驯养繁殖、森林旅游等六大主导产业转型升级，大力发展林下经济，进一步增强林业富民能力。加快推进林区道路建设，根据林区实际制定合理的道路等级、路网密度等标准，加强政策扶持，落实建设资金。

### 2. 推进林产品精深加工工业发展

支持林产品加工企业引进先进加工技术与设备，加快技术改造，增强自主创新能力，提高林产品精深加工水平。积极推进竹木材循环利用和资源综合利用，加强竹木加工废弃物、竹木废旧制品的再利用，促进林业循环经济发展。引导产业集聚，培育具有区域特色的竹木加工产业集群，强化产业集群对企业、资金、技术的集聚功能，推进林业产业块状经济向现代产业集群转型升级。

### 3. 大力发展森林旅游业

挖掘森林的生态、休闲、保健等功能，大力发展森林生态休闲旅游业，形成以森林公园为主体，以自然保护区、湿地公园、林业观光园区等为补充，布局合理、内容丰富、管理科学、功能齐备、效益良好的森林生态旅游体系。通过举办各类森林旅游节，推介具有浙江特色的森林生态旅游线路和精品森林旅游景区。利用浙中南山地森林发展区和浙西中低山森林发展区的森林资源和优良的旅游、景观资源禀赋，深入挖掘独特的森林生态文化内涵，打造省内著名、国内知名、具有区域性影响的森林生态旅游名牌系列产品，培育成片开发、服务水平较高、带动能力强的森林旅游产业聚集区，建立以森林生态旅游产品为核心的森林生态旅游产业体系。

### （四）加强林业保障能力建设

#### 1. 加强林业法制建设

《浙江省林木采伐管理办法》《浙江省湿地保护条例》《浙江省野生植物保护办法》《浙江省松材线虫病防控条例》《浙江省森林消防条例》《浙江省公益林管理办法》等法律法规得以实施，新的立法项目工作进展顺利。

#### 2. 推进科技兴林工作

积极推进科技创新工作，结合现代林业建设实际积极组织科技攻关。加强科技推广，在种苗花卉、森林保护、经济林培育、科技管理、林产加工、竹林培育、林业生态、森林经营等方面推广多个项目。

### 3. 推进森林公安队伍建设

在森林公安方面，各级森林公安机关按照建设过硬班子、纯洁公安队伍、树立良好警风、提高执法水平的思路，以加强正规化建设为重点，以提高整体素质为目标，依法从严治警，做到队伍管理从严、工作作风从严、警容警风从严、执法纪律从严，使队伍凝聚力、战斗力进一步加强。基层基础工作基本实现民警下基层、警务到一线、服务超前、熟悉"二情"、发挥民力、群防群治的作用。通过严格执法办案程序、完善基础业务建设、改革基层勤务制度、落实一线保障措施、强化队伍正规化建设，基层基础工作呈现良好的发展态势。

### 4. 注重森林防火

浙江省森林防火指挥部专门组织开展全省性的森林防火隐患大排查活动，组织有关人员深入重点林区开展森林火险隐患排查，帮助基层切实消除森林火险隐患。同时，浙江省于2007年7月颁布了《浙江省森林消防条例》，进一步完善了森林消防组织、森林火灾的预防和扑救、保障措施、监督管理及法律责任等方面的内容。此外，积极进行森林防火的宣传。

## 三　林业发展的成效与经验

### （一）林业发展的主要成效

围绕"深化林权改革、发展现代林业、建设生态文明、推动科学发展"的总体思路，加强生态建设，发展富民产业，强化资源管理，完善政策措施，浙江林业建设取得了明显进展。

### 1. 森林资源持续增长，森林质量与生态状况明显改善

森林面积、森林蓄积量和森林覆盖率稳定增长。2012年浙江全省林地面积为661.27万公顷，比2011年增加了0.15万公顷；全省森林面积604.06万公顷，比2011年减少1.22万公顷，森林覆盖率保持在60%以上；活立木蓄积量达到2.82亿立方米，比2011年增加1328.70万立方米；毛竹数量比2011年增加20672万株；乔木林单位面积蓄积量增加了2.67立方

米/公顷。近年来，浙江森林资源蓄积量、质量指标均有一定幅度的增长，龄组结构、树种结构逐步趋向合理，森林生态状况进一步得到改善，森林生态服务功能得到进一步发挥，浙江森林正由"数量持续增加"向"数量增加、质量提高与结构改善并进"的方向发展。

2. 重点生态工程顺利推进，林业生态建设成效显著

加大了重点生态公益林投入与建设力度。省级以上公益林面积超过4000 万亩，最低补偿标准由 25 元/（亩·年）提高到 27 元/（亩·年），全省 109 万余农户、1.8 万余个村级集体经济组织、300 余个国有单位直接受益。2013 年全省林业重点生态工程深入实施，共完成造林面积 17748 公顷，比 2012 年增加了 4948 公顷，占全部造林面积的 41.9%；其中长江流域防护林工程 6535 公顷，比上年增加 2760 公顷，沿海防护林工程 11213 公顷，比上年增加 2188 公顷，长江流域防护林及沿海防护林占全部造林的比重分别为 15.4%、26.5%。

3. 推进林业产业升级，兴林富民工程取得新进展

2013 年浙江省林业产业总产值 3964.9 亿元，比 2012 年增长 388.9 亿元，增幅为 10.9%，产业规模不断扩大。第一产业产值 766.5 亿元，占全部林业产业总产值的 19.3%，同比增长 4.6%；第二产业产值 2290 亿元，占全部林业产业总产值的 57.8%，同比增长 7.0%；第三产业产值 908.3 亿元，占全部林业产业总产值的 22.9%，同比增长 29.0%。林业三次产业产值结构逐步调整，一产、二产、三产比例已由 2010 年的 28∶50∶22 调整为 2013 年的 19∶58∶23，二产、三产比重逐步增大。

4. 强化资源与林政管理，生物多样性得到有效保护

依法加强林地、林木、野生动植物及湿地资源的保护与管理。出台了《浙江省林木采伐管理办法》《浙江省湿地保护条例》《浙江省野生植物保护办法》《浙江省松材线虫病防控条例》《浙江省森林消防条例》《浙江省公益林管理办法》等法规。严格落实征占用林地定额管理制度，开展了森林资源动态监测，建立森林资源消长预警机制；建立省级以上野生动物疫源疫病监测站 19 个，积极开展濒危物种的抢救性保护工作；不断推进森林公安

与森林消防队伍规范化建设，加大林业有害生物检疫防治与森林防火的基础设施投入。森林类自然保护区建设得到加强。颁发了《浙江省湿地保护条例》，到 2013 年底，全省已建湿地保护小区 30 个、省级以上湿地公园 17 个（其中国家级 7 个），保护湿地面积 5 万多公顷。

5. 开展"关注森林"活动，森林文化建设取得新进展

全面启动"关注森林"系列活动，激发了全社会植绿、护绿、爱绿的热情，推动了森林文明建设。积极开展森林城市创建活动，到 2013 年底，创建省级以上"森林城市" 28 个、"森林城镇" 89 个以上、"森林村庄" 487 个以上。开展省树省花评选、全民义务植树、认建认管认养等活动，全民植树护绿、保护生态的良好社会风尚逐步形成。成功举办了 6 届义乌国际森林产品博览会、5 届中国（温州）森林旅游节以及全国森林城市论坛、长三角花卉产业发展国际论坛、湿地保护国际论坛等活动。

6. 深化体制改革，为林业发展增添新的活力

据统计，全省完成换（发）林权证面积 8654.5 万亩，占应换（发）证面积的 99.7%，其中集体所有面积 8255.8 万亩，占 95.4%，国有面积 398.7 万亩，占 4.6%；换（发）全国统一式样的林权证 505.5 万本，占应换（发）林权证的 99.8%；签订责任山承包合同 453.9 万份，占应签订承包合同的 99.5%。开展森林采伐管理改革，进一步简化了审批手续和限额管理范围。全省政策性林木保险工作取得较大进展，据统计，截至 2013 年 12 月底，全省森林投保总面积超过 6000 万亩（不含宁波），占森林总面积的 70% 以上，同比增长 15 个百分点；保险总额为 255 亿元；各级财政保费补贴超过 4000 万元，占总保费的 88%；其中县级以上公益林投保面积近 4000 万亩。2013 年，全省各类灾害频发，政策性林木保险的救灾减损作用进一步体现，全年理赔发生森林灾害的农户 39094 户，共赔付 2000 余万元，简单赔付率为 44%，比上年提高 13 个百分点[①]。

---

① 浙江省林业厅：《我省政策性林木保险工作取得较大进展》，http：//gov. zjly. gov. cn/sndt/73977. htm，最后访问日期：2014 年 1 月 26 日。

7. 加大林业科技和基础设施投入，改善生产条件，强化科技支撑

全省在林业改革发展过程中把林业科技工作摆在突出位置，作为基础性工作来抓。在开展支撑生态林业、民生林业关键技术研究和攻关的同时，建立了责任推广制度和科技特派员制度，建设了一大批林业科技创新与服务平台、省级重点科技创新团队，以新品种推广、新技术应用、新产品示范为重点，推广油茶长林系列等优良品种和无性系200多个，推广"一竹三笋"等先进实用技术100多项，科技成果转化率和贡献率双双达60%。

### （二）林业发展的基本经验

1. 高度重视发展规划

思路决定出路。浙江省在林业发展过程中一个突出的特点就是高度重视生态林业的发展规划，根据不同的发展阶段及时提出具有超前性的发展战略和发展目标，始终引领和推动着生态林业的建设。2002年，浙江省结合实际，对如何推动林业发展进行了精心规划，提出了总体思路、规划目标、工作重点和政策措施。2004年，浙江省委、省政府提出，到2010年，建成重点生态公益林200万公顷，全省森林覆盖率达到62%，活立林蓄积量达到1.65亿立方米，林分郁闭度达到0.6，阔叶林和混交林占林分比重达到30%，城市绿化率达到32%，林业科技成果转化率和林业科技进步贡献率均达到60%，林业科技总体水平走在全国前列；到2020年，建成生态公益林333万公顷，森林覆盖率达到62%以上，活立林蓄积量达到1.8亿立方米以上，城镇绿化率达到35%，在浙江建成资源丰富、布局合理、功能完备、优质高效、管理先进、内涵丰富的现代林业体系，基本满足浙江建设山川秀美、人与自然和谐、经济社会可持续发展的生态省要求。

2. 积极推进制度创新

制度创新是推动林业发展的重要保证。浙江省委、省政府和各级党委、政府始终坚持把林业建设作为经济社会可持续发展的重要内容，切实加强领导，加大投入力度，既重视法规、规章等正式制度的建设，又注重实施机制的建设，从而保障了生态林业发展有章可循。一是浙江省近年来先后颁布了

《浙江省公益林管理办法》《浙江省森林消防条例》《浙江省野生植物保护办法》《浙江省湿地保护条例》《浙江省林权流转和抵押管理办法》《浙江省林木采伐管理办法》等法律法规，为加快林业改革发展创造了良好的法制环境。二是浙江省根据《森林法》及其实施条例，结合本省实际，于2004年7月1日施行修订后的《浙江省森林管理条例》，2014年4月1日施行《浙江省林木采伐管理办法》。这两个法规文件吸取了几年来森林资源管理规范性文件的精神及实际工作经验，解决了一些以往难以解决的法律问题，并以地方法规和政府规章的形式作了全面的规范，完善了生态林业管理制度，为行政执法提供了强有力的支持。三是为规范和保证集体林权制度改革的顺利进行，浙江省委、省政府先后出台了《关于进一步深化集体林权制度改革的若干意见》《浙江省林权转包（出租）合同（示范文本）》《浙江省林权转让合同（示范文本）》《浙江省林权互换合同（示范文本）》等配套制度，完善了集体林权制度改革的配套制度。

### 3. 不断深化林业改革

改革创新是推进林业发展的动力之源，通过改革创新，提高现代林业建设管理水平。特别是集体林权制度改革在全省全面铺开后，山林权属更加明晰，林地承包经营主体更加明确，林业体制机制逐步理顺，林业生产力持续得到解放，使得林农造林护林育林的积极性空前高涨。各种社会资源持续向林业聚集，非公有制林业快速发展，形成投资多元化，经营形式多样化，全省动员、全民动手、全社会参与的新格局。

浙江省深化林业改革的经验主要有：第一，围绕"资本进入"，创新林权抵押贷款工作，采取林权小额循环贷款、林权抵押担保贷款、林权直接抵押贷款三种模式，有效地突破了林农发展林业生产资金难的瓶颈；第二，围绕"风险防控"，创新森林保险，浙江省政府实行了林业保险政策性补偿，采用打包联保、财政出资、统一风险、统一理赔的办法，解决了林农因单块面积小、地块多导致千家万户办保险成本高、理赔难的问题，极大地增强了林农的风险防控能力；第三，围绕"数字管理"，创新林业信息化平台，建立了林权信息化管理系统，在丽水地区9县市推行林权"IC"卡，把一家一户的森林资源、信用保险等情况信息化、芯片化，使林权管理实现了数字化、便捷化，真正把"数字林业"建设到了山头地块；第四，围绕服务林农，创新林业管理机构，新建了 65 个林权管理服务中心、49 个林权交易中心以及资源评估中心和收储中心，为广大林农提供了非常便捷的服务平台①。

---

① 沈满洪、魏楚、程华等：《2012 浙江生态经济发展报告》，中国财政经济出版社，2012，第99 页。

# 第四章
# 天人合一的生态文化传承

一定地域的社会生产生活模式都是由其特有的地域文化形态所指引的。文化是人类生产生活活动的理念出发点，以工业文化为核心的生产生活方式构成了工业文明，而以生态文化为核心的生产和生活方式则形成了生态文明。我国传统文化所倡导的"天人合一""道法自然""仁民爱物"等思想，就是生态文化精神。中国传统文化中，从哲学层面来思考人与自然的关系的理论很多，但主流思想是"天人合一"。《易传》认为，人和万物一样是秉受了天地之大德而生，因而天、人在本质上是一致的。人只有做到"与天地和其德，与日月和其明，与四时和其序"，才可以把握天道，达到自由。生态文明是继原始文明、农耕文明、工业文明之后一种新的文明形态，既是对人类文明成果的继承与发扬，又体现了对传统文明特别是工业文明相关问题的深刻反省与批判，它扬弃了工业文明"人统治自然"的价值观，强调人类发展要服从生态规律，实现人与自然的和谐共生；改变了"先污染、后治理"的发展模式，强调坚持生态优先原则，促进经济社会发展与生态环境建设同步；改变了"物质享乐主义"的生活方式，强调有节制地积累物质财富，崇尚适度消费和精神文化享受，追求既满足人类自身需要又不损害自然环境的生活方式。一般认为，生态文化是一种否定传统文化、强调人与自然协调发展的新的文化形态。

浙江历史悠久，经济发达，文化昌盛，自从东晋南朝全国经济重心南移至江南后，浙江就后来居上，千百年来遥遥领先，繁荣至今，其经济社会发展始终是在生态文化精神的引领下进行的，浙江生态文化的基本精神与生态文明的内在要求具有高度的一致性，因而成为生态文明的率先响应和实践者。

## 第一节　天人合一的生态文化历史

浙江的生态文化形态源远流长，天人合一的哲学思想，在其远古文化、传统产业发展、社会生活和政治律法各方面一脉相承。

### 一　中国远古生态文化的发源地

浙江的山水自然环境优越，适宜人类居住，早在 5 万年前的旧石器时代，浙江就有原始人类"建德人"活动（境内已发现新石器时代遗址 100 多处），这是人与自然和谐共生的序曲。之后有距今 8000 年的跨湖桥文化，跨湖桥文化发源于钱塘江、富春江与浦阳江三江交汇处，跨湖桥遗址也是以古湘湖的上下湘、湖泉之间的跨湖桥命名的。距今 7000 年的河姆渡文化发源于风景秀丽的四明山麓余姚河姆渡、姚江北岸，干栏式建筑是河姆渡文化的典型代表，"民编竹苫茅为两重，上以自处，下居鸡豚，谓之麻栏"的建筑结构，透气凉爽，具有避免瘴气、潮湿、水淹并防止虫蛇进入的功能，并且建造简易，是典型的绿色建筑；尝试栽培水稻等农作物和驯化野生畜禽，以及制作陶器漆器、利用自然物改造生产工具等，无不体现了浙江远古人类的生态文化智慧和理念。距今 6000 年的浙江马家浜文化分布于太湖东南沿岸，马家浜文化培育了中国早期的渔猎、采集经济，在草鞋山、绰墩遗址发现，水稻已作为一种经济生产活动方式，进入了严格意义上的"稻作"农业时期，可以说马家浜时期的太湖流域是世界上稻作农业的起源中心之一。同时，马家浜文化时期对动物的驯养也达到了非常成熟的阶段，猪、水牛、狗已是饲养的家畜，甚至开始圈养梅花鹿、麋鹿，这些动物的遗骸在各个马家浜文化遗址中都有大量发现。家畜需要饲料，反映了农业已能提供剩余食物，家畜又给人们提供肉类，它们的粪便又是农业生产最好的肥料，动物骨、角又是制作各种工具的原材料。可以说，马家浜文化体现了较为系统的生态经济思想，开创了浙江成为文明古国组成部分的历史，因此被誉为"江南文化之源"。距今 5000 年的浙江良渚文化，主要分布于太湖流域，良渚文化的主要特色是玉器的制作和应用，有璧、琮、钺、璜、冠形器、三叉形玉器、玉镯、玉管、玉珠、玉坠、柱形玉器、锥形玉器、玉带及环等，玉文化由此兴起，体现了人类对自然的崇尚；另外，陶器技艺也更为精深，逐步发展成为当时重要的产业，这可以说是浙江早期的生态工业。春秋时期浙江分属吴、越两国，秦朝在浙江设会稽郡，三国时富阳人孙权建立吴国，这三个历史时期，浙江都是中国农耕文化和桑蚕文化最发达的地区。春秋时代，"劝农桑"被列为越王勾践的国策之一，至唐、宋，绍兴越罗、尼罗、寺绫，已驰名各地。《越游便览》载："绍兴西北华舍，为绸机荟萃之区，亦即绸市集中之地，出品为纺绸、线春。下坊桥则多织花素贡缎，质细而韧，物品优良，行销全国及南洋各埠，厥数颇巨。"距今4700年的良渚出土丝织物说明了浙江丝绸历史久远，可以说浙江的桑蚕文化是"最具中国特色的生态文化形态"，因此也被誉为"中国文明的起点"。

## 二 丰富鲜明的生态文化哲学思想

浙江历史上就有丰富鲜明的生态文化哲学学说，汉代思想家王充是会稽上虞（今浙江上虞市）人，他继承朴素唯物主义思想，对天地的性质作了富有生态哲学的诠释。他说："天地，含气之自然也。""夫天者，体也，与地同。"不论天是体，还是含气的自然，都从根本上肯定了天地的自然物质属性。从天地的物质属性出发，王充阐发了天地自然无为的理论观点，所谓天地自然无为就是："天动不欲以生物，而物自生，此则自然也。施气不欲为物，而物自为，此则无为也。"他认为天地的运行是一个自然变化过程，不是任何精神作用，人和万物都是在天地运行中自然产生的，是"天覆于上，地偃于下，下气蒸上，上气降下，万物自生其间矣"，而非"天地故生人""天故生万物"。他用气和气化说解释万物的生成变化，是对生态文化哲学思想较早的系统理论表述。

明代著名思想家王阳明是绍兴府余姚县（今属宁波余姚）人，曾筑室于会稽山浙江阳明洞，他很重视自然知识、重视天道，提倡"知行合———皈依自然"。他曾说，"古之君臣，必谨修其政令，以奉若夫天道；致察乎气运，以警惕夫人为。故至治之世，天无疾风盲雨之愆，而地无昆虫草木之孽"（《气候图序》）。他认为君臣治国，应当研究天道，遵循天道，以避免自然灾害的发生。关于天道，王阳明也曾有一些论述。他指出："天地一元之运为十二万九千六百年，分而为十二会；会分而为三十运；运分而为十二世；世分而为三十年；年分而为十二月；月分而为二气；气分而为三候；候分为五日；日分为十二时；积四千三百二十时三百六十日而为七十二候。会者，元之候也；世者，运之候也；月者，岁之候也；候者，月之候也。天地之运，日月之明，寒暑之代谢，气化人物之生息终始，尽于此矣。月，证于月者也；气，证于气者也；候，证于物者也。若孟春之月，其气为立春，为雨水；其候为东风解冻，为蛰虫始振，为鱼负冰，獭祭鱼之类；《月令》诸书可考也。"王阳明这段关于"元""会""运""世""年""月""气""候""日""时"的天道观乃至自然物候变化的论述，吸取了邵雍的天道观以及历代历法家的思想。王阳明的《五经臆说》在对《易经》的《恒》"亨，无咎，利贞，利有攸往"的诠释中，也表达了对于天道的看法。他说："《恒》，所以亨而无咎，而必利于贞者，非《恒》之外复有所谓贞也，久于其道而已。贞即常久之道也。天地之道，亦惟常久而不已耳，天地之道，无不贞也。'利有攸往'者，常之道，非滞而不通、止而不动之谓也。是乃始而终，终而复始，循环无端，周流而不已者也。……天地之道，一常久不已而已。日月之所以能昼而夜，夜而复昼，而照临不穷者，一天道之常久而不已。四时之所以能春而冬，冬而复春，而生运不穷者，一天道之常久而不已也。"这一论述反映了王阳明天地周而复始、循环无端、常久不已的天道观，认为自然界的事物有其自身规律。阳明学是明朝中晚期的主流学说之一，后传于日本，对日本及东亚的生态文化形态都有较大影响。

宋代科学家沈括是浙江钱塘（今杭州）人，他所著的《梦溪笔谈》是我国古代科技史上的杰作，也是世界科技史上宝贵的遗产，书中对天文、地理、物理、数学、化学、气象、工程技术、生物和医学等各方面进行了记载和研究。另外，他提出修改历法的主张，以 12 节气定月份，大月 31 天，小月 30 天，大小月相间，这种历法使农业生产安排与自然节律更好地吻合。

清末弘一法师李叔同世籍平湖，一生崇尚自然，其自然观不仅体现于其诗书字画中，而且他关于人和自然关系的思考，也是一种符合天人合一思想且有所超越的生态意识。中国古代哲学家如老庄等早就提出过天人合一的思想，这种思想强调人和自然的统一、人的行为和自然的协调、道德理性和自然的一致。李叔同对于人和自然关系的感悟、发展，对主客体关系、主观能动性与客观规律性关系的辩证思考，可以说对浙江乃至中国的生态文化历史有重要的影响。

经济学家、教育家、人口学家马寅初是浙江省绍兴府嵊县人，他所著的《新人口论》系统地提出了控制人口总量、提高人口素质的思想，认为要注重控制人口总量使之与自然承载力相协调，而且要注重人口素质、人力资源和技术更新，注重人口与就业、人口与资源环境等方面的均衡协调发展，这是生态文化在人口和社会领域的具体体现。

保护生态平衡的思想，在中国传统农业生产中有突出表现，如农业的撂荒、休耕、轮作等，都是用养结合、维护农业生态平衡的重要措施。中国历朝历代都有生态保护的相关律令，注意防止滥捕、滥伐、滥杀。

## 三 独具特色的三大生态文化脉络

近代以来，浙江生态文化在吴越文化和浙东学派精神的融合发展中，日渐形成独具特色的三大生态文化脉络。

### 1. 海洋文化

主要表现为以石浦为代表的沿海地区的海洋（海商）生态文化。浙江有着独特的海洋自然条件、优厚的海洋资源和悠久的沿海地域文化历史，它促进了浙江海洋文化特色的形成。浙江海洋文化在战国以前为初创期，为浙江海洋文化的形成奠定了基础；从秦汉至隋唐为初盛期，宋元两代达于鼎盛，基本特点得以确定和定型，明清渐趋式微。浙江海洋文化具有灵动进取的特点，具体表现在精致的物质性海洋文化、团队协作的海洋行为文化、明确的海洋商贸精神，以及粗犷与柔和相济的海洋审美文化等方面。石浦海洋文化不仅具化为石浦渔港、渔区、渔村、渔民、渔宅、渔盐、渔埠、鱼汛、渔事、渔行、渔节、渔商、渔史、渔谚、渔俗、渔具、渔服、渔饰、渔船、渔风、渔食、渔市、渔歌、渔号（子）、渔谣等渔俗生活，以及"敬龙王""三月三踏沙滩""妈祖赛会""六月六迎神赛会""七月半放海灯"祭海、传统开船仪式等特殊的渔俗文化活动，以海洋文化为特色的石浦镇还发展成为我国东线海上丝绸之路的重要商贸文化中心。

### 2. 江河文化

"浙江"本为河流的名字，又称"渐河""浙江""曲江""之江"，是曲折的河流之意，可见江河是浙江形象的突出代表。以钱塘江为界，浙江可分为浙东和浙西两部分，浙西地区水网密布，江河文化表现尤为突出，主要表现为以余姚江、奉化江、甬江为代表的江河文化。江河文化尚商，注重发展米市、田蚕，民风富于开拓创新精神。

### 3. 山川文化

浙江浙西地区群山环抱，生态环境优异，交通闭锁，人口稀疏，人与大自然和谐共生。浙西山川文化主要表现为以天目山为代表的山川文化，重农重畜，崇尚牛、鸟、蛇等动物，民风中庸保守，安土重迁。浙江山川生态文化是以森林生态文化为引领的。

## 第二节　资源节约、环境友好的生产生活方式

浙江山多地少，陆域资源缺乏，是传统意义上的资源小省，面积只占全国的 1.06%，有"七山一水两分田"之称，陆地以山地为主，可以用来耕种和居住的平原只有 19%。浙江人在长期的生产生活中形成了特色鲜明的"资源节约、环境友好"的生产生活方式，在传统产业发展中注重节约集约高效利用资源，在产业结构转型升级中，浙江依托海洋资源建设"海上浙江"，同时大力发展非资源依赖型产业和生态文化产业，资源小省的禀赋条件并没有限制浙江发展成为经济大省，其中的经验和理念值得总结弘扬。

## 一 传统产业与生态文化和谐融合

历史上浙江的传统产业和经商文化都具有鲜明的与生态文化融合发展的特色。

### 1. 传统产业的生态文化内涵

丝、茶、盐、瓷、航、钱是浙江历史上的六大传统产业，这六大产业都具有丰富的生态文化内涵。浙江的丝茶产业本身即为生态农业的衍生产业，浙江有"丝茶之府"的称谓，历史上桑蚕、茶叶是主要的农产品，以此为依托发展起来丝绸织造和茶叶加工业，进而发展起来丝茶贸易，以及为此服务的相关生产性服务业——钱业和航运业。可以说，浙江历史上的传统产业具有显著的生态产业链条和生态产业集群的特征，体现了产业发展和生态文化的高度融合。浙江自唐代以来就是产盐大省、盐业重镇，舟山与宁波是浙江最重要的产盐区。舟山与宁波均为大海所环绕，自然资源丰富，地理环境优越，岛屿林立，多能躲避大风大浪，日照时间也比较充裕，煮海为盐天时地利，鱼盐自古以来就是两地重要的支柱产业。明朝胡宗宪说舟山有"五谷之饶，鱼盐之利，可以食数万家"，浙江沿海地区流行着很多富有特色的盐业民俗，如盐生传说、盐产崇拜、盐业祠祀等，反映了浙江地区盐的起源、盐的生产以及与盐密切相关的日常生活等方面的内容，这些习俗都是浙江海洋生态文化的重要体现①。浙江的土壤条件适宜烧造瓷器，历史上浙江先后发展起多个窑系，越窑（越窑系）在今浙江余姚、慈溪、上虞一带，唐属越州，是唐代六大青瓷产地之一。东汉时该地区已经烧制出成熟的瓷器，自东汉至北宋的1000多年间，瓷器生产从未间断，以唐、五代最为精致。龙泉窑（龙泉窑系）在今浙江省龙泉市境内，窑址有大窑、金村、溪口、松溪等多处，北宋时有20多处，到南宋时有窑址40多处，其中以大窑、金村两处窑址最多。它始于五代，盛于南宋和元，而衰于明，终于清代

---

① 武峰：《浙江盐业民俗初探——以舟山与宁波两地为考察中心》，《浙江海洋学院院报》（人文社会科学版）2008年第4期。

康熙年间，有近 800 年的烧瓷史。浙江还发展起来中国早期的钱业，形成以
上海、杭州为中心的江浙地区由浙籍人经营、以血缘关系和地缘情结为纽带
的钱庄金融，在元末张士诚开凿杭州北新关至余杭塘栖的运河之前，自杭州
艮山门流出的上塘河，经余杭临平，海宁许村、长安，至桐乡崇福一线的河
道，是江南运河的主航道。其中，海宁县长安镇为"水陆要冲"。海宁市长
安镇的长安航道是唐宋时期江南运河的主干道，镇内的河道有坝有闸。北宋
时期，大运河是沟通杭州与都城汴京的大动脉，长安是必经之地，宋室南渡
后，建都临安，长安俨然为"京畿"，漕运、贸易、宦游往来浙西与都城之
间者，络绎于道，长安愈益繁华。据《咸淳临安志》记载，北宋崇宁二年
（1103），长安三闸设有上下"两澳"，上澳位于上闸与中闸之间，下澳位于
中闸与下闸之间，"水多则蓄于两澳，旱则决以注闸"，犹如两个为闸室输
水、蓄水的大水柜。另外，唐宋以来，伴随着造船、航海技术的发展，我国
通往东南亚、马六甲海峡、印度洋、红海及至非洲大陆航路的纷纷开通与延
伸，海上丝绸之路终于替代了陆上丝绸之路，并成为我国对外交往的主要通
道。浙江宁波位于中国大陆海岸线中央，宁波港还是古代"海上丝绸之路"
南海航线三大主港和结节点之一，与东南亚及环印度洋地区有着悠久的交流
历史，同时宁波还与日、韩长期保持跨海交流和丝茶贸易。运河航运和海上
丝绸之路都是典型的具有生态文化理念的"绿色交通"，也遗留下丰富的生
态文化遗产。

2. 经商史中的生态文化理念

浙江历史上有三大商帮，即近代的宁波商帮、龙游商帮和南浔丝商，这
三大商帮为浙江近现代的经济发展作出了巨大贡献，也是浙江生态经济文明
的渊源。三大商帮的经商理念与浙江资源短缺、地理环境复杂、人口众多的
特征紧密相关，从不同侧面反映了浙江的生态文化。宁波商帮提出，要
"不拘古法，不唯习惯""克勤克俭，施仁布泽"①。近代宁波商帮，无论中
小商人还是巨商大亨，大多是学徒出身，踏实勤勉，历经筚路蓝缕的艰辛

---

① 韩永学：《浙江历史上的主要商帮及其经营思想研究》，《绥化学院学报》2009 年第 1 期。

创业，很多宁波商人在创业有成后，即使家财万贯，仍能保持克勤克俭的创业本色，富而若贫，自奉甚俭，俭朴自守，力戒奢侈，长期以来流传的"宁波人门槛精"的说法即源于此。龙游商帮发源于南宋时期的龙游地区（古称姑蔑），地处浙江西部金衢盆地，属衢州市，是浙江东部和中部连接江西、安徽、福建三省的重要通道，素有"东南孔道""八省通衢"之称。清代龙游商帮活跃于"山岭蟠结"经济不甚发达的山区，"多山少田""地狭民稠"的自然环境和生存环境迫使民众行贾四方以维持生计，依托"东南孔道""水陆辐辏"的交通区位优势和山区特有的物产，发展起了辐射全国乃至海外的商贸流通产业。龙游商人大多从事长途贩销活动，商贾远行天涯海角，有"秦晋滇蜀万里，视若比舍"之誉，以"无远弗届"闻名于世，龙游之民吃苦耐劳，不畏艰辛，不怕路遥道险，足迹遍及全国各地，直至海外日本，还有龙游商人与江西安福商人一起到云南姚安（今楚雄）从事屯垦，种植粮食和经济作物，数万人长途跋涉，克服水土不服，从事经商垦荒。龙游商帮倡导"财自道生，利缘义取"的传统儒家生态文化，坚守诚信，以义取利。南浔丝商兴起于清朝末年太湖之南的南浔，"南林一聚落耳，而耕桑之富，甲于浙右"，被誉为"四象八牛七十二金黄狗"，是中国近代史上一个非常独特的丝商群体，以经营丝绸而富甲江南，南浔因此成为中国近代史上罕见的巨富集聚之地。南浔商人具有"开拓创新，敢为人先"的精神，充分利用地理区位优势，抢占上海开埠先机，以低廉的价格出口生丝，迅速占领了国际市场，并在南浔、上海两地开办了丝经行和丝栈，成为我国丝绸产业的先驱者。南浔丝商在依靠丝绸贸易发家之后，大多能够居安思危，逐渐调整经营方向，将资本从单一的丝绸贸易向盐业、典当、钱庄、地产、药材、酱园、杂货等传统行业和缫丝、棉纺、面粉、造纸、电力、采矿等近代工业，银行、信托、证券、保险等新式金融业，铁路、轮运等新式交通业，娱乐、旅游等新兴服务业转移。不仅化解了中国生丝出口萎缩带来的商业风险，而且培植了多元化的传统产业体系。南浔丝商一方面积极接受西式教育，把国外先进的科技市场管理手段与中国传统的经商之道有机结合，同时还崇尚

"贾而好儒，士商合一"的中国传统生态文化理念，将经济发展和文化修养融合为一。

## 二 现代生产生活方式与生态文化和谐融合

浙江省是我国生态文化产业快速发展的省份，浙江省政府在建设生态省的过程中，把生态文化产业作为浙江省重点发展的黄金产业来扶持，尝试以各种形式挖掘开发浙江的各种生态文化资源，不断探索各地区在特定的自然生态环境下生产与文化的关系，开发出了各种富有地方特色的生态文化产品，如享誉海内外的浙江竹木文化产品、丝绸文化产品、茶文化产品、香榧文化产品、湿地文化产品、沙滩文化产品等。这些独特的生态文化产品结合浙江省各种特色生态文化旅游项目，共同构筑了浙江生态文化产业发展的坚实基础，浙江省因而成为我国文化创意产业发展最快的省份。

时任浙江省委书记的习近平同志带领浙江人民[1]，严格贯彻落实党的十六大提出的"必须把可持续发展放在十分突出的地位，坚持计划生育、保护环境和保护资源的基本国策"的基本精神，提出了"绿色浙江"的生态文明建设战略目标，把生态价值观提升到前所未有的新高度。第一，2002 年浙江省第十一次党代会进一步提出建设"绿色浙江"的目标任务；同年底，正式把建设"生态省"作为"绿色浙江"这一新生态价值观的主要载体，"努力保持人口、资源、环境与经济社会的协调发展"。第二，2002 年底，浙江省政府向国家环保总局正式申报"国家生态省建设试点省份"，并在 2003 年初被列为全国第 5 个"生态省建设"试点省份；同年，浙江省政府编制了《浙江生态省建设规划纲要》，提出要大力发展生态经济，培育生态文化。第三，2004 年，启动了"811"环境整治行动，推进环境保护的基础设施建设；2005 年，又启动了发展循环经济"991"行动计划，在 9 个领域发展循环经济、实施环境保护和生态建设十大工程。以上生态文明建设举措表明，浙江的生态文明建设在思想

---

[1] 胡骏：《改革开放以来浙江生态价值观的嬗变概述》，《南京广播电视大学学报》2013 年第 4 期。

上已从被动变为主动，生态文明建设已成为浙江保护生态环境和合理利用自然资源的重要手段，"绿色浙江""生态省"的意识已经深入人心。2007 年，党的十七大明确提出，"把生态文明作为中国实现全面建设小康社会奋斗目标的新内容"，也把生态文明纳入浙江提前全面建成小康社会的具体目标之一。2012 年，浙江省第十三次党代会正式召开，提出建设"两富"目标，标志着浙江生态价值观正式形成，从思想意识上升为价值意识。第一，2007 年，浙江省第十二次党代会正式明确"环境更加优美，生态质量明显改善，人与自然和谐相处，人民群众拥有良好的人居环境"这一小康社会的生态文明建设目标；2010 年，浙江省委十二届七次全会作出了《关于推进生态文明建设的决定》，鲜明提出了"富饶秀美、和谐安康"的生态浙江内涵。第二，2010 年，浙江省委宣传部常务副部长胡坚在省委十二届七次（扩大）会议上专门就生态文化问题进行研究和部署。第三，2012 年，浙江省第十三次党代会鲜明地举起了"美丽浙江"的生态文明建设大旗，在实施"创业富民，创新强省"发展战略的过程中，给子孙后代留下天蓝、地绿、水净的美好家园。习近平总书记指出，浙江要再创辉煌，就要养好"两只鸟"：一个是"凤凰涅槃"，另一个是"腾笼换鸟"。把"走出去"和"引进来"结合起来，引进优质的外资和内资，促进产业结构的调整，弥补产业链的短项，对接国际市场，从而培育和引进吃得少、产蛋多、飞得高的"俊鸟"。两座山就是"既要金山银山，又要绿水青山，绿水青山就是金山银山"。浙江省在实践中认识到，绿水青山可以源源不断地带来金山银山，绿水青山本身就是金山银山。我们种的常青树就是摇钱树，生态优势变成经济优势，形成了一种浑然一体、和谐统一的关系。这一阶段是一种更高的境界，体现了科学发展观的要求，体现了发展循环经济、建设资源节约型和环境友好型社会的理念①。

---

① 习近平：《干在实处　走在前列——推进浙江新发展的思考与实践》，中共中央党校出版社，2006。

自此，浙江以夯实生态建设的文化根基为主题，重视把生态文化融入现代生态文化体系的模式日渐成熟。

1. 海洋生态文化建设

浙江省委、省政府高度重视海洋生态文化建设，《中共浙江省委关于推进生态文明建设的决定》《浙江省人民政府关于加快发展海洋经济的若干意见》《"811"生态文明建设推进行动方案》等相继颁布，为浙江发展海洋经济和建设生态文明作出了明确部署。浙江一贯重视海洋生态建设工作，从自觉保护海洋自然生态环境，到率先建设生态省，再到积极创建国家海洋综合开发试验区，进而打造海洋生态文明示范区，努力探索和谐发展的海洋生态文明之路。浙江立足独特的海洋生态系统，充分依托海洋港口资源优势，优化"一核两翼三圈九区多岛"布局，合理开发和保护海洋资源，加快发展海洋生态经济，努力走出一条陆海联动的海洋经济发展新路子。正确处理海洋产业可持续发展、人民生活水平提高与海洋生态资源环境保护的动态关系，制定实施了生态环境功能区规划，明确不同区域的功能定位和产业重点，促进生产力布局与生态环境承载力相适应，海洋综合开发日趋合理。充分认识海岛生态环境和产业发展、城市建设的相关性，在科学论证、依法审批的基础上切实做好海域、土地、水源、无居民岛屿等资源的综合利用和开发保护。根据海洋海岛的环境条件和资源特点考量海洋产业的规划选择，加快经济结构调整，港口物流、海洋旅游、现代渔业等一批资源消耗低、环境污染小、带动系数大、综合效益好的海洋优势产业得到快速发展；大力实施循环经济"991"行动计划，努力培育新兴海洋产业，推进沿海工业园区生态化建设，一批风能发电、海水淡化等节能型项目全面启动；致力于发展现代生态渔业，严格控制渔业捕捞强度，开展海洋伏季休渔、增殖放流、生态修复等工作，减少对海洋自然生物资源的掠夺性开发。同时，大力宣传弘扬海洋生态文化，使海洋生态意识深入人心，海洋生态伦理得到广泛认同。为了使海洋生态道德的文化观念深入人心，浙江省委、省政府大力加强领导干部和广大群众的教育培训和舆论宣传，积极开展生态示范和绿色创建活动，建成一批生态示范村、绿色社区、绿色学校、环境教育基地等，使海洋生态文明意识和氛围覆盖全省各个角落、融入干部群众的日常生产生活。充分利用大众传媒网络，通过"生态文明进社区"、"六五"世界环境日、"地球一小时"、"世界水日"等广泛开展主题教育活动，营造全民参与氛围，提升全省人民生态环保和节能减排意识，提高生态环境道德素养。

2013年3月1日，浙江开始实施《浙江省海域使用管理条例》；6月8日"世界海洋日"，沿海县市的海洋与渔业局海监执法大队和海洋科相关人员坐船登海岛，开展宣传活动。

浙江象山县是国家级海洋渔文化生态保护实验区，已经连续举办了13届"中国开渔节"，这个节日因休渔而生，其根本宗旨是体现人们保护海洋、敬畏自然、人海共荣的生态理念。祭海典礼、开船仪式、妈祖巡安等活动，着力展现的正是延续千百年来丰富的渔文化内涵。"绿水青山，就是金山银山；生态优势，就是后发优势"。在生态文化的引领下，浙江省首个国家级生态县安吉以美丽乡村建设为载体，推进生态和经济的互促共进，成为全省新农村建设的示范样本。

浙江省的海洋生态文化建设还注重从理论层面进行研究和总结。作为浙江省首批社会科学重点研究基地之一，"浙江省海洋文化与经济研究中心"在宁波大学正式成立，中心的主要任务是围绕浙江海洋经济与管理、浙江海外经济文化交流、浙江海洋文化与区域社会变迁三个研究方向，通过跨学科交叉研究，跨单位联合攻关，推出一批高质量、有影响的学术研究成果与对策性应用成果。

2. 森林生态文化建设

浙江山地面积占全省总面积的70%，森林覆盖率达到60.2%，有"七山一水二分田"的说法，因此森林生态文化是浙江生态文化的重要组成部分。浙江的森林文化丰富多彩，主要有竹文化、茶文化、花文化等生态文化，省委、省政府大力弘扬人与自然和谐相处的核心价值观，全省形成了尊重自然、热爱自然、善待自然的良好氛围。

安吉竹文化。成功举办第一届中国竹文化节，建成中国乃至世界第一个规模最大、品种最全、级别最高、功能最齐、效益最好的竹文化载体安吉中国竹子博览园，拥有被列为全国之最的中国大竹海，孕育了中国最早的竹材现代加工产业，打造全球最大的竹制品贸易市场，并开发了全国第一家竹乐器生产企业，组建了第一支竹乡竹乐团，创办了全国第一个毛竹科技示范园，研制了全国第一套竹笋美食菜谱，培养了一支活跃在全国竹产区的创业队伍。

兰溪兰花文化。兰花，为兰溪市市花。该市兰花资源十分丰富，养兰爱兰风俗盛行，是全国较为集中的产兰区。1999 年 5 月，兰溪被评为"中国兰花之乡"。兰溪人不仅把兰花文化转变成自己的一种特色经济，还通过一年一度的兰花节将这种花卉文化传承提升为一个新兴的大产业。

金华茶花文化。金华市气候温和，雨量充沛，是酸性土壤，尤其适宜山茶的生长，是闻名中外的"中国茶花之乡"。金华茶花以其树形优美、花朵硕大艳丽、花姿多变、花期较长的特色而闻名于世。茶花是金华的市花，更是其文明的象征。随着经济的发展和生活水平的提高，人们越来越关注欣赏价值极高的茶花，茶花活动已涉及经济、文化、民俗和日常生活的许多方面，茶花文化已经成为传统文化的一个重要组成部分。

开化茶文化。开化县地处中国绿茶"金三角"地区，是钱塘江源头。开化龙顶品质优异、历史悠久，凭借"生态牌"，开化小小的一片龙顶茶叶，短短几年间撑起了一个 4 亿元的大产业，为山区农民增收开辟了一条可持续发展的道路。

庆元香菇文化。庆元地处浙江西南部，是世界上人工栽培香菇的发祥地之一。全县 19 万人口，半数以上从事香菇生产及其相关行业，故有"菇民之乡"之称。庆元县农民人均收入和地方财政收入中香菇效益占 50% 以上。一朵小小的菌伞，撑起了当地人民物质生活的半边天。

长兴银杏文化。以"古"著称、以多名世，在长兴的大地上，生长着10 万余棵银杏树，仅百年以上的古银杏就达上万棵。在长兴县小浦镇，有一道长 12.5 公里的古银杏长廊，5.7 万棵古银杏枝繁叶茂，其中树龄在百年以上的有 2320 株，蔚为壮观。

南浔木地板文化。没有丰富的森林资源，一个一马平川的江南古镇，南浔人成功打造了让人感叹的"没有森林的木业大区"。目前已拥有 400 多家木地板生产企业，成为全国生产规模最大、品牌数量最多、区域最集中、产业链最长的木地板生产基地。

东阳木雕文化。东阳木雕自唐距今已有 1300 多年的历史，是中国六大名雕之一，列浙江三雕之首，是浙江省首批重点保护的传统工艺美术品种，国家级首批非物质文化遗产。

浙江省于 2008 年正式启动"关注森林"活动，大力倡导"让森林走进城市、让城市拥抱森林"理念，坚持党政主导、有序开展，理念引领、扩大共识，森林创建、有力推进，以人为本、兴林富民，宣传发动、营造氛围，为建设"森林浙江"、弘扬生态文明、促进人与自然和谐发展作出了积极贡献。2011 年，全省投入绿化建设基金 150 亿元，义务植树 6780 万株，完成造林更新 63.3 万亩。

"浙江省生态文化基地"遴选命名活动由浙江省林业厅和浙江省生态文化协会共同组织，每年评选一次。经各市林业局初评推荐，由专家分组进行实地考察、打分、评审确定。下一步，两主办单位将继续按照十八大提出的大力推进生态文明建设，按照"五年绿化平原水乡，十年建成森林浙江"的总要求，进一步弘扬生态文化，深入挖掘浙江森林文化、山水文化、海洋文化、传统农耕文化以及茶文化、花文化、竹文化、石文化中丰富的生态思想，扩大浙江省生态文化创建活动的覆盖面，让弘扬生态文化、树立生态意识、增强生态责任的理念渗透到全社会各个领域和行业，使这项活动在推进生态文明和"美丽浙江"建设中起到更好的示范作用。浙江省林业厅和浙江省生态文化协会联合发文，共同命名了桐庐县江南镇荻浦村 258 个生态文化基地。

在传播生态文化过程中，因地制宜地开展了一些有内容、有特色、有影响、有效果的生态文化宣传教育活动，对促进周边地域经济社会可持续发展产生了较好的带动作用和示范辐射作用。嘉兴市南湖区梅花洲景区将古佛文化、休闲农庄、户外拓展、百亩果园等有机结合起来，内容丰富，并连续 4 年承办嘉兴市生态文化旅游节暨南湖桃花节。

### 3. 社会生态文化建设

在大力弘扬海洋生态文化、森林生态文化的同时，浙江省委、省政府还在社会生活各个领域大力开展生态文化建设，自上而下推动，自下而上传导，上下合力推进，浙江的生态文化建设走在了全国前列。自2000年浙江省评定第一批32家绿色饭店以来，10年间，浙江省的绿色饭店总数已超过200家，是全国评定绿色饭店最多的省份。2001年9月颁布的浙江省绿色饭店标准成为我国旅游饭店业第一个成熟的环保地方标准。2010年3月，国家旅游局以浙江省绿色饭店地方标准为蓝本，出台了国家旅游行业绿色旅游饭店标准，将浙江创建绿色饭店活动的经验向全行业推广。

同时，浙江省还开展了绿色行政村和绿色企业的建设和认证，目前共有7个行政村。这些行政村有两个共同的特点，一是林木覆盖率相对较高，村容整洁，环境优美；二是生态文化繁荣，在民居建筑、庭院设施、文物古迹、生态景观、历史典故等方面独具特色。桐庐县江南镇荻浦村以"孝、义"文化为核心，以保护古遗产、传承古文化、延续血脉情为载体，让荻浦成为全县乃至全省古村文化建设的样本。绿色企业共有2家，生态产业兴旺，积极发展立体种植、养殖业，发展乡村旅游、观光休闲、花卉苗木等生态产业。对古树名木进行规范的保护管理，让生态环保管理规章制度"上墙"并得到有效执行。要求企业在拥有经济效益的同时，本着"倡导环保，回报社会"的理念以及"传承中华文明、弘扬丝绸文化"的使命，积极开展清洁生产和生态文化相结合的古桑树、丝绸博物馆等生态文化基地建设。

2007年，浙江省政府发布了建设节约型社会总体规划，提出浙江省将着力优化产业结构，放手发展对生态环境无害的产业，严格限制对生态环境有害的产业，到2010年，单位生产总值能耗下降20%左右。根据浙江省政府颁布的《浙江省"十一五"发展循环经济 建设节约型社会总体规划》，全省将重点发展高新技术和新兴产业，积极发展高效生态农业和现代服务业，严格控制高能耗、高污染建设项目，发展壮大环保产业。重点发展丝绸、纺织行业，化工行业，冶金行业，机械行业，建材行业，轻工、工艺行业等循环型工业产业，并紧紧围绕电子信息、机电一体化、生物医药、精细化工、新型家电、新材料等六大新兴主导产业以及纺织服装、建材、冶金、造纸等传统产业，构建产业生态链等。

### 4. 生态文化园区建设

2013 年，浙江省出台主体功能区规划，提出重点建设 10 个山区县，这些县生态文化品质各异。淳安是著名国家级风景区千岛湖所在地，被游客誉为"全国最美、最整洁、最安全"的城镇之一；磐安山清水秀，环境优美，有"浙中大盆景、天然氧吧城"之美名；开化以茶文化、根雕文化、江源文化、举重文化享誉省内外；文成是刘基故里，铜铃山森林公园被旅游学家誉为"壶穴奇观，华夏一绝"；云和的"千年历史、千米落差、千层梯田"被摄影界誉为"中国最美梯田"；秦顺廊桥在世界桥梁史上堪称一绝，被国务院列为全国重点文物保护单位；庆元是"中国廊桥第一乡""中国香菇第一城"；龙泉是著名的青瓷之都、宝剑之邦；遂昌被誉为"钱瓯至源，江南绿海"，明代著名戏剧家汤显祖留下了文化瑰宝《牡丹亭》，是"中国民间文化艺术之乡"；景宁的畲族风情在华东地区具有唯一性、在全国具有代表性。随着各类生态国家公园建设的推进，浙江生态产业粗具规模，生态旅游成为浙江山区县的支柱性产业。2012 年，10 个生态功能区重点县旅游人次约 2630.86 万人次，旅游综合收入约 110.77 亿元。在生态农业方面，各地的食用菌、药材、茶叶等产业都粗具规模，开化的硅产业、云和的木制玩具、淳安的农夫山泉等产业和品牌享誉全国。在生态国家公园建设中，浙江的绿色发展思路日渐清晰，2003 年浙江省制定了《浙江生态省建设规划纲要》，2010 年出台了《关于推进生态文明建设的决定》，2013 年编制完成了《浙江省主体功能区规划》，形成了系统的生态文明建设的规划和政策体系。"十二五"规划中，全省有 10 个县把"生态立县（市）"作为长期发展战略，有 5 个县提出创建国家级生态县、生态名县、中国绿色名县战略，不少市县提出了生态宜居城市、中国最佳生态旅游县、"山水家园、童话世界"等绚丽多彩的目标。至 2014 年底，浙江已有 16 个县市被国家环保部授予国家级生态县市。开化县在全省率先提出打造国家东部公园，将创建国家生态公园付诸实际行动。

5. 生态文化与产业融合发展建设

发展生态产业是生态文化建设的首要任务。以清洁生产为核心，倡导扣除环境污染和生态破坏的绿色 GDP 理念，推进"循环、共生、稳生"的生态产业蓬勃发展。浙江大力突出生态文化优势，促进生态文化与产业融合发展，特别是加快农业产业与旅游业融合发展。大力发展现代农业，依靠科技创新提升产业层次，结合"美丽乡村"创建和"六边三化三美""三改一拆""五水共治"，推进农旅融合，打造农业产业带、旅游风景线。通过加速农村土地流转，加快农业产业基地化、标准化、规模化发展，农业龙头企业要起到带头引领作用，把现代农业园区打造成兼有农业产业园和旅游观光园双重功能的观光农业园。把生态优势、文化优势转化为经济优势，大力发展生态经济，做到生态经济化、经济生态化，文化经济化、经济文化化。农业企业、旅游企业、文化企业要做到你中有我、我中有你，携手共进，融合发展，在推进农旅融合中，发展壮大、做大做强。通过农旅融合，更多的人吃上生态饭、旅游饭、文化饭，农业企业紧抓机遇、抢占商机，充分利用浙江生态文化平台，与旅游企业、文化企业牵手搭配、设点开店，在继续做好传统销售模式、渠道的同时，大力进军电子商务，使食用菌、茶叶、竹笋等浙江特殊绿色生态农产品市场乘浙江生态文化建设之东风走向全国、走向世界。

## 第三节 生态文化建设的未来举措

生态社会和生态社会风气是构建和谐社会的重要任务。必须坚持把生态教育作为全民教育、全程教育和终身教育，把生态意识上升为全民意识和全球意识，倡导生态伦理和生态行为，提倡生态善美观、生态良心、生态正义和生态义务，建设生态文化社区。一个社会，只有人民具有了生态道德和生态行为，只有全民和全社会的公众参与，环境和生态安全才有根基。浙江是生态敏感地区，又是东部沿海工业化率先快速发展地区，因此生态问题的严重性、生态文明建设的艰巨性和复杂性尤为突出。面对曾经较为严重和普遍的传统工业污染，浙江逐年采取切实有效的措施和开展丰富多彩的生态文化宣传活动，尤其在绿化浙江的行动中，经历了布点、连线、成面的过程。从"绿色浙江""生态浙江"到"美丽浙江"的发展理念和"用绿水青山换金山银山""既要金山银山也要绿水青山"到"绿水青山本身就是金山银山"发展方式的转变，从开始的义务植树、村庄绿化的点，到长防林、海防林营造工程建设的面，逐渐发展到创建森林城市的城市生态系统化建设。有力推进城市生态文明建设，提高城市生活品质，使林木覆盖率、生态功能、绿化空间和城乡统筹这四个方面实现大提升，努力为实现"天更蓝、山更绿、水更清、景更美"的城市生态和谐发展目标奠定了基础。生态文化日益繁荣，生态文化研究和生态文明教育不断加强，绿色创建活动广泛开展，生态文明理念深入人心，健康文明的生活方式初步形成，推进生态文明建设的精神支撑更加有力。

浙江省未来生态文化建设重点应从全局和战略角度出发，统一思想、提高认识，切实增强生态文化建设的责任感，朝着"使生态文化真正内化于心、外化于行、深化于魂，成为常态工作、公众的习惯行为、社会的民俗风情"的总要求，坚持"以生态文化为先导、以生态经济为支撑、以生态环境为保障"的思路，逐步推进各项生态文明建设工作。

## 一 大力弘扬生态文化

着力打造先进生态文化，使生态文明观念深入人心、生态文明理念成为社会主流价值观。一是树立生态文明理念。把生态文化建设作为文化强省的重要内容来部署和推进，广泛开展"浙江生态日""全国低碳日""世界环境日""世界地球日"等生态文化宣传活动。持续开展资源短缺、环境脆弱的省情宣传，引导人们自觉节约每一滴水、每一度电、每一张纸、每一粒粮。二是倡导绿色生活方式。落实中央和省委规定，厉行节约，坚决反对享乐主义和奢靡之风。引导规范绿色产品生产，畅通绿色产品流通渠道，扩大节能、低碳、环保的绿色产品消费。加强公共服务能力建设，运用价格等手段调节引导居民绿色居住和绿色出行。三是积极发挥公众作用。引导全社会参与生态文明建设，在环境地方立法、环境影响评价、重大环境政策及规划制定、环境执法等方面加大公众参与力度，提高环境决策和执法的民意基础。及时公开环境信息，落实人民群众的知情权、监督权。

## 二　大力开展生态文化建设

第一，要大力完善生态文明发展机制，探索生态文明新模式，构建人与自然新型的和谐关系。将生态安全及环境治理问题上升到生态文明建设的高度，生态文化建设的新模式要从要素配置体系、投融资体系、社会责任体系等方面来完善。生态文化机制就是在尊重自然、遵循客观规律的前提下，从维护社会、经济、自然系统的整体利益出发，以科学发展观为基本原则，以不破坏生态环境或减少对生态环境的影响为主线，通过政府、企业和社会组织、公众等共同参与，通过制定和实施法律制度及措施来保证生态不受破坏和修复自然环境，最终达到生态良好、环境优化、协调持续和人与自然和谐相处的管理过程。海洋生态机制是由公众参与、区域合作、环境预警、生态补偿、科技支撑、生态修复、集约利用等诸多要素构成的系统，各个要素之间相互联系、相互作用，形成具有一定功能的有机整体。未来一段时间内，要完善政府考核评价制度，研究建立生态文明建设评价指标体系；切实强化各地区、部门的交流沟通和信息共享，建立跨区域、跨部门的协调合作机制，实现区域生态环境共建共享；建立科技创新体系，积极强化生态文化建设的科技支撑，构筑科技创新平台。完善生态补偿制度，加强生态环保财力转移支付、生态环境质量综合考评奖惩等制度设计；在土地、水、排污权等领域建立健全市场化要素配置机制，形成政府行政推动与市场推动并举的良好格局。完善投融资体制和财税扶持政策，强化推进生态文明建设的法治保障。不断加大对浙江生物资源和生态环境的基础调查力度，科学实施修复工程，对重要渔业海域、沿海滩涂、林地等生态敏感海区，进一步开展以增殖放流、人工鱼礁、海藻养殖、禁牧禁伐等形式的生态修复，启动自然保护区和生态修复试点工程，逐步实现生态资源可持续开发利用和自然生态系统的良性循环，增强浙江经济社会可持续发展的资源保障能力和环境支撑能力。

第二，要养成健康的生活方式，弘扬生态道德文化观念。积极开展生态文明宣传教育，多层次、多角度普及体现生态文明的价值观、政绩观、财富观和生活观；注重文化的保护与研究，把保护特色文化资源与各类生态示范创建相结合，使其成为承载弘扬生态文化的重要平台。确立生态文明意识，就是本着发展经济要对生态资源环境负责的态度，关注和善待生态环境，融生态文明建设于城市创新体系和日常生活方式之中，营造具有浙江地域文化特色的生态文明建设氛围，提升生态文明建设的公民参与意识，确立文明健康的生活方式，把居住环境改善与生态环境建设紧密联系起来，巧妙利用海岛和海洋自然景观，营造安全、舒适、生态、文明的人居环境，倡导绿色、低碳生产生活方式，建设宜居宜业宜游的花园城市，让人诗意地居住。

第三，要提升人群的生态文明素养。生态文明建设就是人的自然生态保护意识的提高、生态伦理知识的普及和生态文化素养的形成。以生态文化建设为依托，推进生态环境保护的宣传教育，促使生态文明建设成为全民一致的自觉行动，强化生态文明理念，充分发挥生态文化对生态文明建设的精神支撑和思想支持作用。大力倡导生态伦理道德，加强对各级领导干部、大中小学生和基层群众的生态文明教育，强化生态文明建设的道德规范，提高全民生态文明素养，形成生态文明社会新风尚。加快创建绿色机关，引导基层单位和城乡居民广泛开展绿色学校、绿色社区、绿色家庭等群众性绿色系列创建活动。积极引导鼓励绿色消费，倡导绿色交通出行，倡导养成绿色文明的生活方式。充分发挥企业和行业协会、新闻媒体、民间环保组织、全体公民在推进生态文明建设中的重要作用，形成全社会关心支持、参与和监督生态文明建设的强大合力。企业作为整个社会的重要组成单位，在生态文明建设中应起到非常重要的作用，企业家要树立生态文明建设的社会责任意识，在生产、经营、管理过程中，要以生态化、节约化、绿色化为标准，不以污染环境、损害公众利益为代价换得企业的财富。

### 三　大力推动生态文化创意产业发展

要重点突出浙江省各地区的生态文化特色，使各地区的生态文化创意产业符合其资源禀赋特征。生态文化创意产业是对文化创意产业与生态文化产业的双重融合，要把握住浙江不同地区的生态文化特色，建立起与本土相适应并能充分发挥比较优势的生态文化创意产业体系。发扬浙江各地区特别是偏远地区的生态文化特色，有效引导浙江各地区经济结构优化和经济增长方式转变，以各地区的生态文化整合现有的产业资源和市场资源，形成具有竞争比较优势的文化创意产业。要合理选择生态文化创意产业的发展模式，加强对生态文化创意产业的规划、建设与培育，立足观念创新、产业结构创新，充分挖掘各地区的生态文化资源特色，实现浙江省生态文化产业的整体协同发展。要加大对落后地区生态文化创意人才的培养力度，加快完善生态文化创意人才的流动机制，不断实现地区生态文化创意产业运营模式的创新，推动生态文化创意产业跨越发展。要吸引中心城市的文化创意类高层次人才去边远的生态文化资源丰富地区参与短期的创意和创业活动。

创意生态农业和创意生态渔业、创意生态林业是浙江发展创意生态产业的重要方面，运用创意经济的思维逻辑和发展模式推进高效生态大农业发展，并将创意农业作为浙江新兴产业加以培育，对于增强农业发展活力、增加农民收入具有重要意义。当前，随着世界创意浪潮的兴起，创意经济所蕴藏的巨大价值正在逐步显现。全球创意经济创造的产值每天达220亿美元。全球范围内的创意经济既是发达国家推动经济持续发展的强力引擎，也正成为发展中国家实现经济转型升级的重要战略。

### 四　加快推进国家公园建设

浙江要以"美丽浙江"为建设目标，实现生态自然资源有效保护，生态教育科研普及深入，生态休憩环境洁净秀美，生态旅游丰富舒适便捷，生态经济特色环保；生态资源资本化，生态品牌高价值化，生态投入社会化，生态贡献多元化，生态代价低成本化；人与自然和谐相处，山区与城市协调发展，生态减量与生态生产交互平衡；全域绿色化、绿色景观化，景观公园化、管理现代化。加快推动国家工业建设是实现上述目标重要而有效的手段。

浙江是我国国家公园最多的省份之一，目前已经建成的有西溪湿地、临海、遂昌、朱家尖大青山、常山、仙居等多个国家公园。未来，国家公园建设将仍然是浙江省生态文化建设的重要内容。要依据区域生态禀赋特点和生态发展需要，以国家森林公园、自然保护地为生态保护圈层，以历史文化遗迹为生态旅游圈层，以绿色产业为生态经济圈层，以乡镇村落为生态人居圈层，创建若干个国家生态公园。国家生态公园创建标准有四个：①自然生态资源具有独特性和完整性；②历史文化遗迹具有价值性；③生态经济发展具有可持续性；④生态人居环境具有美观人文性。参考浙江省主体功能区规划以及生态功能区条件，根据浙江省相关部门的评估，下列县初步具备创建国家生态公园的条件并予以命名：安吉竹乡生态公园、淳安千岛湖生态公园、开化钱江源—古田山生态公园、遂昌神龙谷生态公园、龙泉凤阳山生态公园、庆元白山祖生态公园、云和梯田生态公园、泰顺氡泉生态公园、文成铜铃山生态公园、磐安花台生态公园、仙居神仙居生态公园。未来浙江国家公园将以国家生态公园为中心区，以相邻县市的生态森林公园、地质公园、风景名胜区、历史文化遗迹为半径构建国家生态公园集聚区，如浙西国家生态公园集聚区、浙南国家生态公园集聚区、浙中国家生态公园集聚区。以国家生态公园为节点，以高速公路为主干线，以生态森林、生态河流、生态湿地、生态海洋、生态农业、生态旅游、美丽乡村为景观，培育杭新景、沪杭甬、杭金衢、甬金—诸永、甬舟—沈海、龙丽温六条绿色生态走廊，形成12个国家生态公园、三大国家生态公园集聚区、6条绿色生态走廊网状化的国家生态公园体系。

建设国家公园，要以生态文化为引领，加快构建地区的生态补偿、生态移民和社区参与机制，建立国家公园体制的核心突破点在于建立生态补偿机制，激发社区居民参与国家公园开发管理和生态经济创业、就业的活力，依靠生态富民提高当地农民收入水平和公共服务水平，这也可以概括为一种具有浙江特色的就近就地城镇化的新模式。国家公园发展战略是区域经济协调发展战略，浙江生态资源丰富地区的生态文化发展内涵就是通过生态移民和社区参与把国家公园与生态农业经济、乡村旅游经济、生态旅游经济有机结合，使生态文化、农耕文化、民俗文化和民族文化得到融合与传承，促进人、自然、文化共生发展，保持自然文化遗产的完整性，生态资源管理模式能否处理好有效保护和合理利用的关系必将成为生态文明制度建设的焦点问题，建设国家公园的战略定位必须坚持以生态保护为首要目标，在推进区域生态经济转型升级过程中，不能模糊生态自然资源的公共物品属性和生态经济资源的私人物品属性，不能滥用市场经济机制和过度商业性开发冲破国家公园作为公共服务的边界。因此，要借鉴政府主导、多方参与、区域统筹、分区管理、管经分离、特许经营等国际经验和做法，积极探索符合浙江区情特色的国家公园和县域生态经济融合发展的运行模式，率先制定浙江省国家公园建设和管理的政策法规及技术标准规范，与世界先进生态保护执行标准接轨，保护国家东部地区的生态涵养屏障和生态文化脉络，最终整合多种生态资源保护模式，确立有浙江特色的国家公园制度体系和组织结构。

## 参考文献

1. 习近平：《干在实处　走在前列——推进浙江新发展的思考与实践》，中共中央党校出版社，2006。
2. 习近平：《之江新语》，浙江人民出版社，2007。
3. 夏宝龙：《建设美丽浙江，创造美好生活》，2014 年 5 月 22 日在省委十二届五次全会上的讲话。
4. 张旭等：《我国生态文化建设总体规划的内容与方法》，《北京林业大学学报》2014 年第 3 期。

5. 胡骏：《改革开放以来浙江生态价值观的嬗变概述》，《南京广播电视大学学报》2013 年第 4 期。

6. 苏晓明等：《和谐社会稳定的环境基础——浙江生态安全问题的现状及其对策》，《马克思主义与现实》2006 年第 1 期。

# 第五章
# 人地和谐的美丽乡村建设

2013 年中央一号文件作出了加强农村生态建设、环境保护和综合整治，努力建设"美丽乡村"的工作部署①。习近平总书记在中央农村工作会议上指出，"中国要强，农业必须强；中国要美，农村必须美；中国要富，农民必须富"②，要继续推进社会主义新农村建设，为农民建设幸福家园和美丽乡村。美丽乡村建设是生态文明建设的重要组成部分，更是美丽中国建设的重要组成部分。作为全国"美丽乡村"建设的"先行区"，浙江省自 2003 年开始以"千村示范、万村整治"为突破口，不断完善、丰富、充实其内涵，沿着"生态环境建设—绿色浙江建设—生态浙江建设—美丽浙江建设"这条主线，常抓不懈，走出了具有时代特征、浙江特色的"美丽乡村"建设道路，城乡关系、人与自然关系、传统与现代关系呈现出良好的发展态势。浙江的美丽乡村建设既是"美丽中国"的浙江实践，又是社会主义新农村建设的升级版。

## 第一节 从"千万工程"到"美丽乡村"

改革开放以来，浙江经济得到了快速发展，农民的人均收入很快跃居全国前列，在全国率先实现了由温饱向小康的跨越。但城乡差距越拉越大，农

---

① 《中共中央、国务院关于加快发展现代农业 进一步增强农村发展活力的若干意见》（中发〔2013〕1 号），2012 年 12 月 31 日。
② 《中央农村工作会议在北京举行，习近平、李克强做重要讲话》，《人民日报》2013 年 12 月 25 日。

村面貌杂乱无章，生态环境趋于恶化，基础设施陈旧落后。2003 年 1 月，时任浙江省委书记的习近平同志在全省农村工作会议上提出，要全面推进村镇环境整治和生态建设。2003 年 6 月，浙江召开了"千村示范、万村整治"现场会。习近平同志亲自布置，决定花 5 年时间从全省 4 万个村庄中选择 1 万个左右行政村进行全面整治，把其中 1000 个左右中心村建成全面小康示范村。至此，浙江省开启了美丽乡村的建设之路。"千万工程"、农房改造等工程是美丽乡村建设的主要抓手①，"千万工程"的推进缩小了城乡差距，优化了城乡关系。在"千万工程"基础上开展的"美丽乡村"建设，不仅优化了城乡关系，更是对人与自然关系的优化，社会主义新农村建设与生态文明建设实现了有机融合。回顾十多年来的工作，浙江省美丽乡村建设大致经历了三个阶段②。

## 一 示范引领阶段（2003～2007）

2003 年，浙江省委、省政府按照党的十六大提出的统筹城乡发展要求，回应农民群众的新期盼，作出了实施"千村示范、万村整治"工程的重大决策。浙江把农民反映最强烈的环境脏乱差问题作为突破口，推动万里清水河道建设，开展以"垃圾处理、污水治理、卫生改厕、村道硬化、村庄绿化"为重点的农村环境综合整治。选择了村经济实力和村班子战斗力较强的 1 万多个行政村，全面推进村内道路硬化、垃圾收集、卫生改厕、河沟清淤、村庄绿化，并带动城市基础设施、公共服务向农村延伸覆盖。至 2007 年，经过 5 年的努力，对全省 10303 个建制村进行初步整治，建成了 1181 个全面小康示范村和 10303 个环境整治村。这是浙江"美丽接力"决胜起跑的关键一棒。它为美丽乡村建设开好了头、引好了路，不仅促进了村容整洁、乡风文明，推动了生产发展和农民增收，而且带动了统筹城乡、利民惠民等系列工程的实施。浙江农村局部面貌发生了"大"变化。省委、省政

---

① 张斌：《切实把美丽乡村建设落到实处》，《今日浙江》2010 年第 21 期。
② 李强：《实施千村示范万村整治工程、全面推进美丽乡村建设》，《农村工作通讯》2013 年第 22 期。

府每年围绕一个重点，召开"千万工程"现场会。省委主要领导亲自作报告，抓检查、抓推进、抓落实。以政府主导和农民主体并重、投入机制不断健全的城乡共建共享帮扶模式在浙江推开。

## 二 普遍推进阶段（2008~2010）

2008 年起，浙江"千万工程"按照城乡基本公共服务均等化的要求，把"全面小康建设示范村"的成功经验深化、扩大至全省所有乡村。2008年浙江省安吉县正式提出"中国美丽乡村"计划，出台《安吉县建设"中国美丽乡村"行动纲要》。自此，"美丽乡村"这一概念正式登上了历史舞台。这一过程巩固提升了第一阶段的成果，在更大范围内开展农村环境综合整治，把内容拓展到生活污水、畜禽粪便、化肥农药等面源污染整治和农房改造建设，以生活垃圾收集、生活污水治理等工作为重点，从源头上推进农村环境综合整治，逐步形成了农民受益广泛、村点覆盖全面、运行机制完善、农村人居条件和生态环境同步改善的格局。从 2010 年起，浙江省每年开展平原绿化工作座谈会，启动实施全省"1818"平原绿化行动，助推美丽乡村建设。

浙江省按照"八八战略"和"创业富民、创新强省"的总战略，大力实施统筹城乡发展方略，全面推进新农村建设，实现了从"全面破除城乡分割"向"全面推进城乡融合"的转变。2008 年省政府开展"低收入农户奔小康工程"，开展产业开发帮扶、培训就业帮扶、下山搬迁帮扶、基础设施建设、社会救助覆盖、区域协作促进、金融服务支持、社会援助关爱等"八大行动"，解决低收入农户增收途径问题，鼓励下山搬迁和完善农村基础设施等。2010 年浙江省委、省政府进一步作出推进"美丽乡村"建设的决策，从此，美丽乡村建设在全省全面展开。

## 三 深化提升阶段（2011年以来）

2011 年以来，浙江"美丽接力"进入了深化提升阶段，提质扩面，开展整乡整镇环境综合整治，按照生态文明和全面建成小康社会的要求，制定

《浙江省美丽乡村建设行动计划（2011～2015年）》。浙江明确了"美丽乡村"从内涵提升上推进"科学规划布局美、村容整洁环境美、创业增收生活美、乡风文明身心美"和"宜居、宜业、宜游"的建设要求，启动历史文化村落保护利用工作，呈现出城乡关系、人与自然关系不断改善和历史文化传承与现代文明发展有机融合的良好态势。2012年，省委、省政府号召全面推进"美丽乡村"建设①，"美丽乡村"成为"美丽中国"在浙江实践的发展脉搏。在推动美丽浙江建设的进程中，2013年省委、省政府实施"三改一拆"和"五水共治"行动，推动了一系列民生重点工程建设。

从缘起到深化、拓展、提升，十多年来，浙江的"千万工程"走出了一条从点到面、由浅及深、先局部后整体的整治路子。浙江"美丽乡村"建设"一届接着一届干、一年接着一年抓，一级抓一级，层层抓落实"的推进机制逐步形成。从2003年起，浙江每年选择一个典型县市召开现场会，每次现场会省委、省政府主要领导都亲临现场。所布置的工作尽管每年有所侧重，但抓"千万工程"的决心不变、名称不变、主题不变，一以贯之，一抓到底。"千万工程"推进到哪里，相关项目就配套到哪里。康庄工程、联网公路、万里清水河道、农民饮用水、绿化示范村、农村土地综合整治、农村危旧房改造、农村电气化、现代商贸服务示范村、小康体育村等都结合在一起，形成了声势浩大的村庄整治氛围。浙江2003～2014年投入村庄整治和美丽乡村建设的资金超过1200亿元，省财政安排的专项资金从2003年的4000万元增加到6.6亿元；全省当年新增建设用地指标总量的10%以上用于新农村建设，城乡建设用地增减挂钩周转指标优先满足美丽乡村建设。从其内涵和本质看，"千村示范、万村整治"工程是省委、省政府设计并实施的，以农村人居环境整治建设为基础，并带动城市基础设施向农村延伸、城市公共服务向农村覆盖、城市现代文明向农村辐射的一个工作载体。它从协调城乡关系起步，逐步拓展到协调人与自然关系、传统与现代关系，是新

---

① 赵洪祝：《全面推进美丽乡村建设》，《今日浙江》2012年第21期。

农村建设、生态文明建设、乡村文化建设的融合体①。从时间轴线上来看，浙江省起步早，是"美丽中国"建设的先行者和探路者；从空间轴线上看，它也是落实生态文明建设的重要举措和在农村地区建设美丽中国的具体行动。

十多年来，浙江省委、省政府通过统一规划，分步实施，逐步深入，从人居环境、基础设施和公共服务建设起步，不断拓展建设内容，形成了整体推进美丽乡村建设的格局。浙江省不断推进城乡统筹及农村相关体制机制创建，加大公共财政在农村的投入，完善农村公共服务体系。依托田园城市和美丽乡村的相互融合，城乡之间形成一种互为消费和服务主体的良性关系。浙江省发展迅速的乡村旅游产业，良好的生态环境、原汁原味的农家风情吸引了众多城市人群来到农村，带动了当地经济的发展，增加了农民收入。城乡的其他活动，如购物、文化推介、休闲娱乐等达到了带动消费、扩大内需的目的，实现了城市让生活更美好、乡村让城市更向往的美好愿望②。

## 第二节　"美丽乡村"建设的思路和举措

### 一　美丽乡村建设的思路

#### 1. 科学规划和规划实施并重

在实施"千村示范、万村整治"工程和美丽乡村建设中，浙江省政府坚持从实际出发，因地制宜编制规划，科学把握各类规划的定位和深度，努力做到总体规划明方向、专项规划相协调、重点规划有深度、建设规划能落地，形成了以"美丽乡村"建设总规划为龙头，系列专项规划相互衔接的规划体系。第一，坚持城乡一体编制规划，村庄布局规划与城镇体系规划一起共同形成了以"中心城市—县城—中心镇—中心村"为骨架的城乡规划

---

① 康进昌、许雪亚：《浙江的美丽乡村建设之路》，《农村工作通讯》2013 年第 22 期。
② 顾益康：《建设美丽浙江离不开美丽乡村》，《农村工作通讯》2013 年第 16 期。

体系。第二，坚持因地制宜编制规划，合理确定村庄的布局和每类村庄的人口规模、功能定位、发展方向，避免不必要的重复建设和大拆大建，做到村庄内的生活、生产、生态等功能的合理分区和服务设施的合理布点。第三，坚持衔接配套编制规划，确保县域村庄布局规划、村庄建设规划的有机统一，促进县城村庄布局规划与土地利用总体规划、城镇体系规划、基础设施建设规划等相互衔接，实现了县域范围城乡规划全覆盖、要素全统筹、建设一盘棋。

如果说美丽乡村的科学规划是"画饼"，那么规划的精心实施就是"做饼"①。既充分发挥规划对实践的规范指导作用，又始终坚持把规划实施作为工作推进的基本环节，做到"符合规律不折腾、统筹推进不重复、长效使用不浪费"，充分保证规划的严肃性和长效性，落实规划配套建设项目和资金要素，建立乡村规划执法队伍，发挥社会各界对规划实施的监督作用，真正做到"体现共性有标准、尊重差异有特色"，真正实现规划、建设、管理、经营各个环节的有机衔接。

2. 治点与扩面相结合

推进"千村示范、万村整治"工程和美丽乡村建设，点上整治是基础，面上改观是目标。在村庄整治建设的初始阶段，以垃圾收集、污水治理、卫生改厕、河沟清理、道路硬化、村庄绿化为重点，优先对条件基础较好的村进行整治。全面推行"户集、村收、镇运、县处理"的农村垃圾集中收集处理模式，彻底清理露天粪坑，全面改造简易户厕，建立农村卫生长效保洁机制，推行"村集体主导、保洁员负责、农户分区包干"的常态保洁制度，着力保持村庄洁净。从2011年起全面实施美丽乡村建设五年行动计划，注重解决根源性、区域性的农村环境问题，联动推进生态人居、生态环境、生态经济、生态文化建设，联动推进区域性路网、管网、林网、河网、垃圾处理网和污水处理网等一体化建设，加快村庄整治以点为基、串点成线、连线成片。全面开展高速公路、国道沿线、名胜景区、城镇周边的整治建设和整

---

① 夏宝龙：《美丽乡村建设的浙江实践》，《求是》2014年第5期。

乡整镇的环境整治，建立了"美丽乡村"县乡村户四级创建联动机制，使一个个"盆景"连成一道道"风景"，形成一片片"风光"。2013年明确把治理农村污水作为美丽乡村建设的主要载体和深度延伸，按照"科学治水、依法治水、铁腕治水、全民治水"的要求，让广大农村水变干净、塘归清澈，重塑江南水乡的韵味，倒逼农村生产方式、生活方式、建设方式的转型升级，把美丽乡村建设提升到一个新高度。

3. 生产与生活相结合

浙江省把美丽乡村建设作为培育农村经济新增长点的有效途径，发挥区位条件、生态资源、人文积淀等优势，强化经营村庄理念，鼓励农民创新创业，努力形成环境美化与经济发展互促、美丽乡村与农民富裕并进的良好局面。一是着力转变农村经济发展方式。推进农村集体经济产权制度改革，进一步壮大农村集体经济，2013年全省村均集体经济收入100万元左右。加快推进农业科技进步和农作制度创新，不断优化畜禽养殖布局、结构、规模和方式，大幅减少农业面源污染。大力发展养生经济、运动经济、文创经济、物业经济、商贸经济以及劳务经济，把美丽乡村生态良好的潜在优势转化为产业发展的现实优势，做好农村经济生态化和生态经济化"两篇文章"。二是着力转变农民生活方式。坚持一手抓各种设施和服务的完善，一手抓对农民的教育培训和宣传引导，增强农民维护农村环境卫生的自觉性和责任感，促进农民思想观念、行为方式、生活方式的变化。三是着力转变农村建设方式。坚决拆除农村违章建筑，大力推进美丽宜居村镇建设和农村危旧住房改造，加快推行传统建筑现代化、现代建筑本土化和居住条件人性化，促进农村风貌、乡土建筑与自然山水相协调。

4. 打造现代农村社区与保护乡土文化血脉相结合

浙江省把建设美丽乡村与推进新型城镇化有机结合起来，扎实推进200个中心镇培育工程和27个小城市培育试点，推动资源要素向农村特别是中心镇中心村配置，促进了产业布局合理化、人口居住集中化，加快传统农村社区向现代农村社区转变。按照"村庄整治建设的点定在哪里，相关部门的项目和资金配套就跟到哪里"的要求，大力推进各方面工作和服务向农村延伸。一是推进城市基础设施向农村延伸。统筹安排水、电、气、路等基础设施建设，实现了等级公路、邮站、电话、宽带等"村村通"，广播电视"村村响"和农村用电"户户通、城乡同价"，客运班车通村率达到95%，安全饮用水覆盖率达到97%。二是推进城市公共服务向农村覆盖。构建以县城为龙头、中心镇为节点、中心村为基础的城乡一体化公共服务体系，推动教育科技、培训就业、医疗卫生、社会保障、文化娱乐、商贸金融等服务向农村延伸，基本形成了以中心村为主要平台的30分钟公共服务圈①。三是推进城市现代文明向农村辐射。开展送戏、送电影、送书籍等"送文化"行动，实施文化信息资源共享工程，建设党员远程教育网络和农民信箱服务平台，加快农家乐休闲旅游业发展，促进农民与市民的直接互动和农民思想观念、行为方式的转变。

同时，坚持建设与保护、培育与传承相结合，保护农村的文化血脉，不断彰显美丽乡村建设的乡土特色。在村庄整治建设中，发掘反映村落个性的耕读文化、民族风情，提炼体现地域特色的产业文化、民间技艺，建设农耕文化展览馆、特色技艺体验馆、风味食品品味馆等场所，打造一村一品、一村一业、一村一韵、一村一景的特色文化村，充分展示山区、丘陵、平原、水乡、海岛不同特点的地域文化。2012年全面启动历史文化村落保护利用工作，整体推进古建筑与村庄生态环境的综合保护、优秀传统文化的发掘传承、村落人居环境的科学整治和乡村休闲的有序发展，教育广大农民珍惜先人遗产、弘扬优秀传统文化、推进村风村容改造，确保以"乡愁"的记忆凝聚流动的人群，确保将文化遗产传承给子孙后代。

5. 加强政府引导与尊重农民意愿相结合

美丽乡村建设是落实党的农村政策的具体行动，是造福千万农民的美丽事业。2003年以来，浙江几届省委、省政府都高度重视村庄整治和美丽乡村建设工作，每年都召开工作现场会，每年都把这项工作列为为民办实事的

---

① 刘梅：《美丽乡村，打造美丽浙江的生动实践——浙江省实施"千村示范万村整治"工程十年综述》，《浙江日报》2013年11月20日。

重要内容之一。各级党委、政府都建立了党政负责同志为组长的工作协调小组，形成了主要领导亲自抓、分管领导具体抓、牵头部门综合协调、专业部门紧密配合、一级抓一级、层层抓落实的工作机制。加大创建力量组合和创建资源整合，形成了美丽乡村建设行动纲要、发展规划、建设标准、监督检查、考核验收等一系列相对独立又有机统一的制度体系，在完善农村治理体系方面进行了积极探索。建设美丽乡村，关键是要发挥包括农民在内的社会各方面的积极性和能动性。为此，各级党委、政府特别是基层组织始终坚持把尊重农民意愿贯穿于工作的各个方面、各个环节，把村庄整治和美丽乡村建设的主动权交到农民自己手上，尊重民意、维护民利、依靠民资、强化民管。

鄞州地处宁波郊区，是闻名全国的经济发达地区，当地经济基础较好，使得旧村改造、新村建设不仅有需要而且有可能。每年年底鄞州各乡镇上报改造计划，由"新村办"统一协调。不符合规划的不批，农户只要有一户不签字同意，改造方案就不通过。2006 年鄞州出台《旧村改造新村建设暂行办法》，首次就涉及的内容、目的、实质、主体等作出界定，确立了"尊重民意、维护民利、依靠民资、强化民管"的"四民"原则。政府和农民之间职责定位清楚，政府管的是规划引领、指导服务和监督管理，要求新村建设中的选址、土地使用、购买对象必须符合有关规定。具体操作过程中的一系列问题，如改不改、怎么改、选择何种房屋套型、如何确定旧房补偿和新房购置标准，以及选择何种改造模式、请谁规划、让谁施工、由谁质检，统统由村民自己决定。在改造资金的投入上，政府负责水电、道路、电信等基础设施建设，其他由村集体和村民共同解决。如今，鄞州已改造面积1200 多万平方米，带动了人居环境的全面提升，鄞州已经成了"美丽镇村、幸福家园"①。

## 二　"美丽乡村"建设的举措

浙江省在社会主义新农村建设中，以村庄整治为突破、以产业发展为核

---

① 唐园结、申保珍、蒋文龙等：《中国特色的美丽乡村建设之路——聚焦浙江乡村十年蝶变》，《农民日报》2013 年 9 月 16 日。

心、以品牌塑造为旨归、以文化建设为依托、以标准化管理为引领，成为全国范围内社会主义新农村建设的美丽样本。

1. 以村庄整治为突破

浙江省内各地自然条件差异很大，各地经济发展水平参差不齐，加上规划改造量大面广，任务繁重，浙江又是先行先试，村庄整治并不容易。浙江省在第一次"千万工程"现场会上提出，既不搞大拆大建，也不搞一刀切，强调规划引领，分类指导，因地制宜，量力而行。

（1）以编制村庄规划为先导，分类明确村庄整治建设的定位。把编制村庄布局和建设规划放在首要位置，着力形成与城乡体系、土地利用、基础设施建设等规划相互衔接的规划体系。一是科学编制村庄布局规划。浙江先对农村情况进行摸排，推出"缩减自然村、拆除空心村、改造城中村、搬迁高山村、保护文化村、培育中心村"的思路，对村镇布局进行优化，在全省范围内确定了200个中心镇、4000个中心村、1.6万个保留村和971个历史文化村落，形成了一个比较科学的城乡空间布局规划（见表5-1）。二是分类编制村庄建设规划。因村制宜，编制建设规划。对于中心村，建设"五位一体"的公共服务中心，集聚人口，辐射周边；对于历史文化村，按照历史古迹、自然生态与人居环境融为一体的要求，明确保护和修建方案；对于高山偏远村、空心村，围绕农民向城镇集聚和转产转业转身份，实行异地搬迁，搬到县城或者中心镇；城中村、城郊村则推进"三改一拆"，将其改造成城市新社区；一般村的整治规划，重点是明确环境整治、村庄梳理的方案。85%的规划保留村、中心村编制了建设规划。三是协同编制配套规划

表5-1　浙江省村庄布局规划

| 类　型 | 措施 | 规模（个） | 行动 |
|---|---|---|---|
| 中心村 | 培育 | 4000 | "五位一体"的公共服务中心 |
| 文化村 | 保护 | 971 | 历史古迹与村庄环境融为一体 |
| 城中村 | 改造 | 16000 | 三改一拆 |
| 空心村 | 拆除 | | |
| 自然村 | 缩减 | — | 异地搬迁，搬到县城或者中心镇 |
| 高山村 | 搬迁 | | |

体系。把村庄布局和建设规划作为修编土地利用总体规划、县市域总体规划、相关专项规划的重要依据，努力使村庄布局和建设规划与相关各方面的规划相协调。这种实事求是、因地制宜的做法，保证了村庄整治的科学推进。

（2）以治理垃圾污水为起点，不断拓展村庄整治建设的内容。把反映最强烈的环境脏乱差问题作为突破口，不断丰富整治建设内容，逐步形成农民受益广泛、村点覆盖全面、运行机制完善的整治建设格局。一是推进村庄环境综合整治。推行"户集、村收、镇运、县处理"的垃圾集中收集处理模式，开展垃圾"分类分拣、源头追溯、定点投放"试点，推进垃圾减量化、无害化、资源化。清理露天粪坑，改造简易户厕，推行统一进厂处理、村域生态处理等污水处理办法，提高农村污水达标排放率。2003～2014年添置垃圾箱112万个，改建公厕2.3万个，治理生活污水311万户。二是推进环境整治连线成片。开展高速公路、国道沿线、名胜景区、城镇周边整治建设和整乡整镇环境整治，60%的乡镇完成整治任务。实施"三改一拆"（旧住宅区、旧厂区、城中村改造和违法建筑拆除）、"四边三化"（公路边、铁路边、河边、山边等区域的洁化、绿化、美化）和农村"双清"（清理河道、清洁乡村）等专项行动，推进管网、林网、河网、垃圾处理网、污水治理网建设。三是开展"美丽乡村"创建行动。开展"美丽乡村"县、乡、村、户四级联创，联动推进生态人居、生态环境、生态经济、生态文化建设，努力展示规划科学布局美、村容整洁环境美、创业增收生活美、乡村文明身心美。四是建立长效保洁机制。推行"村集体主导、保洁员负责、农户分区包干"常态保洁制度，建立政府主导、集体与农民共担的保洁经费筹措机制，开展"庭院、村庄、道路、河道"等点线面结合的综合保洁工作。

2. 以产业发展为核心

在村庄整治基础上，盘活农村资源，走因村制宜的经营道路。把美丽乡村建设作为农村经济新的增长点，鼓励农民创新创业，努力形成环境美化与经济发展互促、美丽乡村与农民富裕并进的局面。传统的种植业或养殖业只有"一产"收入，促进一、二、三次产业加速融合发展，农业的附加值得到呈现。"经营乡村"让农村发展找到了方向、思路和办法。

（1）借美发展乡村休闲旅游。利用美丽乡村建设带来的优美环境，推动农家乐休闲旅游业加快发展。2014年，浙江省农家乐共接待游客1.8亿人次，直接营业收入141.2亿元。农家乐经营大都是在村庄整治、历史文化村落保护和美丽乡村建设成果的基础上发展起来的。在生态资源、乡村资源逐渐转化为发展优势的过程中，它成为浙江旅游经济的新增长点，成为农民增收的重要来源。

（2）借势培育农村新型业态。把生态良好的潜在优势转化为产业发展的现实优势，养老经济、假日经济、文化创意产业、体验农业等业态，陆续在美丽乡村出现。浙江省美丽乡村的产业发展中，以休闲观光、度假体验为主的旅游经济，以民宿避暑、养老养心为主的养生经济，以运动探险、拓展训练为主的运动竞技和以寻根探史、写生创作为主的文创经济，大大丰富了浙江农村的新型业态，不但激活了"花果经济""苗木经济"，更兴起了"美丽产业"和"美丽经济先行区"等超前理念。

安吉是"美丽乡村"的发祥地，也是第一个推行"经营乡村"的县市。2008年，安吉提出将全县187个村作为一个"大乡村"进行统一规划：整个安吉就是一个大景区，每个村都是一个景点，每个农户都是一个小品，最后形成"优雅竹城、风情小镇、美丽乡村"三级体系。安吉县长王树认为只有通过经营转化资源，通过经营提升资源，才能为美丽乡村建设注入内生动力，永不枯竭。在《安吉经营乡村行动计划》中，安吉要创建成全国第一个县域4A级景区，产业创新实现一产"接二连三""跨二进三"发展模式，以乡村休闲旅游产业发展为突破口，实现产业联动、城乡互动，最终实现"园区变景区，产品变礼品，农民变股民"。在经营布局上，安吉一本蓝图管全县，将乡村经营最终量化、落实到每一个项目。各个乡镇统一负责所辖区域项目策划、指导、包装和实施，对乡村资源进行公司化运作。

*3. 以品牌塑造为旨归*

浙江新农村建设呈现了树品牌、惠民生的特点。各地结合本土地域特征、产业特色和人文特点，在"美丽乡村"总品牌下，创造了一批接地气、振精神、高立意、容易记的地域性乡村"金名片"①。品牌命名反映出自身特色,让人过目不忘,回味无穷。这让"美丽乡村"建设得以与"本土化"建设有机结合。名字或与地域名称巧相对,或与地理地貌、人文民俗相关联。它们朗朗上口,韵味绵绵,一定程度上促进了农村特色产业发展和农民增收。品牌经营是所有经营模式中最具价值的经营方式,如阳光温岭、金色平湖、自在舟山、潇洒桐庐、人间仙居、幸福长兴、秀山丽水、田园秀洲、梦留奉化、幸福江山等。阳光温岭,指的是新世纪第一缕曙光曾照耀温岭石塘;自在舟山,因普陀寺佛教与世无争的人生态度而命名;潇洒桐庐来自宋代大文豪范仲淹的《潇洒桐庐郡十绝》,借古赋新,重点实施"5525工程"(即5条"美丽乡村"风情带、5大乡村节庆活动、25个风情特色村)来与之匹配。品牌是定位,品牌是特色,品牌是竞争力。在品牌引领下,各县市结合自身特色资源,进一步对产业发展作出战略选择。从产品经营、资源经营走向品牌经营,品牌化已广泛地应用于浙江省的美丽乡村建设之中。

杭州市"生活品质之城"总品牌的创设依托县级、乡镇级及村级品牌的构建。杭州市经过"三江(钱塘江、富春江、新安江)两岸"整治,乡村面貌大为改观,处处是景色,村村是景点,杭州因地制宜,进行"美丽乡村"品牌创建。根据历史文化或者产业发展特色,各县不拘一格,分别进行品牌定位。例如,西湖区是"最美西湖、风情乡村",萧山区是"文明萧山、幸福家园",余杭区是"宜居田园城市、美丽都市乡村",桐庐县是"潇洒桐庐、秀美乡村",淳安县是"秀水家园、美丽乡村",临安市是"绿色家园、富丽山村",建德市是"秀美山村、宜居建德",富阳市是"富春山居、美丽乡村"。这些品牌定位之间尽管有的只相差一两个字,但都非常准确地反映出各自的特色、目标和发展战略。县市有县市的定位,乡镇有乡镇的品牌,一些精品村、特色村和中心村纷纷进行包装命名。临安市28个精品村各有不同称号,如板桥镇上田村是"茶香竹海、文武上田",天目山镇天目山村是"大树

---

① 唐园结、申保珍、蒋文龙等:《中国特色的美丽乡村建设之路——聚焦浙江乡村十年蝶变》,《农民日报》2013年9月16日。

王国、天目人家"，特色鲜明。随着县市、乡镇、村品牌创建的日渐普及，品牌建设的互动互补，杭州"品质之城"的总品牌日渐丰满。

桐庐县环溪村以历史文化为背景，以环境为展示形成"莲"品牌创建。环溪村住的是北宋大哲学家周敦颐的第 14 代后裔，环溪村以周敦颐的《爱莲说》为基础进行品牌创建。环溪村的标志从"周"字演绎而来，上面两笔出头形同荷花，暗示该村的渊源在周敦颐的《爱莲说》。村里建有莲花广场、莲花喷泉、莲花主题公园。村子周边种植了上百亩荷花。"清洁桐庐"项目实施以来投入环溪村的整治费用为 2500 万元。村里整治了河道、街面，实现了三线（电线、宽带、数字电视）入地，建起了 9 个生活污水处理池，全村 600 多农户的污水全部纳入了管道。处理池上面种着花、铺着草，根本看不出是污水处理池。包括环溪村在内对外收取门票进行经营的农村，浙江省超过 100 个，或以蜜橘、草莓、桃李等水果产业为基础，或以水产养殖等产业为基础，或在自然景观、历史文化上深度挖掘进行品牌定位，实现特色发展。

**4. 以文化建设为依托**

浙江的历史文化遗存十分丰富，在正式公布的 350 个中国历史文化名镇、名村中，浙江有 30 个，居全国首位；非物质文化遗产中，国际级 8 项、国家级 189 项，数量和排名也居全国首位。历史文化是浙江的灵魂，也是浙江的根本。浙江省以繁荣乡村文化为灵魂，彰显美丽乡村建设的特色。深度发掘农耕传统、民族风情和民间技艺等乡土文化，着力培育特色文化村，推进历史文化村保护和文化礼堂建设，增强农村发展的吸引力、凝聚力和软实力。

（1）保护历史文化村落。围绕修复优雅传统建筑、弘扬悠久历史文化、打造优美人居环境、营造悠闲生活方式，开展历史文化村落保护修复利用。整体推进古建筑与村庄生态环境的综合保护、优秀传统文化的发掘传承、村落人居环境的科学整治和乡村休闲的有序发展。既保存了历史文化村落风貌的完整性和历史真实性，也体现了它们当下生命的延续性和可持续性。浙江省已掌握了全省 971 个历史文化村落的基本情况，其中古村落 690 个，自然生态村落 136 个，民俗风情村落 145 个。制定了《浙江省历史文化名镇名村保护条例》。2013 年，浙江省用于历史文化村落保护利用的专项资金达到 7.8 亿元。

浙江永嘉苍坡村凭借古建筑优势，建设文化旅游展馆，大力宣传永嘉古村文化、耕读文化、民俗文化、宗祠文化、昆曲文化等传统文化，促进了当地旅游和文化的深度融合。杭州桐庐具有一定历史文化价值的民国以前的古建筑达 1400 栋。2010 年开始，先后重点维修 119 栋，一般性维修 463 栋，三年共计投入了 3600 万元。历史建筑焕然一新，和富春山水结合在一起，组合成了"人文+历史+自然山水"的乡村游线路，独具特色，与众不同。配合土菜节、乡村狂欢节、山花节、户外休闲运动节、亲水避暑节等五大乡村节庆活动，打造出诗画山水、古风民俗、产业风情、运动休闲、生态养生等 5 条"美丽乡村"风情带。让古村落和生态乡村环境成为特色竞争力，为浙江的新农村建设积累了宝贵经验。

（2）建设农村"文化礼堂"。依托村内祠堂、会堂、闲置校舍等场所，建设集学教、礼仪、娱乐于一体的文化礼堂，打造农民精神文化家园。2013 年在全省范围内建设"文化礼堂"，省政府将这一工程列入"十件实事项目"之一，计划建成 1000 家具有示范意义的文化礼堂，各县市区原则上要建成 12 家以上。文化礼堂以整合资源为主，利用旧祠堂、大会堂、闲置校舍等改建，堂内设置学子榜、寿星榜、贡献榜等，内容既乡土又生动。

临安是农村文化礼堂的先发之地。中心广场、村史博物馆、励志廊、天目学堂等，都是文化礼堂的一部分。临安的农村文化礼堂分为综合型和特色型两种。综合型面积在 300 平方米以上，有礼堂和学堂以及村史廊、民风廊、励志廊、成就廊和艺术廊；特色型的不限于面积，有学堂和"五廊"即可。嵊州市仙岩镇西鲍村在文化礼堂增设了"五榜"——福寿安康、喜结良缘、军营建功、金榜题名、开蒙启智，把人生这 5 个重要节点设为 5 栏，在每一栏贴上村民的照片。通过参与"五榜"活动，村民来文化礼堂学习村史，加强交流，增强村民的集体融入感。全省农村文化建设已经取得了很大的成就。到 2012 年底，"三馆一站"和农家书屋已经实现了全覆盖，村级文化活动室的覆盖率达到 89%。各种流动大舞台、流动播出、图书馆总分馆制等，把原本集中于城市的文化资源输送到基层和农村。

5. 以标准化管理为引领

作为美丽乡村建设先行区，浙江率先发布《美丽乡村建设规范》①，为建设美丽乡村提供了一个蓝本。标准化是农业现代化的重要内容和标志，是推进新农村建设的有力抓手。标准化的实施使理念宏伟但内涵抽象的新农村建设战略成为抓手明确、便于细化操作的工作系统，使内容丰富但体系庞杂的新农村建设工作成为条理清晰、科学规范的责任体系。

2014 年 4 月 6 日正式实施的《美丽乡村建设规范》，旨在将美丽乡村建设的经验、成果进行标准转化和推广，探索社会主义新农村建设的"浙江模式"。该规范在总结提炼安吉县美丽乡村建设成功经验的基础上进行统一规范和量化。该规范以"五四三"明确标准的框架和主体内容，以经济、政治、文化、社会、生态"五位一体"的建设内容构成标准的整体构架，以"科学规划布局美、村容整洁环境美、创业增收生活美、乡风文明身心美"（即"四美"）和"宜居、宜业、宜游"（即"三宜"）的美丽乡村建设目标为基础，确定标准的主要技术内容②。浙江省《美丽乡村建设规范》以安吉县新农村建设的成功经验为基础，引用了新农村建设方面现有的国家、行业及地方标准 21 项，从村庄建设、生态环境、经济发展、社会事业发展、精神文明建设等 7 个方面 36 个指标为美丽乡村建设提出可操作的实践指导。该规范只是操作指引，并非要求美丽乡村建设整齐划一，而是尽力彰显各乡村自己的特色，按照乡村的自然禀赋、历史传统和未来发展要求，最大程度上保留原汁原味的乡村文化和乡村特色，以适应不同村庄的发展要求。

---

① 于佳欣、王政：《浙江出台美丽乡村建设规范　新农村建设"有标可循"》，新华社，http://www.gov.cn/xinwen/2014－04/03/content_ 2652540. htm，最后访问日期：2014 年 4 月 3 日。

② 浙江省质监局标准化处：《美丽乡村建设将"有标"可依》，浙江省质量技术监督局，http://www.zjbts.gov.cn/HTML/2014410/xwfbt/423ab4f2100d417fbd906b6e3b9c24ad. html，最后访问日期：2014 年 4 月 10 日。

# 第三节　"美丽乡村"建设的成就和模式

农业资源可以转化为农业资本，生态、环境和文化作为重要的资源同样可以转化为资本。浙江省委书记夏宝龙表示，浙江不和人家比 GDP，浙江要和人家比"美丽乡村"，比谁的农村更漂亮、更富裕、更文明[①]！2013 年10 月 9 日在全国改善农村人居环境工作会议上[②]，国务院副总理汪洋同志强调要认真学习贯彻习近平总书记和李克强总理关于全面改善农村生产生活条件的重要批示精神，总结推广浙江省开展"千村示范、万村整治"工程的经验，加快推进农村人居环境综合整治。浙江的经验和做法，值得学习和借鉴，有条件的地方要努力推进美丽乡村建设。可以说，"美丽乡村"已经成为美丽浙江建设中一个响亮的名片。

## 一　美丽乡村建设的主要成就

### 1. 生态经济发展迅速，绿水青山正在变成金山银山

浙江历届省委、省政府在美丽乡村建设中都高度重视农业发展，积极推进农业市场化改革，生态高效农业特征明显。2013 年，蔬菜、茶叶、畜牧、水果、食用菌、蚕桑、中药材、花卉苗木、淡水养殖、竹木等十大主导产业产值占农林牧渔总产值的近 80%。茶叶、蚕茧、食用菌、蜂产品、花卉苗木等在全国占据重要位置。2013 年底，浙江省通过认证的无公害农产品、绿色食品和有机农产品"三品"种植基地面积 1453.6 万亩。同时，浙江省农产品加工业有着良好的基础，休闲观光农业得到快速发展，成为促进农民增收的新亮点。2013 年全省年销售收入上亿元的加工型农业龙头企业 638

---

① 唐园结、申保珍、蒋文龙等：《中国特色的美丽乡村建设之路——聚焦浙江乡村十年蝶变》，《农民日报》2013 年 9 月 16 日。

② 国务院办公厅：《汪洋出席全国改善农村人居环境工作会议并讲话》，中央政府门户网站，http：//www. gov. cn/ldhd/2013 – 10/09/content_ 2502923. htm，最后访问日期：2013 年 10月 9 日。

家。省内 48 家农产品物流配送中心配送额达 24.8 亿元。55 个省级农产品连锁经营试点企业目前拥有网点 8510 个，连接生产基地 506 万亩，实现销售额 78 亿元。全省有休闲观光农业区（点）2334 个，实现产值 140 亿元。浙江省委、省政府以农业现代化三年行动计划（简称"8810"行动）为总抓手，围绕提升产业发展、经营效益、质量安全、物质装备、科技支撑、生态环境、政策投入、专业服务水平等 8 个方面目标，组织产业集聚化、产品优质化、生产设施化、经营组织化、技术集成化、手段信息化、环境生态化、服务社会化等 8 个专项行动，实施农田质量提升、农业标准化促进、农业机械化促进、现代种业发展、新型经营主体培育、生态循环农业创建、农业服务提升、智慧农业建设、村级集体经济壮大、农业文化创意等 10 项重点工程，打造高效生态农业强省、特色精品农业大省，加快推动产业转型升级。

浙江的绿水青山正在变成金山银山。农民收入和生活水平在十年间明显提升，转移性、财产性收入增长较快（见图 5 - 1）。2013 年浙江省农林牧副渔业总值达到 2837.39 亿元，全省农村居民人均纯收入达到 16106 元。养生经济、运动经济、文创经济，以及农房出租、会堂入股等物业经济，来料加工、旅游产品加工等劳务经济，一大批"美丽产业"在浙江乡村涌现，环境美化与经济发展良性互促的"村美民富"局面正在形成。浙江农民人均纯收入连续 29 年保持全国省区第一①。

2013 年浙江省村级集体经济收入达 300 亿元以上。8844 个村经济合作社的股份合作制改革，占全省总村社数的 28.7%。建成并认定财务管理规范化县 44 个、乡镇 739 个、村经济合作社 15316 个。农民专业合作社等新型主体发育快速，工商企业、民间资本投资农业活跃，产业化经营水平较高。现有农业龙头企业 7492 家，家庭农场 9401 个，农民专业合作社 37428 家，社员 114.6 万户，带动非社员农户 466.4 万户；土地流转面积 865 万

---

① 方益波、王政：《美丽乡村是怎样建成的——浙江"千万"工程扮靓万千农村的启示》，新华网，http://news.xinhuanet.com/fortune/2013 - 10/08/c_ 117625164_ 2.htm，最后访问日期：2013 年 10 月 8 日。

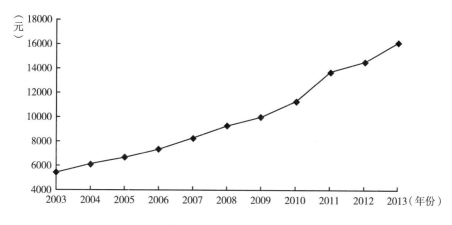

图5-1　浙江省农村居民人均纯收入水平

亩，占总承包耕地的45%。2013年全省工商资本投资农业150亿元，年销售收入亿元以上企业600多家。同时，浙江省农村社会保障不断完善，人们生活幸福有保障，2013年末新型农村合作医疗参合人数2855.1万人，参合率为97.8%；人均筹资标准为557元，所有统筹地区最高支付限额全部达到全国农村居民人均纯收入8倍以上且不低于8万元。

2. 生态环境日益美好，打造天蓝、水净、地绿、山青环境

浙江省从2003年起连续实施了两轮以农村环境综合整治为主题的"千村示范、万村整治"工程。2010年，作为首批全国农村环境连片整治8个示范省份之一，财政部、环境保护部与浙江省政府签订了《农村环境连片整治示范协议》。浙江省按照"一次规划、三年实施"的原则和"区域一体、集中连片"的要求，以钱塘江、太湖流域和重要饮用水源保护区为重点，科学编制整治实施方案，因地制宜地选取技术先进、经济合理的污染治理模式，建立污染治理设施运行维护机制，实现"整治一片、改变一片、巩固一片"的目标，切实改善农村人居环境和生态环境质量。到2014年底，全省共开展6120个村的农村生活污水处理。受益农户150万户；开展农村垃圾减量化资源化处理村1901个，全省97%的村实现生活垃圾集中收集处理。

2003～2014 年，浙江新农村建设以点为基、串点成线、连线成片，造就了农村整体面貌的焕然一新。整乡整镇环境整治，整体推进区域性路网、管网、林网、河网、垃圾处理网和污水处理网等一体化建设。浙江以县域为单位建设"美丽乡村样板区"；把重要交通沿线打造成"风景长廊"；把村庄建设为特色景点，建成了一大批错落有致、环境优美、设施完备、服务齐全的新家园；农民群众的卫生习惯、环保理念、民主意识、公德观念普遍提高；村庄整治工作及成效成为群众评价基层干部的重要标尺和基层民主选举的重要依据，村级组织和基层干部的办事能力普遍提升；政府部门城乡通盘筹划的工作局面全面形成，统筹城乡兴"三农"的整体合力普遍增强。

3. 农村生态文化日益丰富，让村民记得住乡愁

在美丽乡村建设中，浙江以繁荣乡村文化为灵魂，保持弘扬乡土文化，满足村民精神需求。美丽乡村离不开发达的经济、优美的环境，更离不开千千万万乡村百姓丰富的精神生活，离不开传统和现代相结合的新时期乡村文明。保护和传承优秀的乡村文化，是建设美丽乡村的题中要义，农村有自己不同于城市的特点和内在规律，要尊重、遵循乡村特有的文脉，并不断推陈出新，实现传统和现代文明的结合，才能拥有长久的生命力。浙江省大力保护历史文化村落，启动了 260 个历史文化村的保护工作。2013 年全省启动建设 1000 个"农村文化礼堂"。各地在农居环境建设中尤其注重发掘反映村落个性的宗族文化、民族风情、民间艺术、名人逸事，建设农耕文化展览馆、特色技艺体验馆、风味食品品味馆等。有的乡村依托旧祠堂、古书院、大会堂、闲置校舍和文化活动中心等，建设集学教、礼仪、娱乐于一体的"农村文化礼堂"，制诵村规、创唱村歌、编传村史①。

浙江古村落文化资源很丰富，在传统村落以及乡村传统文化资源的保护传承上，充分利用这些文化资源，促进了乡村文化的繁荣和发展。富有地方

---

① 方益波、王政、商意盈：《绿水青山就是金山银山——探秘"美丽乡村"的浙江样本》，《经济参考报》2013 年 11 月 11 日。

特色的传统戏剧、民俗活动等村落文化，丰富了人民群众的精神文化生活，重塑农民的文化信仰；乡村非遗与旅游的结合更带动了生态旅游业的发展。2014 年 5 月浙江荻浦村开业的美丽乡村，建成老房子泥石垒墙、木梁黑瓦、木桶石槽和带有浓厚怀旧色彩的乡村茶吧，把原本脏臭的养猪石头房子改造变身为茶吧①，创新的手法吸引了众多游客，成为美丽乡村建设的"典型示范"。荻浦村的美丽乡村建设用创新的视角，还原出一个地区的特色，让真正源自乡土的气息，纯朴厚重的风情，值得怀旧的往事，吸引久居城市的人群。加快传统村落保护的步伐，使每个人的乡愁都有场所可以寄存，文化方可继承与发扬。

浙江省美丽乡村建设的生动实践，勾画出了生产发展、生活宽裕、乡风文明、村容整洁、管理民主的社会主义新农村的美好画卷。这与浙江省认真贯彻落实科学发展观和党中央有关"三农"工作精神密切相关，全省按照"八八战略""创业富民、创新强省""物质富裕、精神富有""美丽浙江、美好生活"的发展战略，大力实施统筹城乡发展方略，全面推进新农村建设，实现了从"全面破除城乡分割"向"全面推进城乡融合"的转变。浙江的社会主义新农村建设走在了时代的前列②。

## 二 美丽乡村建设的典型模式

浙江省在新农村建设、城乡一体化建设中，勇于探索，形成了丰富的理论和实践。不同自然禀赋、不同经济发展水平的乡村，基于自身的独特优势，探索出了丰富多彩的美丽乡村建设模式。

### 1. 生态经济化模式

生态经济化模式通过对生态农产品、生态农产品加工业、生态服务业实现经济化运行，将生态环境的保护转化为生态经济产品，该模式是美丽乡村建设中比较通用的模式。生态经济化模式适于拥有丰富自然资源禀赋的县

---

① 徐昱文：《古老猪栏变身乡村茶吧》，《农民日报》2014 年 5 月 14 日。

② 浙江省农业和农村工作办公室：《浙江美丽乡村建设的锦绣画卷》，《浙江日报》2011 年 2 月 10 日。

域，通过制度创新和技术创新将自然资源有效地转化为生态资本。遂昌县政府基于林权的改革带来生态农业和服务业发展的初始基金，通过积极探索农产品电子商务之路，挖掘出了顺应互联网时代的农产品特色营销之路。开化县严格按照生态立县理念，发展绿色工业，加快绿色农产品开发，走出了生态经济的发展道路。

遂昌县隶属丽水市，林业用地 327.7 万亩，人均 17 亩，林木蓄积量 592 万立方米，森林覆盖率 82.3%，是浙江省林业大县。遂昌县在美丽乡村建设中，在林权改革和农产品电子商务营销方面走在全国前列，开辟了勇于创新的"遂昌模式"。

遂昌模式的经验之一是林权制度改革。林权制度改革形成生态经济发展的资金保障。森林资源历来是遂昌农民拥有的最大资产。遂昌县山林面积达 332 万亩，人均林木蓄积量达 40 立方米，其中 86.5 万亩山林在 2003 年被纳入重点生态公益林加以保护，享有"钱瓯之源、江南绿海"的美誉。从 2006 年初开始，遂昌县在全省率先开展林权抵押贷款业务，让"叶子变成票子"成为可能。2008 年 3 月，国家林改办领导充分肯定了遂昌林权改革的成果，认为遂昌的林权改革已经走在全国前列，并用"遂昌模式"高度概括遂昌在林权改革中的创新之举①。林权改革实践中，遂昌县对林权小额循环贷款、林权抵押担保贷款和林权直接抵押贷款三种模式进行了有益探索②。据林业部门测算，按遂昌县现有森林蓄积 60% 的立木量和每立方米 600 元的价格，仅立木存量价值就达 26 亿元。如果以 10% 的林木资产参与直接融资，按 30% 的比例发放贷款，至少可实现抵押融资上亿元。遂昌县是丽水市放贷额度最高、林农受惠面最广的县，较好地解决了农民在发展农家乐、高效生态农业、来料加工等事业中资金不足的难题。遂昌县全面加大实施林权抵押贷款的力度，发动有条件的村庄参与生态休闲旅游业开发。在山林保护工作中，多途径引导林农发展竹、油茶、茶叶、生态畜牧、草腐菇

---

① 华文礼：《"遂昌模式"：林权改革的样板》，《浙江林业》2009 年第 3 期。
② 蒋国海：《林权改革的"遂昌模式"》，《浙江经济》2009 年第 23 期。

类食用菌、来料加工等九大替代产业，引导竹木加工企业开展二次创业，最大程度地实现林农手中资金的增值增效。"遂昌模式"的林权制度改革不仅是盘活资源，把山林变成能提取现金的银行，更是通过积极引导，规避林农投资的风险，让林农的绿色财富不断增值。

遂昌模式的经验之二是农业电子商务建设。农业电子商务带动生态农产品的营销网络拓展。遂昌县委县政府以信息化为基础，构建良好的电子商务发展生态圈，全力打造遂昌县山区科学发展示范区的升级版。2012 年全县有网商 1500 多家，全县电子商务从业人员已经超过了 6000 人，实现电子商务网上零售总额 2 亿元，电子商务的发展带动了大批中小微企业和农民专业合作社的发展，形成了一个以网店协会为平台，以政府部门为后盾，联结网商、供应商以及第三方服务机构合作共赢的电子商务生态圈。2012 年 5 月 17 日，遂昌县人民政府与阿里巴巴集团淘宝网签订战略合作协议，成为中国首个网商线下安全保障机制试点县。2013 年 1 月 8 日，淘宝网全国首个县级馆"特色中国—遂昌馆"开馆。首部农产品电子商务白皮书在遂昌发布，全国最大的生鲜购买活动等的开展，打响了遂昌电子商务的品牌，扩大了遂昌县电子商务在全国的影响力和话语权。2013 年遂昌县列入浙江省首批农村电子商务发展示范县。中国农村电子商务发展"遂昌模式"具体包括两大块：一是"协会 + 公司"的地方性农产品公共服务平台，以农产品电子商务服务商的定位探索解决农村（农户、合作社、农企）对接市场的问题；二是推出"赶街——新农村电子商务服务站"，以定点定人的方式，在农村实现电子商务代购、生活、农产品售卖、基层品质监督执行等功能，让信息化在农村更深入地对接与运用①。

开化县地处钱塘江源头，森林覆盖率 80.4%，2002 年开化县被认定为国家级生态示范区，2003 年在全国率先通过生态县建设总体规划，2011 年被国家环境保护部正式命名为"国家生态县"，成为"全国生态文明建设试点区"。开化县是全国绿化模范县、全国科教兴农和可持续发展综合

---

① 吴蚊米：《遂昌模式如何让农产品电商平台落地》，《创新科技》2014 年第 7 期。

示范县、全国无公害农产品生产示范基地、中国龙顶名茶之乡、中国根雕艺术之乡，钱江源国家森林公园、古田山国家级自然保护区坐落其中。开化县充分发挥地处钱塘江源头的生态优势，围绕山区科学发展试验区和钱江源旅游度假区建设，培育壮大生态经济，走出了一条"生态资源、生态资本、生态经济、生态优势"的转型升级新路，开创了生态文明建设的新高地[①]。

开化县的经验之一是坚持生态立县，实现产业绿色化。开化县严格实行功能区管制，把全境95.7%的区域划定为禁止准入区和限制准入区，开化县在浙江省开展的循环经济"991"行动计划中，出台产业发展指导目录，严把生态门槛，大规模开展"治山、治水、治污"工程建设，对产业结构进行战略性调整，关闭高耗能、高耗材、高污染企业，重点发展"2+6"工业主导产业、高效生态农业和生态休闲旅游业。在绿色工业方面，形成了开化和华埠工业功能区高新产业、马金工业功能区绿色食品加工业、池淮工业功能区轻型加工业的发展格局。电光源、绿色食品加工产业被列入浙江省规划培育的十个省级先进制造业基地。华康药业木糖醇产销量居亚洲第一、世界第二。建成了全国最完善的合成材料氯资源循环系统，清华化工、合成材料2家企业成为全省氨氮治理环保典范，18家企业通过省清洁生产审核验收。2013年规模以上工业企业实现总产值104.59亿元，增长16.1%，其中文化创意产业实现产值44.43亿元，增长54.3%。根艺文化创意产业园成功列入浙江省现代服务业集聚示范区。

开化县的经验之二是发展生态经济，实现生态经济化。开化县63个农产品通过有机食品、绿色无公害农产品认证，基地面积占全县农作物种植面积的60%以上。"开化龙顶"被认定为中国驰名商标，入选农业部中国农产品区域公用品牌价值百强。开化清水鱼发展到全县17个乡镇的1550亩5400

---

① 卢宁：《国家生态县的建设经验、现实困难与发展方向——来自浙江开化的实地调查》，《当代社科视野》2014年第2期。

口坑塘，从业农民 4600 户。农民专业合作社建起两万亩生态大米基地，种植的胚芽米一亩相当于四亩普通稻田的效益，有机米价格为 40 元每斤[①]。实施"猪—沼—农经作物"生态农业项目，开展浙江省生态循环农业示范县建设，整村推进沼气集中供气，实现了生态产业循环发展的模式。秸秆沼气生产技术取得的创新性突破被农业部列入农业和农村节能减排十大技术，在全省推广，累计发展户用沼气 9987 户，发展生态循环农业的"开化经验"在全国农村沼气工作会议上进行推广。在持续推进生态乡村建设中，完成 46 个待整治村、56 个整治提升村的建设任务，启动 26 个精品村建设。开化县倡导主动把生态资源的比较优势转化为生态经济的竞争优势，走出了一条经济建设与生态建设同步推进、产业竞争力与环境竞争力共同提升的发展道路。

2. 资源循环化模式

资源循环化模式是美丽乡村建设的重要模式。资源循环化模式是按照减量化、再使用、再资源化的循环经济原则，实现农业资源的高效循环利用，既节约资源投入，又保护环境，促进经济社会可持续发展。这种模式往往面临自然资源的相对匮乏，需要在有限的资源条件下进行思路和方法的创新，探寻资源的循环利用方式。奉化市的滕头村在资源循环使用上起步早，经验丰富。1990 年进行村庄土地和水处理系统改造时就非常强调资源循环使用，在农产品立体养殖、资源循环方面积累了丰富的经验。临安市在生态高效农业发展中，依托自身特色，加强技术创新，实现资源的循环使用。

奉化市的滕头村隶属宁波市，是全球生态 500 佳、世界十佳和谐乡村，上海世博会全球唯一入选乡村，国家 5A 级旅游景区村，全村区域面积 2 平方公里，村民 344 户共 854 人。滕头村从原先的"田不平，路不平，亩产只有二百零"的贫困村到如今"口袋富，脑袋富，家家都是小康户"的富裕

---

① 杨军雄、朱建平、徐祝安：《开化大力发展生态经济》，《浙江日报》2012 年 12 月 9 日。

村，走上了以绿色、生态理念为指引的可持续发展道路①。滕头村投入大量资金实施"蓝天、碧水、绿色"三大工程：拆除农家柴灶统一改用液化气，实现了村居无烟村；对污水、废水实行无动力达标排放；种植各类绿化树和草皮，饲养白鸽、野水鸭等飞禽，建成了将军林、院士林、公仆林、江南风情园、农家乐、盆景园等20多处生态景观。村里安装了风能、太阳能路灯，住宅区安装了太阳能热水器，每年能节约用电5万多度。滕头村的土地下有一个先进的生态绿地处理系统，采用高效菌微生物处理系统对生物进行激活，再进行总体分离、综合，将14种好氧菌加入静态水环境中，不仅实现污水零排放，还在绿化环境的同时达到治污、净水、节能的目的，达到降温、降噪、净化空气的效果②。

滕头村在循环农业发展模式上积极探索，起步早，成效大，主要体现在三个方面。一是改土和科学施肥相结合，建立"以田养田"的循环系统。滕头村以有机肥为主、化肥为辅，以土定肥，以肥补缺，平稳推进科学施肥方法，并长期坚持大面积种植绿肥，推行稻草还田，使用河泥、牲畜粪便等农家肥，提高了土壤有机质含量。二是建立多层次、立体化的种养循环系统。滕头村形成了7种立体种养殖模式，分别是农作物轮作、粮肥轮作、果粮间作、立体种养、鱼塘立体养殖、室内立体圈养、山地立体开发。通过发展立体农业，提高了农业资源的生产效率和经济效益，美化了农村环境和生态效益。三是建立"种养加沼"四结合的循环系统。从1978年开始，滕头村就着手研究生物能高效利用的废物加工转换。随着种植业和养殖业的规模发展，村里规划建立起饲料加工厂和沼气站，解决了全村居民的生活燃料问题，同时形成了废旧物质良性循环的系统，减少柴草作燃料对居住环境的破坏，提高废弃物循环转化率③。滕头村道路成行、果树成林，暗渠暗沟交叉成网，实现了农田园林化；村庄路面宽广，房舍整齐，房前屋后、路旁、院

---

① 刘松江：《滕头村打造绿色家园的实践和构想》，《园林》2012年第12期。

② 郁进东、钟水军：《生活在鸟语花香的村庄》，《经济日报》2013年12月20日。

③ 周亚越、许蕾：《生态文化指导下的区域农业可持续发展——以宁波滕头村为例》，《农业经济》2008年第2期。

中花果飘香，绿树成荫；四周环村人工河，上覆葡萄，下养鱼虾，走出以生态旅游为主线的资源循环化生态发展新路。

临安市下辖13个镇5个街道298个行政村，先后荣获了国家卫生城市、国家森林城市、国家环保模范城市、国家生态市等称号，被列为浙江省唯一的全国生态文明试点市。2010年临安市提出依托生态优势、依靠科技创新，打造"绿色家园、富丽山村"的战略部署。临安市坚持富、丽并举，按照"一村一品""一村一业"的要求，通过实施绿色新产业提升工程，推进农村三次产业联动发展①，在推进资源循环利用方面取得了良好的经济效益，形成了具有临安特色的生态农业发展模式。

临安市资源循环化的典型案例之一是山核桃蒲壳的循环利用。临安本地山核桃和外地山核桃原料经过脱壳后，每年产生蒲壳7万吨左右，以前随意丢弃在空地和溪流里，既污染河流又影响农作物生长。随着山核桃蒲壳资源化、无害化处理的推进，九成以上的蒲壳实现了资源的循环利用。其中，40%的蒲壳还山，生态环境得到有效保护，取得了很好的经济效益和社会效益；30%的蒲壳开发肥料，将山核桃蒲壳集中收集、粉碎，加入辅料，再混合搅拌，堆肥发酵，通过微生物的作用生产出有机肥料。剩下的蒲壳采用"山核桃蒲壳—香菇—稻、果"生态循环利用技术，实现循环利用②。

临安市资源循环化的典型案例之二是生态循环养殖链。潜川镇生态农庄积极实施农业生态循环生产，在生产无公害有机农产品的同时，治理了畜禽养殖污染。该农庄以养鸡为龙头进行林、果、鱼立体型农业开发，形成了良性农业生态链。生态农庄实施"肉猪→猪粪→蚯蚓→蛋鸡、肉鸡→鸡粪→沼气→沼液→淡水鱼→果竹菜、牧草→鸡、猪"以及"肉猪→猪尿→浮萍等水生饲草→淡水鱼→淤泥→果竹菜、牧草→鸡、猪"生态循环模式，科学实现了资源循环利用。潜川生态农庄还应用了农村沼气科技，产生二次能

---

① 钱霞芳、方学锋：《绿色家园、富丽山村——临安市全力打造美丽乡村特色品牌》，《每日商报》2012年9月16日。

② 李忠：《临安山农一个变废为宝的梦想带动了产业循环》，《杭州日报》2013年6月12日。

源，供农庄苗鸡取暖、照明、炊事等，增加了循环链，节约了电力资源，取得了良好的经济综合效益，通过生态循环新增产值近20%，提高了潜川镇生态农庄的品位，使之真正成为花园式的生态农庄①。

### 3. 全县景区化模式

全县景区化模式强调在全县范围内打造大景区观念，形成全县范围内村村联动、处处景观的发展。这种模式适用于已经拥有一定数量、规模及发展水平的县域美丽乡村建设，通过全县景区化模式，将零散的美丽乡村串连起来，将一个个点的美丽乡村效益推及至片，形成规模效应，带动整个县区的经济发展。安吉县在全国率先提出美丽乡村建设，在产业联动发展和美丽乡村标准制定上在全国具有示范作用，全县景区化成为新农村建设的新方面。淳安县拥有享誉世界的千岛湖资源，以湖立县的发展定位和全县景区化的发展模式不谋而合。

安吉隶属于湖州市，以竹闻名，安吉是美丽乡村建设的发源地，在安吉实践基础上制定的《美丽乡村建设标准》已在全省推广，并在全国起到示范作用，安吉县先后被授予国家生态县、全国林业生态建设示范县、国家级生态示范区、中国民间艺术（书画）之乡、中国人居环境范例奖、国家级生态影视拍摄基地、全国卫生城市等称号。安吉已经走上了一二三产结合、城乡统筹联动、人民富足幸福的小康之路，实现了农业强、农村美、农民富、城乡和谐发展。"安吉模式"以及"安吉精神"的创造，演示了新时期中国农业、农村生态与产业协调发展的运作轨迹。安吉县发展毛竹种植及其开发利用，如竹地板、竹纤维、竹碳、竹叶黄酮等系列产品，使毛竹的身价成倍增加，产品遍布世界各地。同时，重点打造中国名牌农产品——"安吉白茶"，使其成为高档绿茶的佼佼者，最高每斤卖到6000元。随着蚕桑、烟叶、竹笋等其他优势农产品让越来越多的农民增收致富，第一产业快速发展。利用优美的环境大力发展休闲农业和乡村旅游业，打造休闲度假天堂已

---

① 唐田法：《循环经济生态链提高临安潜川镇生态农庄品位》，临安农业信息网，http://www.hzagro.com/html/main/hznyView/17278.html，最后访问日期：2006年11月3日。

经成为安吉的支柱产业。农民由一产"接二连三"（靠一产优势发展二产、再靠生态优势发展三产）向"跨二进三"（跨越二产，依靠休闲农业和乡村旅游业直接进入三产）发展，闯出了一二三产联动、综合协调发展的道路，实现"三农"跨越式发展。安吉县强调标准化管理制度，修订完善了《中国美丽乡村建设考核验收办法》，设置 36 项考核指标。在此基础上出台了《中国美丽乡村标准化示范村建设实施方案》，形成了完整的"中国美丽乡村"建设标准化体系，基本涵盖美丽乡村的建设、管理、经营等各方面的内容，使美丽乡村建设各个环节操作有据。全县 15 个乡镇中有 12 个被评为全国环境优美乡镇，已建成精品村 18 个、重点村 26 个、特色村 6 个。由安吉县创建的中国美丽乡村建设指标体系在国家标准化管理委员会的指导下，已成为国家级新农村建设的标准，2010 年安吉县也被国家标准化管理委员会命名为"中国美丽乡村国家标准化示范县"[①]。

在美丽乡村建设颇具成效的基础上，全县景区化是安吉县开始探寻的新方向。2013 年 11 月 20 日，国家旅游局将安吉县列为"国家乡村旅游度假实验区"，安吉县把全域景区化建设转化为全域度假区建设，加快发展休闲旅游业，推进县域大景区建设。安吉县制定的全域景区化规划，包括以灵峰度假区为核心的中央休闲区，以美丽乡村为支撑的休闲旅游环，以及大竹海、黄浦江源两大生态旅游功能区，昌硕故里、白茶飘香两大文化休闲区和以环笔架山为核心的现代田园观光休闲区。99 公里的环景道路，串联 10 个乡镇，100 个特色村，串点成面，形成集中布局。2013 年安吉旅游收入达到100 亿元，旅游人次超过了 1000 万，产业经济发展步入"千百时代"[②]。安吉举全县之力建设"中国美丽乡村"，把一个县当作一个景区来规划，把一个村当作一个景点来设计，全县景区化模式已成为安吉县新农村建设的新方向。

淳安县隶属杭州，拥有国家Ⅰ类水质的千岛湖，具有"农夫山泉""淳

---

①　杨晓蔚：《安吉县"中国美丽乡村"建设的实践与启示》，《政策瞭望》2012 年第 9 期。

②　仇欢：《诗画浙江再造升级版》，《浙江日报》2014 年 3 月 11 日。

牌有机鱼""千岛湖旅游"等众多的知名品牌。千岛湖被誉为"天下第一秀水",是国家级风景名胜区和全国旅游强县。县域内有森林、溪流与水库等多种生态系统,物种资源非常丰富,为生态县建设奠定了良好的生态环境基础。千岛湖已成为淳安的响亮品牌和发展依托,淳安县在第十二次党代会上全面确立了"以湖兴县"的发展定位,全力把淳安打造成休闲度假胜地、中国水业基地、生态宜居福地、都市农业园地、文明和谐境地。在"以湖兴县"定位的指导下,生态农业、生态工业、生态旅游、生态居住、生态环境和生态文化等方面取得了快速发展①。2012 年淳安县通过了国家级生态县的考核验收,千岛湖在全省率先被列入全国良好湖泊生态环境保护试点。在政策制定上,淳安县不断创新湖泊管理机制,国务院已经批复《千岛湖及新安江上游流域水资源与生态环境保护综合规划》,提出建设跨省流域生态文明建设共建共享先行区域。2013 年淳安县全面开展了乡镇交接断面水质考核,对乡镇进行严格的奖惩,有效推进了千岛湖的源头保护。淳安县作为"美丽杭州"建设的实验区,要形成生态环境保护、生态经济发展、保障改善民生等一整套在全国同类地区可复制、可借鉴、可推广的新模式。在开展实验区的实践中,淳安县五年时间投入千岛湖生态环境保护资金达23.16 亿元,平均每年 4.6 亿元,占全县地方财政收入的 41.6%,千岛湖水环境保护力度走在全国前列。围绕"守护生命线、碧水润千岛"的总要求,淳安县提出两年集中攻坚,实现"村域全覆盖、污水尽治理"的总目标。农村的截污纳管率达到 82%,湖区所有游船艇、垂钓平台、景区景点等污水全部上岸处理,实行最严格的监管。

全县景区化发展与"以湖立县"的淳安县定位不谋而合。目前,淳安县在打造"世界山水公园、东方休闲名湖"的目标下,全力推进全国首个县域大景区的建设,形成"全县是景区、处处是景观、村村是景点、人人是导游"的局面。让 4427 平方公里的绿水青山、城市乡村呈现景区化的风情、景观和环境,拥有景区化的绿道、资源和产品,具备景区化的业态、服

---

① 徐长生:《淳安创建国家级生态县实践机制研究》,《改革与开放》2009 年第 7 期。

务和文化。淳安县要打造一个由"一城一湖一圈多点"构成的县域大景区格局，形成主客共享的城市游、精品休闲的湖区游、串点成线的环湖游、各具特色的乡村游等多种旅游模式。推动旅游从湖区向周边辐射、景点从县城向农村延伸，变传统的湖区游为全县游，使淳安全境成为"大千岛湖"景区①。

---

① 胡月华：《淳安县打造全县景区化》，《钱江晚报》2012 年 6 月 22 日。

# 第六章
# 绿色低碳的生态城市发展

　　生态城市发展是浙江省城市化建设进入由量的增加向质的提高转变的重要标志，也是加强生态文明建设的核心内容之一。城市化作为现代化的两大目标之一，新时期，浙江省的城市发展不可能仅仅和 20 世纪中后期那样纯粹进行"环境污染治理"，而应将城市发展上升到"迈向城市生态文明的可持续发展"高度。借鉴国内外城市化过程的经验，高标准建设和改造城市，真正实现绿色低碳的生态城市发展，建设美丽浙江。

　　浙江省地处亚热带季风气候区，降水充沛，地形以山地和丘陵为主，森林覆盖率超过 60%，碳汇资源丰富。从能源生产力分析，在全国 31 个省级行政区中，浙江位居第三位。得天独厚的自然环境和高效成熟的产业发展，为浙江创建生态省和生态城市创造了优越的资源环境基础。

## 第一节　城乡一体化发展

　　城乡一体化和统筹城乡发展，是把城市与农村的发展作为一个整体而不是割裂地加以考虑。城乡一体化更多的是一种长远奋斗的目标，强调的是城乡融合的结果；而城乡统筹发展则主要是操作手段与实现路径，是用统筹的思想来指导发展的实践，强调的是过程。城乡一体化是要尽力消除城乡差别，实现城乡共同发展；统筹城乡发展则更强调在保留城市与农村自然特征的同时，实现城乡的协调发展。

### 一　浙江城乡一体化的经济发展背景

　　2014 年末浙江省人口为 5508 万，自然资源相对贫乏，在经济发展的自然资源条件方面并无优势。改革开放前，浙江的经济发展水平长期居于全国中游水平。2000 年以来，浙江省凭借其率先改革带来的体制创新优势，区域经济发展和城市化进程十分迅速，国内生产总值从 2000 年的 6141.03 亿元增加至 2013 年的 25294.3 亿元（2000 年不变价），连续多年位居国内各省、区、市第四位（见图 6-1）。近年来，浙江省的经济发展仍然保持高速增长的势头，成为国内外关注的焦点。在浙江现代化进程中，工业的发展起到了至关重要的作用，其主要标志就是经济总量的增长和工业在 GDP 中比重的不断增加。

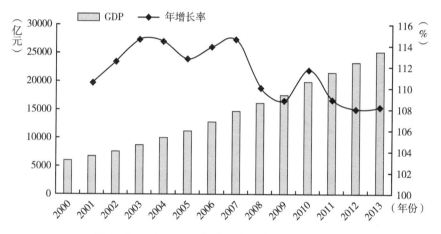

图 6 - 1　2000～2013 年浙江省经济总量增长情况
（2000 年不变价）

数据来源：《浙江统计年鉴 2014》，下同。

与此相对应，浙江经济在全国也名列前茅。2014 年浙江人均 GDP 为 72967 元（按年平均汇率折算为 11878 美元），为全国平均水平的 1.57 倍；城镇居民的人均可支配收入 40393 元，为全国平均水平的 1.4 倍，农村居民人均可支配收入为 19373 元，是全国的 1.85 倍。

从浙江产业结构的演进来看，地区产业结构多元化演进系数可以从整体上揭示地区社会经济发展过程的基本特征。该模型的数学表达式为

$$ESD = \sum (P/P, S/P, T/P) \qquad (1 \rightarrow \infty)$$

在这里，ESD 为地区产业结构多元化演进系数，$P$ 为第一产业产出，$S$ 为

第二产业产出，T为第三产业产出。产业结构多元化的值域可以从1到无穷大。

2000~2013年，浙江省产业结构多元化演进系数由9.7上升到27（见图6-2，2000年不变价），产业结构演进趋于成熟，第二产业的比重在49.1%~54.1%。2012年起，第三产业的比重达到45.2%，40年来首次超过工业，成为主导产业，产业结构调整进入新常态发展阶段，即产业结构优化升级稳步推进，节能降碳减排和生态文明建设向纵深发展，生态省和生态城市建设引领全国。

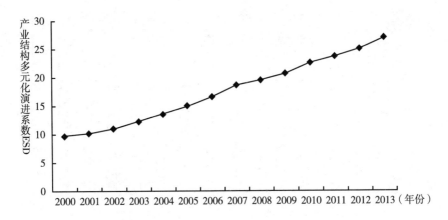

图6-2　2000~2013年浙江省产业结构演进情况
（2000年不变价）

## 二　城市化发展

2013年浙江省常住人口城市化率达64%。从城市化发展阶段看，浙江城市化已处于快速发展阶段的后期，即将进入成熟阶段。

浙江环杭州湾、温台、浙中三大城市群正加快形成，杭甬温都市区已现雏形。数据显示，占浙江全省陆域面积2.55%的城镇建设用地承载了浙江全省79%以上的GDP总量，杭甬温三大中心城市市区集聚了浙江省16.7%的人口，创造了浙江省1/3的地区生产总值。

城市群和都市区是浙江城市化的主要形态，增强了城市高端要素的集聚能力，加强了城市带动农村发展的辐射能力，夯实了城市宜居宜业的承载能力。

新型城市化为县城中小企业与城市产业的空间集聚和区域重组提供了新空间，浙江省已形成年销售收入 10 亿元以上的区块经济 312 个，年销售收入 100 亿元以上的区块经济 72 个。全省 42 个块状经济，正加快向现代产业集聚群转型升级。

城市化进程更催生了资源要素的聚变，促使总部经济、创意经济、网络经济、楼宇经济、空港经济等新型城市经济迅速成长，城市和县城经济总量占全省的比重已超过 60%。

浙江省在推进新型城市化过程中，始终把握以人为本的核心理念，大力推进城乡统一户籍管理制度改革，全面推行居住证制度。

从城市化率分析，2000 ~ 2013 年浙江省城市化率由 48.7% 提高到 64%（见图 6 - 3），根据诺瑟姆曲线，城市化发展进入成熟阶段。但从农业人口和非农业人口分析，浙江省农业人口比重仍居主导地位，2012 年非农业人口比重仅为城市化率的 50%，因此，浙江农业人口非农化转移与户籍制度改革具有很大潜力。

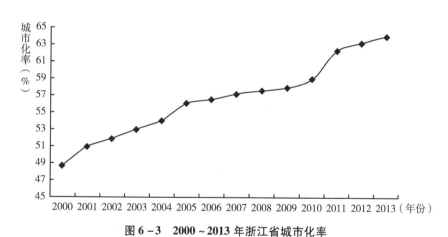

图 6 - 3　2000 ~ 2013 年浙江省城市化率

从浙江省城市化发展质量分析[①]，生态城市绿皮书《中国生态城市建设发展报告（2013）》的评估显示，杭州市位列生态城市、环境友好型城市、

① 孙伟平、刘举科：《中国生态城市建设发展报告（2013）》，社会科学文献出版社，2013。

资源节约型城市、循环经济型城市、景观休闲型城市、绿色消费型城市和综合创新型城市前 10 位，宁波位列环境友好型城市前 10 位。

2013 年，宁波市镇海区、洞头县、长兴县、嘉善县、淳安县、泰顺县、天台县、云和县、遂昌县、杭州市西湖区通过国家生态市（县、区）考核验收①。杭州市为第二批全国生态文明建设试点地区，嘉善县、淳安县、杭州市西湖区、宁波市镇海区、洞头县、天台县、长兴县、云和县、遂昌县、泰顺县、舟山市、丽水市、德清县成为第六批全国生态文明建设试点地区②。杭州市、丽水市和湖州市成为第一批国家生态文明先行示范区③，杭州市生态文明建设制度创新重点包括发展节能环保市场，推行排污权交易、环境污染第三方治理等制度，探索建立资源环境承载能力监测预警机制；湖州市生态文明建设制度创新重点包括探索建立生态文明建设考核评价制度，探索编制自然资源资产负债表，探索建立自然资源资产产权制度；丽水市生态文明建设制度创新重点包括探索建立体现生态文明要求的领导干部评价考核体系，探索健全自然资源产权、资产管理和监管体制等。

党的十八大和十八届三中全会、四中全会以来，生态文明制度建设和法制建设不断加快，浙江省需要在生态文明制度体系建设方面率先取得突破性进展，包括健全自然资源资产产权制度和用途管制制度，划定生态保护红线，探索编制自然资源资产负债表，实行资源有偿使用制度和生态补偿制度，改革生态环境保护管理体制等④。同时，率先探索用严格的法律制度保护生态环境，加快建立有效约束开发行为和促进绿色发展、循环发展、低碳发展的生态文明法律制度⑤。

---

① http：//sts. mep. gov. cn/stsfcj/bz/201311/t20131113_ 263249. htm.
② http：//www. mep. gov. cn/gkml/hbb/bh/201310/t20131021_ 261919. htm.
③ http：//www. sdpc. gov. cn/gzdt/201408/t20140804_ 621195. html.
④ 《中共中央关于全面深化改革若干重大问题的决定》，http：//www. gov. cn/jrzg/2013 - 11/15/content_ 2528179. htm.
⑤ 《中共中央关于全面推进依法治国若干重大问题的决定》，http：//www. gov. cn/xinwen/2014 - 10/28/content_ 2771714. htm。

### 三　浙江省城乡统筹工作进展

20世纪90年代中后期以来，浙江在加快推进城镇化和城市化建设的进程中，明确提出了城乡协调发展的目标和要求。1998年浙江省委九届十四次会议通过的《浙江省农业和农村现代化建设纲要》提出，"同步推进农业现代化、农村工业化和小城镇建设"，"加快小城镇建设，提高农村城镇化水平"。1999年，浙江省委、省政府制定的《浙江省城市化发展纲要》又明确提出，"全面提高城市整体素质，增强城市要素集聚和经济辐射功能，充分发挥城市在区域经济和社会发展中的核心作用，实现城乡协调发展"①。

2003年7月，中共浙江省委举行第十一届四次全体（扩大）会议，在总结浙江经济多年来的发展经验基础上，全面系统地总结了浙江省发展的八个优势，提出了面向未来发展的八项举措——"八八战略"，即进一步发挥八个方面的优势、推进八个方面的举措。具体内容包括：①进一步发挥浙江的体制机制优势，大力推动以公有制为主体的多种所有制经济共同发展，不断完善社会主义市场经济体制；②进一步发挥浙江的区位优势，主动接轨上海，积极参与长江三角洲地区交流与合作，不断提高对内对外开放水平；③进一步发挥浙江的块状特色产业优势，加快先进制造业基地建设，走新型工业化道路；④进一步发挥浙江的城乡协调发展优势，统筹城乡经济社会发展，加快推进城乡一体化；⑤进一步发挥浙江的生态优势，创建生态省，打造"绿色浙江"；⑥进一步发挥浙江的山海资源优势，大力发展海洋经济，推动欠发达地区跨越式发展，努力使海洋经济和欠发达地区的发展成为浙江省经济新的增长点；⑦进一步发挥浙江的环境优势，积极推进基础设施建设，切实加强法治建设、信用建设和机关效能建设；⑧进一步发挥浙江的人文优势，积极推进科教兴省、人才强省，加快建设文化大省。"八八战略"关于浙江的城乡协调发展、加快推进城乡一体化的决策部署，为浙江率先开

---

① 《浙江省2013年统筹城乡发展水平评价报告》，http：//www.zj.stats.gov.cn/tjfx_ 1475/tjfx_ sjfx/201410/t20141013_ 146241.html。

展城乡统筹发展水平综合评价奠定了基础。

2007年4月，浙江省发展和改革委员会、省统计局联合发布《浙江省2005年城乡统筹发展水平综合评价报告》，在全国首次对省域城乡统筹发展水平进行量化分析和评价，浙江省率先建立的统筹城乡发展水平综合评价指标体系，由统筹城乡经济发展、统筹城乡社会事业和基础设施、统筹城乡人民生活和社会保障、统筹城乡生态环境四大领域共20项指标构成（见表6-1）。该指标体系以2020年为目标，对城乡统筹发展水平的评价以45～60分、60～75分、75～90分、90分以上为标准，分为初步统筹、基本统筹、整体协调、全面融合四个阶段。

表6-1 浙江省城乡统筹发展水平综合评价

| 领域 | 序号 | 指标名称 | 单位 | 权数 | 目标值 |
|---|---|---|---|---|---|
| 统筹城乡经济发展 | 1 | 二、三产业从业人员比重 | % | 6 | 90 |
| | 2 | 一产劳动生产率 | 元/人 | 5 | 25000 |
| | 3 | 人均GDP | 元 | 6 | 80000 |
| | 4 | 人均地方财政收入 | 元 | 7 | 6500 |
| 统筹城乡社会事业和基础设施 | 5 | 财政支出中用于"三农"的比重 | % | 6 | 15 |
| | 6 | 标准化公路通行政村率 | % | 4 | 100 |
| | 7 | 农村安全饮用水覆盖率 | % | 4 | 90 |
| | 8 | 城乡生均教育事业费比率 | % | 5 | 100 |
| | 9 | 千人医务人员数 | 人 | 5 | 6 |
| | 10 | 农业技术人员占农业从业人员的比例 | ‰ | 4 | 10 |
| 统筹城乡人民生活和社会保障 | 11 | 城乡居民人均收入差距倍数 | 倍 | 10 | 2 |
| | 12 | 城乡人均生活用电支出比率 | % | 3 | 70 |
| | 13 | 城乡人均文化娱乐教育、医疗保健支出比率 | % | 3 | 60 |
| | 14 | 城乡信息化水平比率 | % | 3 | 80 |
| | 15 | 城乡低保水平差异度 | 分 | 3 | 1 |
| | 16 | 参加社会保险人数占全社会从业人员比重 | % | 10 | 80 |
| 统筹城乡生态环境 | 17 | 环境质量综合评分 | 分 | 5 | 6 |
| | 18 | 农村垃圾收集处理率 | % | 3 | 100 |
| | 19 | 农村卫生厕所普及率 | % | 4 | 95 |
| | 20 | 村庄整治率 | % | 4 | 100 |
| 合 计 | | | | 100 | |

相对 2020 年的目标值，2005 年浙江省城乡统筹发展水平的综合得分为 61.87 分，属基本统筹阶段；到 2013 年，全省城乡统筹发展水平综合评价得分为 88.49 分，全省城乡统筹发展水平处于整体协调向全面融合推进阶段（见图 6 - 4）。

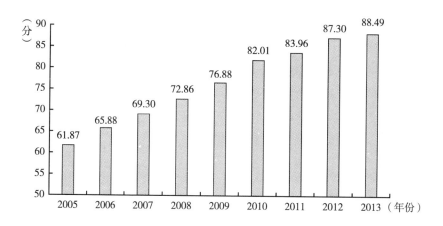

**图 6 - 4　浙江省 2005～2013 年城乡统筹发展水平评价得分**

2013 年，浙江省经济发展、公共服务、人民生活、生态环境四大领域统筹水平平稳发展，目标实现度分别为 86.2%、94.5%、83.9%、89.8%；全省 33 项指标实现度除第一产业增加值增长率等少数指标有所回落外，绝大部分指标呈现较快增长。实现度在 90% 及以上的指标有 16 项，占 48.5%；实现度在 75%～90% 的指标有 11 项，占 33.3%；实现度在 60%～75% 的指标有 4 项，占 12.1%；实现度在 60% 以下的指标有 2 项，占 6.1%（见图 6 - 5）。

2013 年，11 个设区市加大统筹城乡力度，统筹水平进一步提升。从总体发展水平看，嘉兴、宁波、舟山、杭州、湖州 5 个市得分在 90 分以上，处于全面融合阶段，其中舟山和湖州 2 个市为新进入地区；绍兴、台州、金华、温州 4 个市得分超 80 分，仍处于整体协调阶段；衢州、丽水 2 个市得分尚未达到 75 分，仍处于基本统筹阶段（见图 6 - 6）。

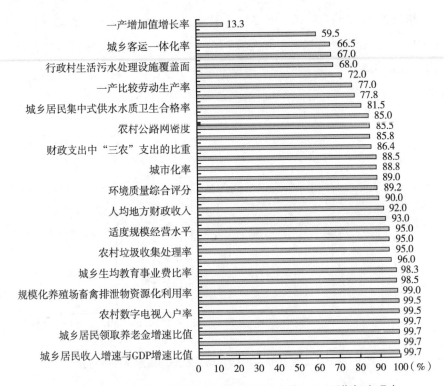

图6-5　2013年浙江省统筹城乡发展水平评价体系33项指标实现度

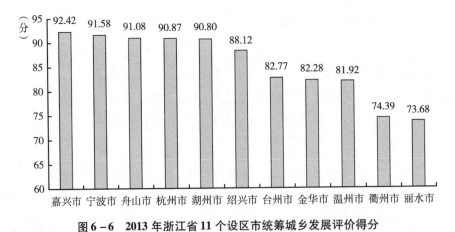

图6-6　2013年浙江省11个设区市统筹城乡发展评价得分

2013年，全省61个按一级财政体制结算的县（市、区）统筹城乡发展水平整体保持稳步提升态势。柯桥区等11个县（市、区）处于全面融合阶段，海盐县等 31 个县（市、区）处于整体协调阶段，云和县等 19 个县（市）处于基本统筹阶段。

1. 11 个县（市、区）处于全面融合阶段

2013 年，全省共有 11 个县（市、区）的得分在 90 分以上，占 18.0%，处于全面融合阶段。按得分高低依次是：柯桥区、余杭区、慈溪市、萧山区、鄞州区、海宁市、嘉善县、德清县、余姚市、平湖市、桐乡市（见图 6 - 7）。其中，平湖、桐乡 2 个市为新进入地区。

2. 31 个县（市、区）处于整体协调阶段

2013 年，全省共有 31 个县（市、区）的得分在 75 分以上，占 50.8%，处于整体协调阶段。按得分高低依次是：海盐县、长兴县、桐庐县、玉环县、义乌市、岱山县、安吉县、富阳市、诸暨市、临安市、温岭市、宁海县、嵊泗县、象山县、奉化市、永康市、上虞区、瑞安市、洞头县、东阳市、嵊州市、新昌县、乐清市、建德市、武义县、临海市、三门县、浦江县、江山市、龙泉市、磐安县（见图 6 - 8）。其中，江山、龙泉、磐安 3 个县（市）为新进入地区。

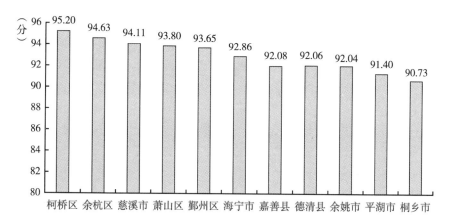

图 6 - 7　2013 年 11 个处于全面融合阶段的县（市、区）得分

3. 19 个县（市）处于基本统筹阶段

2013 年，全省有 19 个县（市）仍处于基本统筹阶段，占 31.1%。按得

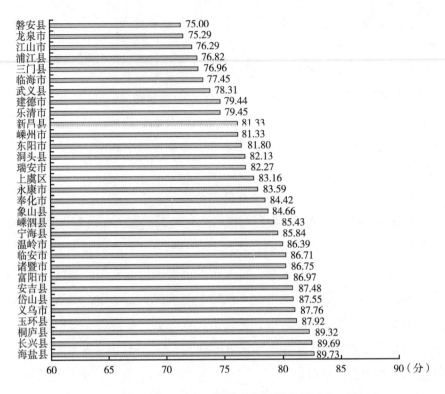

图6-8　2013年31个处于整体协调阶段的县（市、区）

分高低依次是：云和县、遂昌县、永嘉县、淳安县、苍南县、兰溪市、平阳县、天台县、文成县、龙游县、松阳县、仙居县、景宁县、庆元县、泰顺县、常山县、青田县、开化县、缙云县（见图6-9）。

评价结果显示，2013年，全省统筹城乡发展总体呈现三大提升发展态势：重点领域统筹城乡发展水平明显提升，四大领域中生态环境领域发展取得明显成效，特别是水环境质量得到明显改善，统筹发展水平目标提升度居四大领域之首。薄弱环节统筹城乡发展水平加快提升，目标实现度最低的人民生活领域与目标实现度最高的公共服务领域的差距逐步缩小。欠发达地区统筹城乡发展水平整体提升，全省26个欠发达尤其是11个重点欠发达县（市）的统筹城乡发展水平平均得分增幅均高于全省61个县（市、区）平均增幅（见图6-10）。

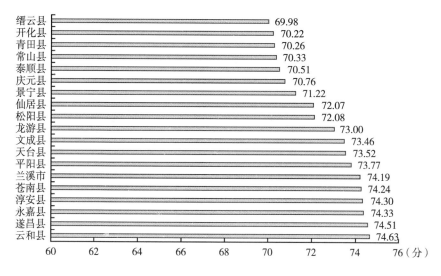

图6-9　2013年19个处于基本统筹阶段的县（市）

2013年，浙江省城乡统筹发展水平稳中有进、进中向好，但也面临一些新情况、新问题。一是农民加快增收的压力较大，提高农业产出水平的任务艰巨。全省农业抗风险能力还比较弱，农业产出易受自然环境和市场环境等多重因素影响。2013年，全省第一产业增加值增长率目标实现度只有13.3%，并出现逆向变化；有9个设区市、41个县（市、区）的第一产业增加值增长率低于上年；有5个设区市、30个县（市、区）的第一产业比较劳动生产率得分下降，农业产出效率稳步提升难以保持。二是生态环境保护的压力较大，改善生态环境质量的任务艰巨。尽管浙江省全面加强水环境治理、水环境质量得到明显改善，但是全省各地空气质量不容乐观，雾霾天气时有发生。2013年，全省11个设区市和61个县（市、区）中，仅云和、龙泉、桐庐的环境空气达标率没有下降，大气污染环境形势异常严峻。三是财政持续增收的压力较大，加大城乡统筹投入的任务艰巨。2013年，全省财政总收入增长7.8%，增幅比2012年下降0.4个百分点。随着经济发展进入新常态，政府财政收入高速增长难以维持，城乡统筹投入水平要保持高位难度加大。

根据上述新情况、新问题，结合建设"两富"和"两美"浙江以及推

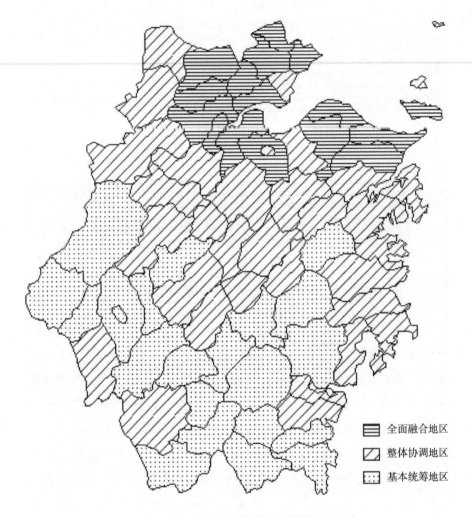

全面融合地区

整体协调地区

基本统筹地区

**图 6－10　2013 年浙江省统筹城乡发展水平分布**

进新型城市化的有关要求，在更高水平上实现城乡融合发展，努力使浙江人民更加富裕、环境更加秀美、社会更加和谐。

　　——推进农业提质增效，着力富裕农民口袋。以提高劳动生产率和农民持续增收为重点，全面实施农业"四换三名"工程，将"腾笼换鸟、机器换人、空间换地、电商换市"的理念运用于农业发展，培育农业名企、名品、名家。加快淘汰落后生产方式，提升农业经营主体水平；着力推进农业信息化，提高农业生产效益；努力推进农业科技创新，促进集聚高效发展；积极创新农产品产销模式，拓展农民增收渠道。

　　——加强生态环境保护，着力美化城乡环境。以全域统筹、全程治理、全民参与为重点，大力实施"五水共治""三改一拆""四边三化"和雾霾治理、节能减排、美丽乡村建设等专项行动，通过全领域覆盖、全方位推进、全天候监测，进一步改善城乡面貌，打造城乡优美人居环境。

　　——深化城乡体制改革，着力缩小城乡差距。以促进城乡要素有序流动和增强农村内生活力为重点，深入推进农村三权改革，积极推进户籍制度改革，鼓励引导农业转移人口落户城镇；总结推广嘉善、德清、海宁等地县域科学发展、城乡体制改革、资源要素市场化配置改革等试点经验，在坚持以工促农、以城带乡的同时，充分激发农村的内生活力，促进城乡一体化发展。

## 第二节　推进低碳城市建设

　　要减缓全球气候变暖，必须制定全方位的政策，从调整能源结构、提高能源效率、改善城市规划等各方面入手，减少温室气体排放。制定全方位应对气候变化的策略，需要整合和协调不同政策部门的工作，关键便是当地政府的政治意志。国外一些大城市如伦敦、东京和纽约，北欧城市如哥本哈根、马尔默、奥斯陆、松德堡，日本的北九州市、京都市、横滨市等，是低碳城市建设方面的领跑者。为了加强世界大城市间的合作，削减温室气体排放量，2005 年全球 40 多个大城市发起成立"世界大都市气候先导集团"（C40），分别于 2005 年在伦敦、2007 年在巴厘岛、2009 年在首尔先后召开三次会议，确认解决气候变化问题的钥匙在城市自己手中。

　　在发达国家和国际大都市积极采取行动向低碳经济转型的同时，2010年，国家发展和改革委员会发布《国家发展改革委关于开展低碳省区和低碳城市试点工作的通知》（发改气候〔2010〕1587 号），确定广东、辽宁、湖北、陕西、云南五省和天津、重庆、深圳、厦门、杭州、南昌、贵阳、保定八市为我国第一批国家低碳试点。

2012 年 11 月，《国家发展改革委关于开展第二批低碳省区和低碳城市试点工作的通知》（发改气候〔2012 年〕3760 号文件），确立了包括北京市、上海市、海南省和石家庄市、秦皇岛市、晋城市、呼伦贝尔市、吉林市、大兴安岭地区、苏州市、淮安市、镇江市、宁波市、温州市、池州市、南平市、景德镇市、赣州市、青岛市、济源市、武汉市、广州市、桂林市、广元市、遵义市、昆明市、延安市、金昌市、乌鲁木齐市共 29 个城市和省区为我国第二批低碳试点。

至 2014 年 10 月，我国已确定了 6 个省区低碳试点，36 个低碳试点城市，31 个省、区、市中除湖南、宁夏、西藏和青海以外，每个地区至少有一个低碳试点城市，即低碳试点已经基本在全国全面铺开。

低碳试点工作的 6 项具体任务包括：一是明确工作方向和原则要求，把全面、协调、可持续作为开展低碳试点的根本要求，以全面落实经济建设、政治建设、文化建设、社会建设、生态文明建设五位一体总体布局为原则；二是编制低碳发展规划；三是建立以低碳、绿色、环保、循环为特征的低碳产业体系；四是建立温室气体排放数据统计和管理体系；五是建立控制温室气体排放目标责任制；六是积极倡导低碳绿色生活方式和消费模式。

杭州是浙江省第一批国家低碳试点城市，宁波和温州是第二批国家低碳试点城市，通过比较分析杭州、宁波和温州 3 个城市低碳发展的实践与探索，为浙江全省全面建设低碳城市、开展生态文明建设提供有益的借鉴。

## 一　杭州积极推进"六位一体"低碳城市建设

为全面贯彻落实科学发展观，深入实施"环境立市"战略，杭州以列为第一批国家低碳试点城市和全国第二批生态文明建设试点城市为契机，以理念创新为先导，以技术创新为支撑，以制度创新为保障，以降低二氧化碳排放强度为主要标志，积极探索经济以低碳产业为主导、市民以低碳生活为行为特征、城市以低碳城市为建设蓝图，体现中国特色、时代特点、杭州特征的低碳发展道路，着力推进低碳经济、低碳建筑、低碳交通、低碳生活、低碳环境、低碳社会"六位一体"的低碳城市建设。

1. 培育低碳产业，打造低碳经济

构筑低碳产业支撑体系。以调整经济结构、转变发展方式为主线，加快建立"3＋1"现代产业体系（"3"就是现代农业、现代工业、现代服务业，"1"就是文化创意产业），打造"全国文化创意产业中心"和"世界电子商务之都"，实现从"杭州制造"向"杭州创造""杭州服务""杭州创意"的历史性跨越，推进产业结构向低碳化方向发展。发展低碳科技，加强与名校大所的合作，建立低碳实验室，推动建立以企业为主体、产学研相结合的低碳技术创新与成果转化体系。倡导低碳设计，以设计为起点降低产品在制造、储运、流通、消费乃至回收等各个环节的物质和能源消耗，从设计的角度引导人们的消费观念，促进人们形成低碳消费习惯。发展新能源产业。设立新能源产业专项扶持资金，制定新能源产业专项发展规划，规划建设新能源产业基地，加大招商引资和现有企业培育力度，加快打造以太阳能光伏和风电产业为重点的产业链，积极发展节能环保、新能源汽车、新光源、生物质能、核电设备制造等相关产业，培育壮大低碳产业集群。推进能源结构调整，在生产、生活领域积极推广太阳能、沼气、天然气、地热等清洁能源的综合利用，合理调整煤、电、油、气使用比重，最大限度地减少煤炭、石油等化石燃料的使用，推动电力结构由单一煤电向煤电、气电、太阳能等可再生能源发电、垃圾和秸秆等生物质能发电并举的方向发展。

推进工业节能减排减碳。综合运用经济、法律、环保和必要的行政手段，坚决淘汰轻工、纺织等行业的落后产能，坚决防止产能过剩行业生产能力扩张和重复建设，坚决禁止限期淘汰的落后装备擅自扩容改造和异地转移。推进工业企业脱硫除尘改造，严格落实污染物达标排放。加快物流园区建设，有效整合物流资源。大力推广节能、节水、节材型产品和技术，最大限度地节约能源，降低碳排放。积极开展"绿色企业"创建工作，对年用能3000吨标准煤以上固定资产投资项目严格执行节能评估和审查制度，建设一批工业循环经济示范企业和示范园区。推进节约用材，使用可再生材料和可替代材料，努力降低原材料消耗水平。提高工业废水、废气和余热综合回收利用率，发展循环经济。建立再生资源集散、加工中心，培育一批符合国家产业政策、使用最新技术、具有一定规模的废旧汽车加工回收、废旧金属加工回收、废旧塑料加工回收等重点静脉产业企业，构建和完善再生资源回收利用网络体系。

2. 推进建筑节能，打造低碳建筑

实施"阳光屋顶示范工程"。加快实施国家"太阳能光电建筑应用示范项目"、省"百万屋顶发电计划"，大力推进杭州"阳光屋顶示范工程"，充分利用公共建筑、工业建筑、住宅建筑、公共设施等各类建筑和构筑物表面（含屋顶、幕墙等），加装太阳能光伏电池组件、电能控制系统和并网系统，实现光伏发电在建筑领域的推广应用。率先启动地铁、东站枢纽、奥体博览中心、杭师大新能源学院等重大工程的光伏发电建筑应用试点工作，将"中国杭州能源与环境产业园（一期）2兆瓦光电建筑并网发电项目"建设成为浙江省乃至全国第一个兆瓦级屋顶光伏并网发电项目。

实施城市"绿屋顶"计划。推行立体绿化政策和技术标准，推动立体绿化走上制度化、规范化轨道。积极探索立体绿化和垂直绿化的新方法、新品种，继续做好见缝插绿、破墙透绿、合理播绿、全民植绿文章，凡新建项目有条件的裙房首先实施屋顶绿化，安全许可的高架立柱、市政干道的边坡和挡土墙以及河岸驳坎都同步实施绿化覆盖，提高城市立体空间的绿色浓度，降低城市热岛效应。

推进建筑节能改造。结合庭院改善、危旧房改善等城市有机更新工程，实施建筑节能改造，提高建筑保温节能效果。组织实施低能耗、绿色建筑示范项目，大力推广节能省地环保型建筑，积极推动可再生能源与建筑一体化发展。对全市各类建筑进行节能"绿色评级"并颁发相应的节能等级证书。制定建筑节能地方性条例，推广"可持续建筑标准"，普及设计环节标准化、施工环节规范化和验收环节闭合化的建筑节能管理模式，规范节能建筑设计标准和图集、施工技术规程、验收规范、运行管理规则，依法推进建筑节能工作。

3. 倡导绿色出行，打造低碳交通

发展"免费单车"服务系统。按照就近布点、通租通还、建立配送系统和彰显城市美学的要求，进一步完善"免费单车"服务系统，加快建设自行车专用道特别是市区河道慢行交通系统，使"免费单车"真正发挥大公交体系的纽带作用，成为杭州打造"低碳城市"过程中的最大亮点和特色。深入开展无车日活动，组织系列绿色出行的主题宣传活动，倡导市民选择低能耗、低排放的低碳交通出行方式，少开私家车、多乘公交车、多骑自行车，实现无车日活动常态化，缓解交通"两难"，保护生态环境，促进全民健身。

打造"五位一体"公交零换乘城市。坚持"公交优先"，加快构建地铁、公交车、出租车、水上巴士、免费单车"五位一体"的大公交体系，建成全国乃至世界第一个实现地铁、公交车、出租车、水上巴士、免费单车5种公交方式"零换乘"的城市，确立城市公共交通在城市交通中的优先地位，打造低碳化城市交通系统。积极推进智能化交通及设施建设，增加交通运输中的科技含量，减少迂回运输、重复运输、空车运输，降低碳排放，营造"清洁、静谧、健康、有序"的交通环境。

严格执行机动车低排放标准。机动车严格执行国Ⅲ标准，新购或外地转入的机动车辆必须达到国Ⅲ及以上排放标准，方可办理车辆注册登记手续，新增公交车辆执行欧Ⅳ排放标准。扩大市区高污染机动车辆限行范围，鼓励提前淘汰主城区高污染机动车辆。积极扩大新能源汽车的应用试验，发展低排放、低消耗交通工具。

4. 倡导绿色消费，打造低碳生活

倡导低碳生活方式。提倡"减碳饮食"，多食蔬菜少食肉类，特别是食用本地的、当季的、有机的、天然的食物；提倡"低碳着装"，引导市民更多关注并减少服装碳排放；开展节能减碳全民行动，引导市民崇尚节约、反对浪费、合理消费、适度消费；促进人们日常生活中衣、食、住、行、用等方面从传统的高碳模式向低碳模式转变，养成健康、低碳的生活方式和生活习惯，消除碳依赖。引入碳足迹理念，在相关网站设置碳排放计算器，让个人和组织能够评估自己对环境造成的影响，为评估未来的减排状况设定基线，呼吁企业将评估碳足迹作为其社会责任的重要一环，引导个人和组织"擦掉碳足迹，进行碳补偿"。

编写低碳生活家庭行为手册。系统介绍在家庭生活中采取减少碳排放和实现低碳生活的方法，在家用电器、家庭照明、用水用气、适度装修、垃圾分类、旧物利用、饮食方式、交通出行等方面，引导人们在日常生活中做好节能减排减碳，在全市家庭中推行"绿色居家准则"。

建设健康城市。从日常生活入手，以合理膳食、适量运动、控烟为切入点，加大建设健康城市宣传力度，组织开展健康主题活动，设计推广控油用品，开展公共场所控烟活动，建设一批健康教育和健康促进阵地，广泛调动人民群众参与建设健康城市的主动性、积极性和创造性，增强人民群众的健康意识，提高人民群众的健康素质。

5. 加强生态建设，打造低碳环境

建设国家森林城市。倡导"让城市融入森林，让森林拥抱城市"的理念，大力开展全民绿化植树活动，人人成为杭州的护绿使者，实现从注重绿化率向注重林木覆盖率的提升、从注重视觉效果为主向注重生态效果为主的提升、从注重绿化用地面积向注重绿化空间的提升、从注重建成区绿化向注重城乡统筹绿化的提升，营造"城在林中，林在城中，人在绿中"的最佳人居环境，培育城市"碳中和"能力，造福于城市、造福于百姓。打造"五水共导"城市。依托杭州有江、有河、有湖、有海、有溪（湿地）的自然禀赋，利用杭州湾、钱塘江、西湖、西溪湿地、运河、市区河道以及萧山湘湖、余杭南湖等水资源，深入实施西湖、西溪湿地、运河、市区河道综合保护工程，打造"五水共导"的"生活品质之城"，充分发挥水资源的减碳功能。保护好六条生态带。保护好西部、西北部、北部、西南部、南部、东部六条生态带，实现城市建设"留白"，不突破生态极限，不随意调整生态带保护用地，严格控制生态带建筑密度，严格控制新建项目，加强对生态带内违法建筑查处和污染源治理的力度，防止主城、副城、组团建设向生态带蔓延，打造具有杭州特色的生态带"积极保护"模式，保护好城市的碳汇生命线。发展壮大生态经济，持续改善生态环境，大力弘扬生态文化，统筹城乡环境保护工作，建立生态补偿机制，明显改善城乡环境质量，特别是大气和地表水质量，营造全民共建共享生态文明的社会氛围，形成碳源和碳汇城乡互哺格局。

6. 变革城市管理，打造低碳社会

践行"紧凑型城市"发展理念。引入低碳理念指导城市规划编制，围绕"大疏大密"指导方针，加快建设新城和多功能、高效率的城市综合体，推进市域网络化大都市建设，加强土地的节约集约化利用，降低城市居民生活成本和企业商务成本，减少摊大饼式城市扩张带来的资源和能源浪费，形成低碳化城市发展新格局。建设中国杭州低碳科技馆，突出"低碳与生活"主题，打造低碳科技普及中心、"绿建筑"展示中心、低碳学术交流中心和低碳信息资料中心，把中国杭州低碳科技馆建设成为中国乃至世界上第一个以低碳为主题的科技馆。

打造"低碳社区"。借鉴国际低碳社区、"碳中和"社区成功经验，积极探索"零碳、零废弃物、可持续性交通、当地材料、本地食品、水低耗、动物和植物保护、文化遗产保护、公平贸易、快乐健康的生活方式"等低碳生活模式，推广低碳社区规划手段、建筑技术和管理方式，打造一批标杆性"低碳社区"。加快对政府、商务办公大楼进行低碳化运行改造，更换节能灯，安装太阳能照明系统，控制空调使用，选用节能电脑和办公设备，推广电子商务和电子政务，实现无纸化办公或尽量采用纸张双面打印，建立办公大楼能源需求与使用管理系统。开展低碳主题科普宣传进校园活动，开展百场科普讲座进校园、外来务工创业人员子弟学校科普"五个一"套餐配送活动，邀请专家学者进校园宣讲低碳知识，进行低碳科技图片展览，引导学生了解低碳知识，提高学生的节能意识，培养学生低碳生活习惯。打造"垃圾清洁直运"杭州模式。坚持直运为主、中转为辅，焚烧为主、填埋为辅，分散为主、集中为辅，总结推广桶车直运模式的经验和做法，开展动态管道直送模式试点，抓好现有垃圾焚烧厂改扩建和新建垃圾焚烧厂选址，提升改造老城区现有垃圾中转站，推进垃圾集疏运模式、中转模式、末端处理模式的历史性调整和转变，打造国内领先、世界一流的"垃圾清洁直运"模式，实现垃圾处理环节的低碳化。

## 二 宁波市低碳城市试点工作实施方案

开展国家低碳城市试点是推进科学发展、建设生态文明的重要举措。宁波作为一个比较发达的沿海港口城市，改革开放以来，工业化水平持续提升，城市规模不断扩大，城乡居民生活水平稳步提高，但同时，能源、资源和环境的制约日益凸显，经济、社会、生态的协调和可持续发展面临考验。顺应国际潮流，建设具有宁波特色的低碳发展体系，是破解资源环境约束、加快转型升级、拓展发展新空间和推进生态文明建设的必然选择。

宁波市低碳城市试点工作的总体目标是，到2015年，碳排放总量进入平缓增长期，碳排放强度得到有效控制，万元生产总值碳排放比2010年下降20%以上，万元生产总值能耗比2010年降低18.5%，服务业增加值占生产总值比重达45%，非化石能源消费量占一次能源消费总量的比重达2.1%，清洁能源消费量占一次能源消费总量比重达16%，森林覆盖率达50.5%，森林活立木蓄积量1473万立方米，森林年吸收二氧化碳量达480万吨。不断优化低碳发展的体制机制，在试点领域探索建立可持续的低碳运行模式、可推广的低碳示范标准、可核查的碳排放账户、可操作的低碳配套政策。

到2020年，碳排放总量与2015年基本持平（在"十三五"期间达到峰值），碳排放强度呈加速下降态势，万元生产总值碳排放比2005年下降50%以上。能源结构继续改善，煤炭消费实现负增长，非化石能源占一次能源消费比重明显提高，天然气消费占化石能源消费比重上升到20%以上；能源效率进一步提高，能源弹性系数降低到0.3以下。产业结构进一步优化，服务业增加值占生产总值的比重超过50%；有利于低碳发展的体制机制不断完善，低碳发展逐步占据主导地位。

低碳城市试点工作的主要任务如下。

1. 推进产业低碳化发展

（1）优化发展临港工业，稳定重点行业碳排放总量。推进临港工业基地化、循环化、高端化，依托现有临港产业集聚区，积极推动石化、钢铁、造船、汽车等临港工业的整合提升，不断完善临港工业循环产业链，打造市场前景好、产出效益高、排放能达标的临港先进制造业集群。落实相关临港产业规划，电力行业鼓励发展大型燃气发电机组，"十二五"期间原则上不再新上燃煤发电机组；石化行业重大装置在"十三五"期间基本布局完成；钢铁行业着力于调整优化产品结构，能耗总量不再扩容。

（2）加快现代服务业发展，实现结构化减碳。做大服务业规模。按照提速、提质、提能级的要求，着力打造"三位一体"港航物流服务体系，加快发展总部经济、电子商务、服务外包等新兴服务业态，全面提升"安民、乐民、健民"的生活服务功能，努力构建结构合理、特色鲜明、支撑有力、竞争力强的现代服务业体系。到2015年，服务业主营业务收入超过20000亿元，服务业增加值达到4500亿元。

（3）积极发展低碳农业，促进高效化、生态化发展。大力推广应用农业生态技术和免耕、少耕技术，规模化、生态化处置利用秸秆和畜禽养殖排泄物，到"十二五"末，农田测土配方施肥面积达到350万亩，测土配方施肥技术覆盖率达到85%以上，农作物秸秆综合利用率达到95%以上，规模化畜禽养殖排泄物综合利用率达到97%以上。

2. 优化调整能源结构

（1）提高天然气消费比重。多渠道拓展天然气气源，提高天然气供应能力，2015年全市天然气接收能力达到90亿立方米。扩大天然气管网覆盖范围，2015年中高压主干网覆盖宁波所有县（市）区（城区部分），中心城区供气管网全覆盖，天然气居民用户达到100万户以上。积极推进中心城区锅炉"煤改气""油改气"工作，鼓励发展分布式能源系统，三江片全部建成无燃煤区。

（2）扩大非化石能源利用规模。加大风电开发力度，重点发展象山檀头山、高塘等海岛风电场，推进象山、慈溪海上风电场建设，到2015年风力发电装机容量争取达到70万千瓦以上。鼓励太阳能开发利用，实施阳光屋顶计划，开展分布式太阳能光伏发电示范，2015年实现太阳能光伏开发规模达到4万千瓦，太阳能热水器集热面积达到120万平方米。加快生物质能利用，实施慈溪、鄞州、宁海和象山的大型畜牧养殖场和垃圾填埋场的沼气发电工程。大力推广使用地源（水源）热泵空调系统、空气源热泵热水系统，2015年实现地源热泵空调应用面积达到350万平方米，空气源热泵安装功率达到80万千瓦。

3. 持续提升能效水平

（1）强化工业节能工作。加强对重点用能单位和耗能项目的监督管理，充分利用能源审计和清洁生产审核手段，抓好重点用能行业的节能降耗工作，积极淘汰落后产能。积极推广应用能源生产、转化和输送等领域的节能技术，加快智能电网建设，提高电力的输送能力、城乡配电适应能力和可再生能源接受能力，降低输变配电损耗。

（2）提高建筑用能效率。开展"宁波地区低碳建筑节能标准研究"，推进可再生能源建筑应用示范城市建设，全面推广使用节能及再生建材、节能设备，积极开展分布式能源系统的应用试点。大力推进现有建筑的节能改造。争取到"十二五"末20%新增建筑面积使用先进的热泵热水和空调系统。

（3）构建低碳交通运输体系。加快发展低碳物流，完善物流信息平台，创新物流业务模式，推动"双重运输"，积极推进海铁联运、江海联运，打造高效的城乡配送体系。大力推广低碳公交，全面建设方便快捷、覆盖城乡的公交系统网，提高居民公共交通出行比率。加快城市轨道交通建设，到2015年建成运营轨道交通1号全线、2号线一期工程。完善城市自行车道路管理，逐步建立公用自行车租用服务网络。加快提高车辆节能水平，积极推广交通节能新产品、新技术。探索城市公交电动化和供电绿色化。加大交通系统"油改气"工作力度。

（4）倡导低碳生活。积极创建低碳社区、低碳学校、低碳家庭。普及低碳科普知识，推广低碳标识应用，完善低碳消费政策，编写市民低碳行为导则和能源资源节约公约，积极引导合理选购、适度消费、简单生活等绿色消费理念。建立城市垃圾资源化综合利用体系，争取到"十二五"末，在市区建立15万户居民家庭垃圾分类试点，资源化利用率提高到70%。

4. 提高生态碳汇水平

（1）推进"森林宁波"建设。全面推进森林城市、森林城镇和森林村庄创建，力争到2020年全市森林覆盖率达到51%，城市建成区绿地率达35%以上，人均公园绿地面积达12平方米以上。实施沿海防护林提升工程，全面建成沿海绿色生态屏障。继续推进公路、河网两边绿化建设，建设城市生态廊道。扩大生态公益林规模，2015年全市生态公益林面积达到400万亩。提升绿化的固碳效益，开展森林质量提升工程，加快低产林改造步伐，加快大径材、珍贵用材林建设，引导发展竹木产品制造。

（2）加强对生态湿地的保护。推动湿地保护和合理利用示范工程建设。以杭州湾、三门湾等生态湿地建设为样板，细化全市滨海、滨湾、滨湖、临河、临溪等自然湿地保护区域，加强湿地区域管制和合理利用，更好地发挥湿地的生态价值。

（3）增强海洋碳汇能力。加快建设"海洋牧场"。通过人工鱼礁、海藻移植等方法，吸引海洋中的生物在海洋牧场区集聚，改善近岸富营养化的海域环境，达到固碳减氮磷的目的。到2020年，建成6个以上人工鱼礁区，建礁区面积6000公顷，在象山港、渔山等海域移植海藻600亩，建设海草场。

5. 大力发展低碳新兴产业

（1）推进低碳技术产业化。搭建低碳技术研发平台，鼓励产学研联合，建立以企业为主体的低碳技术专门研究机构，开展低碳发展专项技术研究，建立低碳高新技术项目储备库。围绕工业、建筑、交通、固碳增汇等重点领域，制定产业化推广目录，鼓励关键实用技术的引进或研发，打造一批低碳产业基地。大力发展新能源产业，重点发展太阳能光伏设备、风电整机和配套设备、地源（水源）热泵、动力和储能电池、智能电力输变电设备等新能源设备制造业。

（2）构建节能环保专业服务体系。突出标准的先导引领作用。建立完善评价指标、技术规范、管理指南、产品标识等标准体系，研究制定符合宁波产业特点的行业低碳技术标准，提升标准化组织管理能力。

培育发展能效提升的服务产业。实施低碳市场服务体系培育工程，推行合同能源管理，扶持一批综合性的节能低碳服务公司，鼓励发展专业的低碳投资公司等。培育发展节能量、碳排放量审核、碳汇计量等机构，鼓励开展低碳发展信用评级、低碳技术评价等相关服务。

加快节能产品推广应用。开展节能产品认证和能源管理体系认证，鼓励企业进行 ISO 14064 和 ISO 14065 温室气体计算与验证，完善节能产品政策扶持体系，制定相关扶持办法，加大节能产品政府采购力度。

6. 强化低碳支撑能力建设

编制低碳发展规划和实施方案，增强温室气体核算能力。在此基础上，完善市场引导机制，加快发展节能环保服务产业，探索能源交易市场和碳排放交易试点。

（1）建立温室气体统计核算体系。编制宁波市温室气体清单。先行启动 2005 年温室气体清单编制工作，同步开展宁波市 2006～2011 分年度清单编制工作，实施逐年常态化清单报告编制工作。同步推进清单信息数据库平台建设。

建立温室气体排放基础统计制度。将温室气体排放基础统计指标纳入政府统计指标体系，建立健全适应温室气体排放核算的统计体系。在中心城区垃圾分类处理、绿色物流、城市公交电动化等试点领域，建立可核查的减碳账户，完善重点排放单位温室气体排放和能源消费的台账记录。

（2）加强市场机制引导。建立绿色信贷机制。构建由政府引导资金、商业银行配套资金等组成的"资金池"，商业银行按照转型升级、低碳发展的要求，探索建立绿色信贷机制和项目评估标准，对"资金池"进行封闭运作、循环使用、定向投放，为实施企业提供低息贷款。企业以项目收益或碳减排量交易收益作为还本付息的来源。

探索建立碳排放交易市场。研究确定重点行业和重点企业的碳排放权，建设集登记、注册、竞价、交易、结算、清算、认证、监督等功能于一体的碳排放权交易平台，打造区域碳交易市场体系，在条件成熟时开展碳交易试点。

## 三 温州市低碳发展实践经验

### 1. 温州市低碳发展的成效与优势

（1）低碳发展基础扎实。2010 年全市化石能源消费产生的二氧化碳排放总量约 3251 万吨，全社会二氧化碳排放总量约 3537 万吨，单位 GDP 二氧化碳排放强度为 1.21 吨/万元，人均二氧化碳排放量 3.88 吨，低于浙江省和全国平均水平；单位 GDP 能耗从 2005 年的 0.76 吨标准煤/万元降到 2010 年的 0.59 吨标准煤/万元（用能水平居全省第二），五年累计节约能量约 334 万吨标准煤。

（2）出台低碳系列政策。市委市政府高度重视低碳发展，着力打造低碳城市。先后制定出台了《温州市发展低碳经济及应对气候变化"十二五"规划》《温州市循环经济"12555"行动计划》《温州市能源发展"十二五"规划》等规划和方案，加快全市低碳发展工作部署。

（3）大力推广低碳技术。2008 年以来，累计实施 308 个低碳及节能降耗项目，创建 232 家省级、190 家市级清洁生产企业和 27 家省级绿色企业。智能电网技术、系列化光伏并网发电逆变器及控制系统、大容量风力发电逆变器及控制系统等新兴产业低碳技术国内领先。

（4）碳汇走在全国前列。2008 年，温州申请建立了全国第一个地级市的中国绿色碳基金专项，全面启动了碳汇造林工作。先后在苍南县建立了中国绿色碳基金第一个标准化造林基地，在文成县建立全国第一个森林经营增汇项目，制定了中国第一个森林经营增汇项目的技术操作规程，打造了全国第一个"零排放"专业市场等，林业碳汇工作走在全国前列。2009 年温州市荣获全国政协颁发的"低碳中国贡献城市"奖。

（5）金融改革政策机遇。2012 年 3 月 28 日，国务院常务会议批准实施《浙江省温州市金融综合改革试验区总体方案》，要求温州通过体制机制创新，构建与经济社会发展相匹配的多元化金融体系，为全国金融改革提供经验。温州民间资本雄厚、金融活跃，温州人勇于创新，在国家金融综合改革试验区的政策机遇下，有望开展一系列低碳金融探索，为全国提供先行先试经验。

**2. 温州市低碳产业体系建设**

温州市将增加单位投入产出的附加值作为低碳产业发展的核心，推进温州传统产业低碳转型和价值链提升，培育低碳新兴产业和现代服务业，打造一批低碳示范企业，建立温州特色的低碳产业体系。

（1）推进传统产业低碳转型。鼓励企业将传统制造环节有序转出，培育工业设计、品牌营销等高附加值、低碳排放的价值链环节，实现产业低碳转型，创建低碳示范企业。严格控制高耗能、高排放产业发展，严格产业准入，停止审批、核准、备案"两高"和产能过剩行业扩大产能项目，开展淘汰落后生产能力和高耗能重污染行业整治提升行动，积极引导企业进行清洁生产。

（2）积极培育低碳新兴产业。培育发展网络经济、旅游休闲、现代物流、激光与光电、临港石化、轨道交通、通用航空、新材料、文化创意、生命健康十大新兴产业，大力发展风电整机和配套装备、LED、智能电网装备、核电装备、海洋能装备、垃圾发电装备、新能源汽车装备等行业，加快构建现代产业集群，引导鼓励全产业链式发展。

（3）大力发展现代服务业。大力发展金融、电子商务、现代物流、总部和商务服务、科技信息服务等现代服务业；积极培育时尚消费、会展经济、服务外包等现代服务业中的新兴领域。力争创建一批低碳物流园区和中心、生态旅游区，以生态循环农业、都市农业、休闲农业为特色的现代农业园区等。

（4）推进园区循环化、低碳化改造。按照"减量化、再利用、资源化"原则，重点推进11个省级及以上工业园区循环化、低碳化改造，培育集聚一批低碳型企业，园区碳排放强度达到国内行业先进水平，引导和带动全市工业低碳发展。

# 第三节　全面实施新型城镇化战略

## 一　浙江新型城镇化战略背景

### （一）坚定不移地走新型城市化道路

2006年8月，浙江省城市工作会议在杭州召开。时任浙江省委书记、省人大常委会主任习近平在会上强调，要以邓小平理论和"三个代表"重要思想为指导，全面落实科学发展观，致力于构建社会主义和谐社会，按照浙江省委提出的"八八战略"等一系列重大战略部署，围绕统筹城乡经济社会发展、促进社会主义新农村建设，进一步优化城镇体系，完善城乡规划，提升城市功能，加强城市管理，创新发展机制，坚定不移地走资源节约、环境友好、经济高效、社会和谐、大中小城市和小城镇协调发展、城乡互促共进的新型城市化道路。要坚持把城市发展与新农村建设结合起来，走城乡互促共进的城市化道路；坚持把城市发展和优化全省人口生产力布局结合起来，走大中小城市和小城镇协调发展的城市化道路；坚持把城市发展与提高资源利用效率结合起来，走资源节约的城市化道路；坚持把城市发展与环境保护和生态建设结合起来，走环境友好的城市化道路；坚持把城市发展与增长方式转变结合起来，走经济高效的城市化道路；坚持把城市发展与构建和谐社会结合起来，走社会和谐的城市化道路。

### （二）国家新型城镇化规划

2014年3月，《国家新型城镇化规划（2014～2020年）》发布[①]，根据

---

① http：//www.gov.cn/zhengce/2014 - 03/16/content_ 2640075. htm.

中国共产党第十八次全国代表大会报告、《中共中央关于全面深化改革若干重大问题的决定》、中央城镇化工作会议精神、《中华人民共和国国民经济和社会发展第十二个五年规划纲要》和《全国主体功能区规划》，按照走中国特色新型城镇化道路、全面提高城镇化质量的新要求，明确未来城镇化的发展路径、主要目标和战略任务，统筹相关领域制度和政策创新，是指导全国城镇化健康发展的宏观性、战略性、基础性规划。主要内容包括：有序推进农业转移人口市民化，优化城镇化布局和形态，提高城市可持续发展能力，推动城乡发展一体化，改革完善城镇化发展体制机制等。

2014 年 7 月，国家发展和改革委员会、中央编制委员会办公室、公安部、民政部、财政部、人力资源和社会保障部、国土资源部、住房和城乡建设部、农业部、人民银行和银监会等部门联合印发了《关于开展国家新型城镇化综合试点工作的通知》（发改规划〔2014〕1229 号），提出在符合条件的计划单列市、省会城市、地级市、县级市、建制镇等不同层面选择试点地区，每个省（区、市）报送数量原则上控制在 4 个以内（包含不同层级城市和镇）。试点的主要任务是，以建立农业转移人口市民化成本分担机制、多元化可持续的城镇化投融资机制、创新行政管理和降低行政成本的设市模式、改革完善农村宅基地制度为重点，结合创业创新、公共服务、社会治理、绿色低碳等方面发展的要求，开展综合与分类相结合的试点探索，为全国提供可复制、可推广的经验和模式。

## 二 浙江新型城镇化战略路径

浙江将新型城镇化作为重大发展战略，出台系列政策，加强顶层设计，加大推进力度，走出了一条具有浙江特色的新型城镇化路子。

### 1. 坚持规划引领，着力优化城镇层级体系

一是把建设城市群作为推进城镇化的主体形态和促进区域统筹发展的重要载体。编制实施了新一轮省域城镇体系规划和环杭州湾、温州—台州、浙中三大城市群规划。环杭州湾、温州—台州、浙中三大城市群正在加快形

成，杭州、宁波、温州都市区已现雏形。

二是把县（市）域总体规划作为统筹县（市）域城乡建设和发展的"总平台"。编制实施县（市）域总体规划，实现了县（市）域范围城乡规划全覆盖、要素全统筹、建设一盘棋。

三是推进中心镇培育工程和强镇扩权改革。确定 200 个省级中心镇，并对其中 27 个中心镇开展小城市培育试点，增强中心镇对人口、产业的承载能力和对乡村的公共服务能力，中心镇成了统筹城乡发展的重要节点。

四是推进中心村培育工程。确定首批 4000 个省级中心村，完善社区基础设施和公共服务，并通过自然村缩减、空心村拆除、高山村搬迁、小型村合并等途径，积极稳妥地促进农村人口相对集聚，中心村成为农民全面共享公共服务的重要平台。

**2. 坚持产城联动，不断增强城镇吸纳功能**

（1）强化城镇集聚功能。着力推动城镇建设由规模扩张向功能提升转变，推进城镇建设与产业结构调整良性互动，城镇整体素质、要素集聚和经济辐射功能全面提升。

（2）推进产业集聚发展。实施了环杭州湾、温—台沿海和金华—衢州—丽水高速公路沿线三大产业带规划，大力推进大平台、大产业、大项目、大企业"四大建设"，加快 14 个省级产业集聚区建设。在加快产业集聚发展的同时，着力推进人口集聚。

（3）推进基础设施建设。区域性交通基础设施加快升级，主要城市间由"四小时公路交通圈"向"三小时公路交通圈"迈进。县级以上城市人均道路面积 17.6 平方米。

**3. 坚持城乡互动，大力发挥城镇带动作用**

（1）创新小城市培育机制。在全国率先开展小城市培育试点，选择了 27 个发展条件好、区域位置优的省级中心镇，通过科学定位、规划引导、功能完善、政策扶持、体制创新等举措，加快向小城市转型发展。

（2）促进公共服务向农村延伸。大力发展农村社会事业，建立完善 3

万多个村级便民服务中心；加快完善农村公共服务设施，实现了"户户通电""城乡同网同价"，广播电视"村村通"，县级图书馆和文化馆、乡镇综合文化站全覆盖，乡镇连锁超市、行政村放心店全覆盖。

（3）探索建立城乡建设用地增减挂钩等用地制度。实施百万造地保障工程，实现全省耕地占补平衡。

（4）村庄整治成效显著。启动了两轮"千村示范、万村整治"工程，培育 823 个中心村，建成了一批"美丽乡村"、"清洁乡村"和"幸福乡村"。

4. 坚持改革驱动，着力构建城乡平等体制

着重抓住统筹城乡的重点领域和关键环节，通过试点突破、示范引领，着力深化城乡综合配套改革，破解城乡二元体制。围绕农村土地资产化，开展宅基地换城镇住房、农村生产和生活用房相分离、土地流转农户建立养老保险制度等改革；围绕空间利用集约化，推行了"1＋×"村镇布局规划；围绕基本公共服务均等化，构建城乡一体的公平教育和平等就业制度，实现城乡养老和医疗制度全覆盖，建立了覆盖城乡、"五位一体"的大社保体系；围绕农村金融创新，积极发展村镇银行、小额贷款公司和农村资金互助社等新型农村金融组织，建立农村合作金融机构跨区域发展机制；围绕农村转移人口市民化，积极探索推进与新型城镇化相适应的新型户籍管理制度改革，全面推行居住证制度，全面取消了县（市）及以下地区户口迁移限制。

### 三　浙江新型城镇化战略的实践经验

2014 年浙江省城市化率达到 64.87%，高出全国平均水平约 10 个百分点，城乡居民收入比为 2.08∶1，是我国城乡差距最小的省份之一，城市化综合效应日益显现。

在实施新型城镇化战略中，浙江省的实践经验在于主要把握"五个坚持"。

第一，坚持党委政府推动，注重宏观顶层设计。自 1998 年浙江省实施

城市化战略以来，省委、省政府先后出台城市化发展纲要和城乡一体化纲要、《关于进一步加强城市工作、走新型城市化道路的意见》、《浙江省深入推进新型城市化纲要》等文件，提出了统筹发展、集约发展、特色发展、联动发展、和谐发展、创新发展的要求。

第二，坚持规划引领，优化城乡空间布局。注重城市群规划，编制实施了新一轮省域城镇体系规划和环杭州湾、温台、浙中三大城市群规划，浙江省环杭州湾、温台、浙中三大城市群正在加快形成，杭州、宁波、温州都市区已现雏形。注重县（市）域总体规划，编制实施了县（市）域总体规划，实现县市域范围城乡规划全覆盖、要素全统筹、建设一盘棋，得到住房和城乡建设部的充分肯定。注重乡镇和村庄规划，全省80%以上的村完成村庄规划编制，2/3以上的中心镇完成新一轮城镇总体规划修改。为力避"千镇一面、千村一面"，浙江在村镇规划编制工作方面坚持做到"四个字"，即"新"——创新理念，"准"——定位准确，"特"——体现特色，"紧"——衔接紧密。

第三，坚持产城联动，提升城市辐射功能。加大城市集聚功能区建设，陆域面积占2.6%的城镇建设用地承载了全省79%以上的GDP总量，杭、甬、温三大城市市区集聚了全省16.7%的人口，创造了全省1/3的地区生产总值。推进产业集聚发展，实施环杭州湾、温台沿海和金衢丽高速公路沿线三大产业带规划，加快14个省级产业集聚区建设，城市和县城经济总量占全省的比重超过60%，省级以上开发区（园区）的工业总产值、出口总额、实际到位外资分别占全省的52.2%、43.5%和63.2%。

第四，坚持城乡统筹，推进村镇建设发展。选择27个发展条件好、区域位置优的省级中心镇，在全国率先开展小城市培育试点，目前这些试点镇已初见成效。加快完善农村公共服务设施，实现了"户户通电""城乡同网同价"，广播电视"村村通""村村响"，县级图书馆和文化馆、乡镇综合文化站全覆盖，乡镇连锁超市、行政村放心店全覆盖。2013年底，全省村庄整治率达94%，农村生活垃圾集中收集处理覆盖率达93%。

### 四 丽水新型城镇化建设经验

丽水市在推进新型城镇化工作中，深入贯彻中央城镇化工作会议精神，坚定不移地走"绿水青山就是金山银山"的绿色生态发展道路，围绕"秀山丽水、养生福地、长寿之乡"的总体目标，绘制"美丽丽水"蓝图。

第一，城市规划理念充分体现生态特色。规划以丽水城市特色资源及发展特征为基础，提出青山画城、绿水兴城、文化荣城三大理念。青山画城，凸显青山作为丽水的本底基础，成为城市发展要素中最为重要的生态空间和景观空间，在城市空间塑造过程中，让居民望得见山，体现秀山丽水的本质特征。绿水兴城，梳理场地水系分布特征，有机组织大水连小水，城中水连城外水，达到通江连湖做活水的目标，做好瓯江流域的生态修复，奠定城市美丽滨水空间的塑造基础，让居民看得见水，塑造山环水绕的城市生态格局。文化荣城，充分挖掘丽水城市处州文化内涵，突出历史文化街区、历史文物古迹的保护，深入老城肌理特色梳理，通过历史丽水、当代丽水和现代丽水的文化延续性和融合性，让居民记得住乡愁，全面凸显丽水的文化驱动力，为城市特色提供支撑，为繁荣城市提供动力。

第二，城市性质突出生态品牌。丽水市目前的城市性质是长三角南翼地区山水人居与生态旅游城市、特色制造业基地和浙江西南部中心城市。在新一轮总体规划的编制中，就丽水市职能发展定位提出了新的要求，确定丽水市中心城市性质为浙西南中心城市、浙江省历史文化名城、国际生态休闲养生旅游城市。

第三，城市结构优化突出生态功能。提出丽水市作为杭闽广城镇发展轴和港口—腹地发展轴，突出中心城市首位度，以此形成"一核二轴四区四级"的市域城镇体系结构，通过"强心、优镇、美村"总体战略，强化集聚辐射能力，带动区域协同发展。整合提升全域各要素资源，突出特色化、差异化发展，建立绿色生态的新型城市化发展路径。中心城区在"一江双城"空间结构基础上，进一步优化提升"北居中闲南工"城市功能布局。北居：北城以发展人居为主，建设行政中心、商业中心、文化中心；中闲：瓯江南明湖沿线、南明山风景区，主要发展旅游休闲、度假养生产业；南工：南城以发展产业为主，建立物流中心、产业中心、科创中心。

第四，城市功能突出生态内涵。通过加快老城区改造提升规划，促进老城区功能完善、结构升级。有序推进老城区更新改造，提升品质和传承历史文脉，切实加快老城区更新改造步伐，实现新老城区区块功能良性互补和区块效应良性互动，不断改善城区景观形象、丰富城市文化内涵和提高综合竞争力。通过老小区改造、道路改造、背街小巷改造、公共服务设施改造、绿地广场改造、地下空间开发利用、城市功能区块优化调整，促进老城区实现新面貌。加快南城区块功能完善，打造生态产业集聚高地，将富岭区块打造成融特色物流、商业休闲为一体的南部生态新城区；七百秧区块要注重产业提升和功能配套，形成产城融合示范区。

丽水在取消 GDP 考核后，制定了推动生态工业经济发展的相关政策及相关产业发展规划，开展对新的更加生态的考核方法的探索及相关实践，取得了显著成效。

第一，形成了"生态、绿色"的工业发展理念。撤地设市以来，历届市委市政府确定的发展战略、发展目标、发展思路都很好地体现了城市生态特色：2003 年，提出"生态立市，工业强市，绿色兴市"的"三市并举"发展战略；2008 年，提出实施建设生态文明和全面建设小康社会两大战略目标；2012 年，提出"绿色崛起，科学跨越"战略总目标。

第二，形成了"经济生态化、生态经济化"的产业选择理念。丽水先后出台了《工业转型升级鼓励产业产品导向目录》《市区工业布局的指导意见》等，项目在备案、核准之前，在招商引资项目签约之前，先经过入园决策评价，注重引进能耗低、污染少、技术含量高、附加值高的项目。目前全市基本形成以装备制造业为主导、"八大"产业集群为支柱、"六个"战略性新兴产业为先导的主导产业体系。

第三，形成了"集聚发展、循环发展"的空间布局。按照扩容、增效、提升的思路，大力推进工业园区建设，初步形成 10 个省级园区（经济开发区）和乡镇工业功能区的空间平台载体。2012 年，全市 10 家省级以上开发区（园区）已开发土地面积 57.6 平方公里，累计总投资达 680.73 亿元，实现工业总产值 1220.34 亿元，规模以上工业企业 725 家。丽水经济开发区于 2014 年被列为全省首批开展循环化改造的 8 家试点园区之一。

第四，形成了"生态、集约、环保"的制度体系。一是引入以"亩产论英雄"评价制度。初步建立以企业的土地使用效率为依据的评价机制，引导企业提高土地集约利用水平和投入产出率。二是建立实施差别化的区域开发和环境管理机制。根据区域经济社会发展特征和生态环境要素、生态环境敏感性、生态服务功能空间分布规律，着力创新主体功能区和生态功能区的政策管理机制。三是建立项目入园评价机制。出台《丽水生态产业集聚区工业投资项目入园决策评价服务工作管理办法》，对拟进入集聚区的工业项目，实行严格的工业园区项目联评联审机制。

第五，形成了以"绿色、循环、低碳"为特征的生态工业雏形。丽水市通过强化源头控制、工程建设、监管措施、政策引导等推进节能减排工作。2012 年单位 GDP 能耗实现 0.5315 吨标准煤/万元，排在全省第三位。丽水市还按照"减量化、再利用、再循环"的原则，积极开展清洁生产，加快工业循环经济发展。截止到 2012 年，丽水市已有 200 家企业通过清洁生产审核阶段性验收。全市有 15 家生产企业和 34 家经营性企业开展资源综合利用工作，每年回收利用各种废弃资源 96.52 万吨。全面完成"811"环保新三年行动计划和 10 个省级开发区（工业园区）的生态化改造。丽水经济开发区被列为"全国合成革行业循环经济先进试点基地"，松阳不锈钢废水集中处理技术在全国领先。生态环境质量连续 9 年居全国前列、全省首位。同时涌现了一批如高端装备、工刃具、高压电器、节能灯、电机、羽绒制品、日化洗涤用品、汽车配件、竹木制品、绿色食品、生物医药等生态工业产品。

**参考文献**

1. 习近平：《干在实处　走在前列——推进浙江新发展的思考与实践》，中共中央党校出版社，2006。

2. 习近平：《之江新语》，浙江人民出版社，2007。

3. 沈满洪：《2013 浙江生态经济发展报告》，中国财政经济出版社，2014。

4. 孙伟平、刘举科：《中国生态城市建设发展报告（2013）》，社会科学文献出版社，2013。

5. 谈月明：《浙江特色小城镇发展道路探索》，浙江人民出版社，2013。

6. 陈加元：《迈向生态文明》，浙江人民出版社，2013。

# 第七章
# 相互制衡的生态文明制度探索

建设生态文明，关键在于生态文明制度建设。党的十八届三中全会公报进一步明确："紧紧围绕建设美丽中国深化生态文明体制改革，加快建立生态文明制度。""建设生态文明，必须建立系统完整的生态文明制度体系，实行最严格的源头保护制度、损害赔偿制度、责任追究制度，完善环境治理和生态修复制度，用制度保护生态环境。"浙江省在生态文明制度建设方面有许多成功的经验。习近平总书记在主政浙江时，就十分注重生态文明制度建设，其后的历任浙江省委书记也十分重视生态文明建设，花大力气探索符合浙江实际的生态文明制度。在生态文明制度的保障下，浙江生态省建设、美丽浙江建设和生态文明建设才能取得优异的成绩，绿色经济、循环经济和低碳经济才得以快速发展。可以说，通过生态文明制度建设推进生态文明是以"美丽浙江"为目标的生态文明建设的基本特征。

## 第一节　生态文明建设的体制改革

在建设生态文明的新形势下，一些已经不适应新形势要求、影响和制约生态文明建设的体制障碍，必须要进行改革。而体制改革的重点在于政府管理体制改革，核心是转变政府职能、进行综合性机构改革，以理顺管理体制。

### 一　转变政府职能

转变政府职能的实质是让政府从全能型政府向非全能型政府转变，建设服务型政府。实现这一目标的主要手段是简政放权，特别是行政审批权的下放。"把该放的权力放开，放到位，把该管的事情管好，管到位。"[1]

浙江在简政放权方面进行了多年的实践，分别在1999年、2002年和2003年进行了三轮行政审批制度改革，效果显著：第一轮改革将原有的3251项行政审批事项减少了50.6%，第二轮改革共减少行政审批事项46.7%，第三轮改革后省级层面仅保留行政许可事项718项、非行政许可审批事项243项。

从2013年开始，浙江省开始实行第四轮行政审批制度改革，改革的重点是建立健全6项制度：建立集中审批制度、加快完善联合审批制度、建立审批前置和中介服务规范化管理制度、推行入园项目和大项目审批服务全程代理制度、建立审批事项准入制度以及健全审批责任制[2]。浙江省省长李强在总结2013年工作时也表示："把深化改革作为贯穿本届政府始终的头等大事，以审批制度改革为突破口，纵向撬动政府职能转变。"

浙江省环保厅积极响应省委、省政府简政放权号召，推进行政审批制度改革。早在2009年，省环保厅就下放了6.4%的审批权限到设区市、县级市（区、县）；2012年，浙江省政府通过了《浙江省人民政府办公厅关于印发浙江省建设项目环境影响评价文件分级审批管理办法的通知》，省环保厅依照该办法将69.5%的省级立项项目的环评审批权限直接下放到市、县，同时出台了《浙江省第一批不纳入建设项目环境影响评价审批的目录（试行）》，规定中小型停车场、房屋装修、场地改造、软件研发类企业等涉及七大类32个类别污染较小、对生态环境影响不明显的中小型建设项目不需要再编制环评报告并审批[3]；2014年，省环保厅更是晒出了权力清单，累计约有95.45%的产业项目划归设区市、县级市（区、县）属地管理，省环保厅只保留重污染、

---

① 刘湘溶：《关于生态文明体制改革的若干思考》，《湖南师范大学社会科学学报》2014年第2期。

② 温红彦、顾春、徐隽等：《简政放权　浙江唱好重头戏》，《人民日报》，http：//politics. people. com. cn/n/2014/0512/c1001 - 25002579. html，最后访问日期：2014年5月12日。

③ 《做好"减放简短优管"六字文章　浙江下放环评审批权》，环保部网站，http：//news. xinhuanet. com/politics/2013 - 06/20/c_ 124883252. htm，最后访问日期：2013年6月20日。

高环境风险以及严重影响生态的，国务院环境保护行政主管部门委托省环境保护行政主管部门审批的，选址跨设区（县、市）行政区域的，以及按照法律规定由省环境保护行政主管部门审批的四大类审批建设项目①。

浙江省水利厅积极编制权力清单，取得显著成效：占省级行政审批70%以上的水土保持方案审批以属地审批为主，省级审批量大幅下降；推进水利建设市场规范化管理，减少审批事项，转变审批方式，通过水利建设市场信息平台，规范水利建设市场主体行为②。

浙江省在生态文明建设方面简政放权的主要经验和做法如下。

1. 公布权力清单，自曝家底

浙江省环保厅和水利厅等部门积极响应省政府的号召，公布权力清单，实现权力透明化，接受广大群众的监督，切实推进行政审批权限的下放，推动属地审批。

2. 建设浙江政务服务网

2014年6月25日，浙江省启动浙江政务服务网，将全省4000多个政府机构的政务服务资源放在一起，实现了省、市、县三级联动，提高了行政效率。同时将政府权力清单公布在网上，倒逼政府各部门切实做好简政放权工作。

3. 简化审批手续，减少审批时间

浙江省环保厅将审批环节从原有的环评预审、评估、审查和审批4个减少为环评审查、审批2个。环评报告书、报告表、登记表的审批时间分别从60天、30天、15天压缩为20天、10天、3天③。

---

① 陈普阳、邵甜、闫伟红：《全省环保部门简政放权晒权力清单 省级只留四大类审批 其余实现属地管理》，《浙江法制报》，http://www.zjfzol.com.cn/index.php/cms/item - view - id - 31299.shtml。

② 程永高、倪雁强：《浙江省级部门行政权力保留4236项清单明日公布》，浙江在线，http://zjnews.zjol.com.cn/system/2014/06/24/020101242.shtml，最后访问日期：2014年6月24日。

③ 潘杰：《浙江年内将下放超95%环评审批权限 小项目有望豁免》，浙江在线，http://zjnews.zjol.com.cn/system/2014/07/10/020133557.shtml，最后访问日期：2014年7月14日。

## 二　综合性机构改革

生态文明建设是一个系统工程，涉及经济、政治、文化、社会等多个方面，需要一个综合性的部门来统筹。在传统的政府体制下，"条块分割"问题严重，存在"群龙治水"（水量归水利部门管，水质归环保部门管，航运归航运部门管理，景观归园林部门管理，"环保不下水，水利不上岸"）、"诸神争空"（空气中不同污染成分隶属不同的行政主管部门主管）等现象。因此，必须进行综合性机构改革。浙江在综合性机构改革方面的主要做法如下。

### 1. 成立生态省建设工作领导小组

2003 年，浙江省提出生态省建设目标。为促进生态省建设，2003 年 5 月 6 日，省委、省政府联合发出通知，成立"浙江生态省建设工作领导小组"，时任省委书记习近平同志亲自任组长，省长任常务副组长，省委常委、秘书长和副省长任副组长，省委、省政府及有关部门主要负责人为领导小组成员，领导小组下设办公室（设在省环保局）①。此后，这一组织机构被确定下来。各市县也层层建立领导小组，各级领导小组办公室（生态办）设在环保部门，为促进浙江的生态省建设作出了重要贡献。

在推动生态文明建设方面，生态省建设工作领导小组也发挥了重要作用。各领导小组办公室承担制订计划、分解任务、考核落实等日常事务，赋予了环保部门指导、协调和督促生态文明建设的职能。这就基本构建起党委领导、政府负责、部门协调、全社会共同参与的大工作格局，有效促进了浙江省生态文明建设②。

### 2. 设立浙江省环保厅，扩充环保部门的权限

环保部门是推进生态文明建设的重要职能部门。2009 年，浙江省设立

---

① 浙江省环保厅：《生态省记事》，http://www.zjepb.gov.cn/hbtmhwz/rdzt/stsjs/200406/t20040601_ 3494.htm，最后访问日期：2004 年 6 月 1 日。

② 徐霞：《浙江全方位推进生态文明建设》，《今日浙江》，http://www.zsdx.gov.cn/news/e935c7f8 - 1aba - 49de - 90cd - 95aa1bcf1ea5.html，最后访问日期：2013 年 4 月 1 日。

了省环保厅，主管全省的环境保护工作。其职责除原省环境保护局的职责外，还包括加强环境政策、规划、标准等重大问题的统筹协调职责，加强生态省建设的组织实施和生态文明建设指导协调工作，加强对环境治理和生态保护的指导、协调、监督职责，加强落实国家和省减排目标、环境监管的职责①。

环境主管部门由环保局升级为环境厅，不仅提升了环保部门的行政级别，而且扩充了环保部门的职责范围和权限，有利于环保部门发挥环保职能，促进生态环境改善和生态文明建设。

## 第二节　生态文明建设的机制构建

生态文明机制建设的重点是市场、政府、社会三大主体如何构建起相互制衡的结构。目前，"政府代市场""政府办社会"问题严重，存在市场机制失灵、政府机制失灵和社会机制失灵②，需要进行市场机制创新、政府机制创新和社会机制创新。

### 一　市场机制创新

由于环境资源公共物品的性质及环境的外部性等，长期以来，在资源环境领域存在市场失灵，需要政府干预。随着环境资源稀缺性的加剧以及资源产权界定成本的降低，在资源环境领域引入市场机制成为可能。因此，需要进行市场机制创新，改革环境资源产权制度，让市场机制在资源配置中发挥决定性作用。浙江省在市场机制方面的创新主要有林权改革、排污权交易和水权交易机制。这些创新在全国都走在前列。具体表现为创新林业金融服务和在全国率先推行排污权有偿使用和区域间水权交易。

① 浙江省环保厅：《浙江省环境保护厅主要职能》，http://www.zjepb.gov.cn/root14/xxgk/jgzn/zyzn/200610/t20061030_4364.html，最后访问日期：2009年10月16日。
② 沈满洪：《发挥生态优势　建设美丽浙江》，《浙江日报》2013年12月27日，第14版。

## （一）林权改革

浙江省的集体林权改革始于 20 世纪 80 年代，通过"稳定林权、划定自留地和确定林业生产责任制"，调动了林农的生产积极性[①]。到了 21 世纪，许多山地、林地的承包已经到期，一些地方政府纷纷出台政策进行延长承包期试点，如临安市在 2001 年出台了《关于切实做好延长山林承包期及核发林权证工作的通知》，2002 年底基本完成了合同签订和林权证的发放工作。在各地试点经验的基础上，2006 年浙江省下发了《中共浙江省委办公厅、浙江省人民政府办公厅关于切实做好延长山林承包期工作的通知》，规定已承包到户的责任山继续由原承包户承包，承包期再延长 50 年[②]。2007 年浙江省又出台了《关于进一步深化集体林权制度改革的若干意见》，在巩固延长山林承包权成果的基础上，进一步明晰了集体山地的林木所有权、使用权和林地承包经营权、使用权（集体林权）的归属[③]。2008 年国务院颁布《中共中央、国务院关于全面推进集体林权制度改革的意见》，要求进一步明晰产权、放活经营权、落实处置权、保障收益权。浙江各地纷纷出台文件，进一步推动集体林权的改革。2010 年 5 月，浙江省召开深化集体林权改革推进会，总结了近些年的成绩并部署了下一步的推进工作[④]。同年 10月，时任浙江省委书记赵洪祝同志在浙江省林业厅调研时指出，要进一步深化集体林权改革，加快建立健全以家庭承包经营为基础的现代林业产权关系，加快推进配套改革，促进林业持续发展[⑤]。

---

① 《浙江集体林权制度改革：林改改出新天地》，http：//www.bmlink.com/news/472857.html，最后访问日期：2006 年 8 月 22 日。

② 徐秀英、沈月琴、李兰英：《浙江省集体林权制度改革探讨》，《林业经济》2007 年第 11期。

③ 《中共浙江省委浙江省人民政府关于进一步深化集体林权制度改革的若干意见》，《林业经济》2008 年第 1 期。

④ 浙江省林业厅：《浙江省全面部署推进集体林权制度改革》，http：//www.forestry.gov.cn/portal/main/s/102/content－403711.html，最后访问日期：2010 年 5 月 19 日。

⑤ 林业局：《浙江省委书记要求进一步深化集体林权制度改革》，http：//www.forestry.gov.cn/ZhuantiAction.do？dispatch＝content&id＝445402&name＝lqgg，最后访问日期：2010 年 10 月11 日。

在省委、省政府的支持和指导下，浙江省的集体林权改革工作取得了突出成就，探索了林业改革的新模式。其主要做法和成就如下。

1. 确权发证，率先完成集体林权主体改革

浙江省积极推动林权证的换（发）工作，稳定山权林权。完成换（发）林权证面积8634.5万亩，占应换（发）证面积的96.8%，换（发）林权证425.9万本，占应换（发）林权证的99.0%，签订责任山承包合同143.9万份，占应签订承包合同的97.5%，成为全国率先基本完成主体改革任务的省份之一。同时，推进林权信息化建设，将林权证属性数据全部录入系统，实现林权数字化管理①。

2. 推进集体林权流转

浙江省早在20世纪90年代就通过"联产转让""联户招租""反租倒包"等多种形式推动林地经营权的转让。到了21世纪，为进一步推动林权流转，规范流转行为，浙江省先后出台了《浙江省森林、林木和林地流转管理办法》《浙江省森林资源资产抵押管理暂行办法》等政策性文件，成立了华东林业产权交易所，在75个县（市、区）建立了林权管理机构，65个县（市、区）成立了林权交易中心，年均流转面积近100万亩，全省累计流转面积已达1366万亩，流转金额214亿元。

3. 创新林业金融服务

浙江省的林业金融创新主要包括两个方面。一是开展林权抵押贷款。为盘活林业资产，增加林业投入和人民收入，丽水市在2006年率先尝试进行林权抵押贷款，并探索了"林权IC卡"等新型贷款模式。为保证林权抵押贷款的顺利进行，丽水市出台了《关于推进森林资源流转工作的意见》《关于推进森林资源资产抵押贷款业务发展的意见》《关于全面推广"林权IC卡"进一步深化金融支持集体林权制度改革的若干意见》《丽水市森林资源资产抵押贷款管理办法》《丽水市森林资源资产评估实施意见（试行）》

---

① 浙江省林业厅：《林业概况》，http://gov.zjly.gov.cn/lygk/221.htm，最后访问日期：2009年9月21日。

《关于做好林权抵押不良贷款资产处置变现工作的意见》等政策文件，建立市、县两级"三中心一机构"（林权管理中心、森林资源收储中心、林权交易中心、森林资源调查评价机构）的森林资源流转服务平台，健全完善财政贴息、风险补偿、政策保险等激励措施，建立了林权抵押贷款的"丽水模式"。截至2013年末，丽水市累计发放林权抵押贷款10.76万笔，共计89.69亿元，贷款余额36.58亿元，居全省首位，不良率仅为0.16%[①]。在丽水等地试点的基础上，通过与金融机构的协商，浙江省开始在全省推广林权抵押贷款业务。目前，已有45个县开展了林权抵押贷款业务，累计发放林权抵押贷款144亿元，借款农户18.61万户。二是开展林业火灾保险。为减少林农因森林火灾造成的经济损失，浙江省林业局和地方各林业局与保险公司联系，将森林火灾设为一个险种。经过多方磋商，林业火灾保险工作在浙江全省展开。目前，全省林木火灾险有效保单面积4396万亩，综合保险有效保单面积122.21万亩，两项合计占全省森林总面积的4 6%[②]。

4. 培育林业新型经营主体

为抵御市场风险，提高规模化和集约化程度，各地林农纷纷在当地林业部门的指导下建立了各种林业专业合作组织。

5. 深化国有林场改革

浙江省政府出台了《关于加快推进现代国有农林渔场建设的若干意见》，在全国率先推进国有林场改革，79个林场确定为事业单位性质。

（二）排污权有偿使用和交易机制

排污权是指排污单位合法向环境排放污染物的权利。通过引入市场机制，进行排污权的有偿使用和交易，能够充分发挥市场配置资源的作用，在污染物总量控制的前提下，实现减排成本的最小化，促进环保目标的实现。

---

① 丽水市人民政府金融工作办公室：《丽水金融简报》2014年第2期，http://sjrb.lishui.gov.cn/index.html，最后访问日期：2014年3月27日。
② 付星辉、孙露：《浙江省集体林权制度改革分析与思考》，《林业资源管理》2012年第6期。

浙江省并非最早实施排污权交易的省份，却是全国最早实施排污权有偿使用的省份。浙江省在排污权有偿使用和交易方面的实践经过了局部试点到全省推动的过程。嘉兴是浙江最早进行排污权有偿使用和交易实践的城市。早在 2002 年，为解决辖区内的水污染问题，秀洲区出台了《秀洲区水污染排放总量控制和排污权有偿使用管理试行办法》，开始进行排污权有偿使用和交易制度的探索。经过 4 年的实践，取得了良好的成果，仅 2005 年的交易金额就达到 720 万元①。2007 年，在秀洲区经验的基础上，经过多年的研究和探索，嘉兴市颁布实施了《嘉兴市主要污染物排污权交易办法（试行）》，成立了排污权储备交易中心，开始在全市全面实行排污权交易制度。截止到 2009 年 11 月，嘉兴市已有 890 家企业参与排污权有偿使用和交易，总交易额达 1.49 亿元②。

在嘉兴成功经验的引导下，浙江其他地市也开始进行排污权有偿使用和交易工作的试点，并根据各地的实际情况走出了各自的特色。绍兴市优化制度设计，探索解决排污权指标的初始分配，排污权的使用、回购问题，推出排污权抵押贷款制度；湖州市根据自己的情况，增加了氨氮和总磷两项排污指标；杭州市实行排污配额交易，依托产权交易机构推动交易的各项规则、流程以及资金核实、信息披露；金华市对排污企业实行"一企一档案"制度；台州市建立排污权储备和交易平台，探索政府收储和转让排污权；温州市将试点与污染整治、企业环境信用评级、区域限批等工作挂钩；桐乡市实行刷卡排污制度；平湖市开展排污权租赁制度；南湖区确立排污权回购制度和排污权拍卖机制。

在各地成功试点的基础上，2009 年，财政部和环保部批准浙江省正式开展排污权有偿使用和交易试点，出台了《浙江省主要污染物排污权有偿使用和交易试点工作方案》和《关于开展排污权有偿使用和交易试点工作

---

① 杜德荣、徐文祥、孙东明：《首创排污权有偿使用的"秀洲模式"——来自秀洲区的报道》，《今日浙江》2006 年第 3 期。

② 沈满洪、谢慧明：《生态经济化的实证与规范分析——以嘉兴市排污权有偿使用案为例》，《中国地质大学学报》（社会科学版）2010 年第 6 期。

的指导意见》，开始在全省启动排污权制度试点工作。2010 年，浙江省政府又继续出台了《浙江省排污许可证管理暂行办法》和《浙江省排污权有偿使用和交易试点工作暂行办法》，确定在全省全面试行排污权有偿使用和交易制度。2012 年，浙江开始全面强制推行排污权制度①。经过多年的实践，浙江省在排污权有偿使用和交易方面取得了令人瞩目的成绩。截止到 2014 年上半年，浙江全省 11 个设区市中有 68 个县（市、区）已进行试点，累计开展排污权有偿使用 9573 笔，缴纳有偿使用费 17.25 亿元，排污权交易 3863 笔，交易额 7.73 亿元；排污权租赁 388 笔，交易额 699.28 万元；326 家排污单位通过排污权抵押获得银行贷款 66.55 亿元②。

总体上，浙江省排污权制度改革集中体现在四个方面：环境保护从"浓度控制"转向"总量控制"，环境产权从"开放产权"转向"封闭产权"，环境容量从"无偿使用"转向"有偿使用"，环境产权从"不可交易"转向"可以交易"③。具体来说，浙江省推进排污权有偿使用交易工作的主要经验和做法如下。

1. 坚持政策先行，完善政策法规体系

在各部门的密切配合下，为推进浙江省排污权有偿使用和交易工作，浙江省出台了 11 个省级政策文件，包括《关于开展排污权有偿使用和交易试点工作的指导意见》《浙江省排污权有偿使用和交易试点工作暂行办法》《浙江省排污权有偿使用和交易试点工作暂行办法实施细则》《浙江省排污许可证管理暂行办法》《浙江省排污许可证管理暂行办法实施细则》《浙江省排污权有偿使用收入和排污权储备资金管理暂行办法》《浙江省排污权抵押贷款暂行规定》《浙江省初始排污权有偿使用费征收标准管理办法（试

---

① 沈满洪、谢慧明、周楠：《排污权制度改革的"浙江模式"》，《中共浙江省委党校学报》2013 年第 6 期。

② 浙江省排污权交易中心：《浙江排污权试点 5 年　上半年 326 家企业获贷款 66.55 亿》，http://www.zjetc.org.cn/xw/zxxw/1235.htm，最后访问日期：2014 年 9 月 23 日。

③ 浙江省科技厅：《加强生态文明制度建设的命题下呈现的"浙江样本"》，http://www.zjkjt.gov.cn/news/node01/detail0106/2013/0106_44389.htm，最后访问日期：2013 年 7 月 19 日。

行）》《浙江省环境保护厅排污权交易报批程序规定（试行）》《浙江省排污权交易中心排污权有偿使用和交易程序规定（试行）》《浙江省环境保护厅排污权交易内部审查程序规定（试行）》①。这些政策文件虽然内容不同、侧重点各异，但从不同方面完善了排污权有偿使用和交易的政策法规体系框架。

2. 重视环境监测技术的支撑作用

浙江省通过在重点污染企业安装在线监控设备、使用环境质量在线监控系统等，监控排污单位的排污行为，建立污染源增量、减量、超排量或偷排量的"三量"台账。花大力气建设在线监控系统，推动排污企业联网。截至2013年初，已有近3000家企业和省厅监测平台联网。建设刷卡排污系统，在该系统下，一旦企业的排污额度用完，排污管道阀门就会自动关闭，从而有效监控企业每个月的排污行为。建立排污权交易与排污许可证管理、建设项目审批、环境执法等环保综合管理联网制度，实现了数据共享。

3. 重视排污权延伸制度创新

浙江省各地市根据实际情况，通过创新回避或突破了制度障碍和阻力，解决了实际问题。例如：排污权初始分配的"嘉兴模式"，通过承认试点前企业获得的排污权绕开了立法问题，保证了公平性；绍兴市推出的排污权抵押贷款制度和平湖市开展的排污权租赁制度，有效解决了中小企业资源不足和贷款难的问题。省政府根据各地的成功经验，完善制度创新并在全省推广，有力推进了排污权有偿使用和交易制度的实施。

4. 坚持排污权的市场定价

浙江省曾由政府规定排污权的价格，但这种价格往往与市场的均衡价格相背离，阻碍了交易进行。不少地方尝试进行排污权拍卖，通过市场定价，拍卖价格虽然不一定是市场均衡价格，但反映了企业对排污权的支付意愿，具有一定的代表性。嘉兴市南湖区和杭州市举行了多次排污权拍卖，有不少企业参加，排污权基本被买走，促进了排污权的交易和转让。

---

① 周树勋、陈齐：《排污权交易的浙江模式》，《环境经济》2012年第3期。

5. 坚持"自下而上"的推进方式

浙江省在推进排污权有偿使用和交易制度时采用"自下而上""从局部试点到全省推动"的方式，循序渐进，保证了工作的有序推进。在制定政策时充分吸取了各地试点的经验，保证了政策符合各地的实际情况，保证了政策的可实施性和可操作性。

### （三）水权交易机制

在我国，水资源属于国家所有。因此，水权交易的实质是水资源使用权在不同主体之间的变换。

浙江省首例水权交易出现在东阳市和义乌市之间，这也是全国首例水权交易。2000 年 11 月，双方就水权交易达成协议：义乌市一次性出资 2 亿元，购买东阳横锦水库每年 4999.9 万立方米水的使用权；转让用水权后，水库原所有权不变，水库运行、工程维护仍由东阳负责，义乌按当年实际供水量每立方米 0.1 元支付综合管理费（包括水资源费）；从横锦水库到义乌引水管道工程由义乌市规划设计和投资建设，其中东阳境内引水工程段和管道工程施工由东阳市负责，费用由义乌市承担①。2005 年 1 月，工程正式竣工通水，义乌人喝到了来自横锦水库的水。

在此案例的影响下，浙江省及其他省份出现了多起水权交易。①2001年余姚和慈溪正式实施水权转让协议。截至 2005 年底，余姚市累计向慈溪市供水 6060 万立方米②。②2003 年，绍兴市与慈溪市签订供用水合同，规定从 2005 年开始的 36 年内，绍兴市汤浦水库向慈溪市日供水 20 万立方米③。③2003年，甘肃省张掖市在黑河流域分水的背景下开展了首例区域内农户之间的水权交易。④2006 年，在内蒙古自治区政府协调下，从巴彦淖尔市河套灌区调整出 3.6 亿立方米的水量，作为沿黄其他五个盟市工业发展

---

① 沈满洪：《水权交易制度研究——中国的案例分析》，浙江大学出版社，2006，第 57 页。

② 汪湖江、吴劲辉、俞建荣等：《水权交易的经济学分析——对浙江省余姚·慈溪水权交易的思考》，《江苏农村经济》2006 年第 7 期。

③ 《浙江又一水权交易成交——绍兴将日 20 万吨引水权卖给了慈溪》，http：//www.hydroinfo.gov.cn/tpxw/201003/t20100329_ 190997.html，最后访问日期：2003 年 1 月 13 日。

用水，实施了既跨行业又跨区域的水权交易①。⑤2009 年开始建设的新昌钦寸水库，宁波参股比例达 49%。

浙江省在水权交易方面的创新主要包括如下方面。

1. 明确了水权的界定

浙江省的水权交易案例中所涉及的水基本为水库水，其所有权界定比较容易，避免了因水的流动性和跨区域性造成的水权界定困难问题。

2. 确立水权交易主体以地方政府为主

地方政府是地方公共利益的代表。地方政府之间进行水权交易一方面可以以较低的成本进行，另一方面能够有效保证各地方的长远利益。

3. 确定了供水有限的原则

浙江省的几个水权交易案例都是用富余水量进行交易，优先保证本地特别是枯水年份的生产、生活和生态用水，有效避免了因供水地无水可用而造成供水地和用水地之间的矛盾。

4. 确定了水权的有偿使用和转让原则

浙江省的几起水权交易案例中，不论是直接买断还是参股建设，供水方都通过不同的方式获得了经济上的一定补偿。这些补偿可以用于水利工程建设和水资源保护，确保供水的数量和质量。

5. 实现了水权交易双方的共赢

浙江省的水权交易案例都是各地方政府在考虑自身实际情况下自发进行的，交易双方都有自己的实际需求。通过水权交易，一方解决了水资源短缺问题，一方用富余的水量换来了资金，双方都受益，实现了共赢。

## 二 政府机制创新

生态文明建设中往往面临政府失灵，因此，政府机制创新是十分重要的。政府机制创新包括明确界定政府职能，有效履行政府职责，科学考核政

---

① 浙江省科技厅：《加强生态文明制度建设的命题下呈现的“浙江样本”》，http：//www.zjkjt.gov.cn/news/node01/detail0106/2013/0106_44389.htm，最后访问日期：2013 年 7 月 19 日。

府绩效。树立正确的政绩观，完善政绩考核评价体系，是政府机制创新的重中之重。

在传统的干部考核评价中，GDP 所占的比重过大，对干部的评价也以当地的 GDP 为主，以 GDP 论英雄，导致地方政府片面注重 GDP 的发展速度和规模，影响了生态文明的发展。

习近平同志早在 2004 年就指出："要科学制定干部政绩的考核评价指标，形成正确的用人导向和用人制度。各地的实际情况不同，衡量政绩的要求和侧重点也应有所不同。要看 GDP，但不能唯 GDP。""今后衡量领导干部政绩，首先要坚持群众公认、注重实绩的原则，并以此作为考评干部的重要尺度。其次要完善考评内容，把发展思路是否对头，发展战略是否正确，能否处理好数量与质量、速度与效益的关系，作为考察领导干部是否树立了正确的政绩观的重要内容。在考核中，既看经济指标，又看社会指标、人文指标和环境指标，切实从单纯追求速度变为综合考核增长速度、就业水平、教育投入、环境质量等方面的内容。"[1]

在这一思想的指导下，2004 年，浙江省委、省政府就对完善干部考核评价体系进行了课题调研，并在 10 月份拿出了符合浙江实际、具有浙江特色的干部考核评价指标体系，开始在地方进行试点。

湖州是浙江省第一个进行干部考核评价指标体系试点的地方。2003 年底，湖州市政府出台了《关于完善县区年度综合考核工作的意见》，决定从 2004 年开始，干部考核取消 GDP 指标[2]。在实践工作中，湖州市尝试建立"分类考核"办法，不同的地区采用不同的考核指标，充分发挥各地特色，宜工则考工、宜农则考农，宜生态则考生态建设。通过这种方法，湖州市不适应发展工业的地方彻底摆脱了 GDP 考核的束缚，走出了生态经济和谐发展的新路。

以安吉县的报福镇为例，作为山区乡镇，不适宜发展工业经济。在取消

---

① 习近平：《之江新语》，浙江人民出版社，2007，第30、73页。
② 钱建国：《浙江干部考核淡化 GDP 指标，注重民意民主环保》，http：//news.qq.com/a/20090902/001071.htm，最后访问日期：2009 年 9 月 2 日。

了 GDP 考核以后，其发展的重点是生态保护和新农村建设。通过将生态旅游、休闲旅游与农家乐、生态景观农业相结合，报福镇人民的生活水平有了很大提高，其下辖的多个乡村已经完成省级小康示范村建设。水口乡也同样只考核生态保护方面。在转变发展思路以后，充分发挥自身的优势，大力推动生态建设，发展生态旅游。被评为全国优美乡村以后，旅游人数大增，第三产业增长迅猛，人民收入明显增加。

据统计，在实行新的干部考核标准以后，湖州市农民收入大幅度提高，创建了 20 个国家环境优美乡镇、38 个省级生态乡镇、148 个市级生态村，下属县全部获得省级以上生态县称号。

在各地试点经验的基础上，2006 年，浙江省委组织部在全国率先出台《浙江省市、县（市、区）党政领导班子和领导干部综合考核评价实施办法（试行）》；2007 年 9 月，又研究制定了《浙江省党政工作部门领导班子和领导干部综合考核评价实施办法（试行）》[①]。这两个实施办法的出台和施行标志着浙江省的干部考核评价工作上了一个新的台阶，有力支持了各地的生态文明建设。此后，浙江省的干部考核评价工作不断发展。2009 年，浙江省委组织部新出台了评价考核干部的"一个意见，五个办法"，包括《关于健全促进科学发展的党政领导班子和领导干部考核评价机制的实施意见》《浙江省市、县（市、区）党政领导班子和领导干部综合考核评价实施办法》《浙江省党政工作部门领导班子和领导干部综合考核评价实施办法》《浙江省高等学校领导班子和领导干部综合考核评价实施办法》《浙江省省属企业领导班子和领导人员综合考核评价实施办法》《浙江省党政领导班子和领导干部年度考核实施办法》。2011 年，为适应新的形势和更加科学地管理考核干部，浙江省委组织部又通过了新修订的"一个意见，五个办法"，进一步完善了干部考核评价指标体系，引导科学的发展观和政绩观。从 2006 年到 2011 年一系列实施意见和实施办法出台后，浙江省委组织部在考

---

① 毛传来：《浙江完善领导干部考评体系，建立评价使用新视角》，《浙江日报》，http：//www. gov. cn/gzdt/2008－06/30/content_ 1030963. htm，最后访问日期：2008 年 6 月 30 日。

核任用干部方面有了一些创新和突破。

1. 淡化 GDP 分量，强化生态环保分量

在长期的经济发展中，浙江省生态环境遭到了一定的破坏。为保护生态环境，建设"生态浙江"和"美丽浙江"，省委组织部把生态环境指标纳入干部考核评价指标体系，实行问责制和一票否决制。对不能达到省委、省政府分配的生态环境指标要求的地方政府，要对其进行通报批评，否决正在考核的相关荣誉和称号；违规项目和超标项目要定期整改，整改不到位要追究相关责任人。在丽水、淳安、开化等重点生态功能区，取消 GDP 考核，重点考核生态保护、生态经济和人民生活水平等相关指标，促进这些地区生态文明的发展。

2. 注重科学导向

在错误的发展观和政绩观的引导下，各地出现了一些"政绩工程""形象工程"，注重经济发展速度，忽略了民生等实绩指标。为扭转这一局面，浙江省设计了干部考核评价指标体系，突出了对经济转型升级、生态文明建设、民生改善、社会和谐稳定等实绩方面的考核，不再把经济发展速度作为考核的主要依据。

3. 注重分类考核，避免指标"一刀切"

浙江省各地实际情况和经济发展水平不同，不能使用同样的考核指标。对部分地区和部门，根据其自身特点，结合省委、省政府中心工作的要求，建立有侧重、有特色的考核指标体系。在对各市县考核时，根据各地的实际情况和经济发展水平及速度，将浙江省的 11 个地市分为三类。经济发展水平高的地区如杭州、宁波等地重点考核经济结构调整、科技创新、社会服务等方面的内容；不适宜发展工业经济的地区如衢州、丽水等地则加强对生态建设、环境质量等方面的考核①。

4. 注重群众评价

以往对干部的考察以官方评价为主。即使存在群众评价，其比重也较

---

① 《浙江省出台干部考核评价"一个意见、五个办法"》，http：//zzb. lishui. gov. cn/Article/ShowArticle. asp？ArticleID＝2897，最后访问日期：2011 年 7 月 26 日。

低，同时存在群众参与度低、认识不足、考核内容少等问题。浙江省新的干部考核评价指标体系突出群众评价的重要性，扩大了相关指标权重。通过扩大群众参与度、增加群众满意度指标、强化群众公认度等方式，评价更能体现基层群众的声音，更能体现民意①。

### 5. 注重官员"德行"的考核

浙江省的干部考核评价指标体系注重对官员"生活圈""社交圈"的考核，考察官员的个人修行、社会交往和家庭生活。注重对官员"德行"的考核，通过具体考核评价指标，对官员的"德行"进行量化分析。对群众负面评价比较多但一时难以查清的官员，慎重使用；对"德行"不达标的官员，实行"一票否决"制。

## 三　社会机制创新

社会机制失灵主要体现在公众获取环境信息的渠道缺失以及公众参与环保的渠道缺失。因此，需要从这两个方面入手进行社会机制的创新。浙江在社会机制创新方面的主要贡献如下。

### （一）环境信息公开机制

环境信息包括政府环境信息和企业环境信息。其中，政府环境信息是指环保部门在履行环境保护职责中制作或者获取的，以一定形式记录、保存的信息；企业环境信息是指企业以一定形式记录、保存的，与企业经营活动产生的环境影响和企业环境行为有关的信息②。将环境信息公开，能够有效维护公民的知情权，推动公众参与环境保护。我国一直推动环境公开制度建设，从 2008 年就开始实行《环境信息公开办法（试行）》。

浙江省在环境信息公开方面取得了不错的成绩。根据公众环境研究中心、

---

① 马跃明：《更加突出科学发展的鲜明导向，解读干部考核评价"一个意见、五个办法"》，《今日浙江》，http://dangjian.people.com.cn/GB/15713418.html，最后访问日期：2011 年 9 月 21 日。

② 国家环境保护总局：《环境信息公开办法（试行）》，http://www.zjol.com.cn/epmap/system/2011/09/02/017817116.shtml，最后访问日期：2013 年 1 月 16 日。

国际自然资源保护协会、绿满江淮、绿色潇湘、绿行齐鲁、福建绿家园、南京绿石等民间环保组织公布的 2013～2014 年 120 个城市污染源信息公开（PITI）指数的最新评分和排名，浙江省宁波市名列第一，温州市和杭州市分列第五和第六名①。浙江省在环境信息公开方面的成功经验和机制创新如下。

1. 政府高度重视环境信息公开

2013 年，浙江省政府出台《当前我省政府信息公开重点工作安排》，将环境信息公开纳入大力推进的 9 个重点领域信息公开工作，要求重点推进空气质量和水质环境信息、建设项目环境影响评价信息、环境污染治理政策措施和治理效果信息、减排信息等四个方面的信息公开工作，并责令省环保厅牵头落实②。

2. 及时发布重大环保监测信息

2011 年福岛核事故发生后，浙江省环保厅及时发布环保监测数据，开辟专栏讲解核辐射的相关知识，消除公众的恐慌情绪。"血铅"事件发生后，省环保厅也同样开辟了专栏宣传血铅的防护知识，稳定了群众的情绪，及时更新蓄电池行业的整治信息，确保公众的知情权。

3. 构建信息发布平台

浙江省环保厅十分重视门户网站的信息发布工作，在网站上开辟了信息公开专栏，及时公布各种环境质量监测结果、环评项目审批等信息。为加强企业环保信息公开，省环保厅在门户网站上建成了全省企业自行监测信息公开统一发布平台，要求纳入国家重点监控的企业在平台上公开自行监测方案和监测结果③。在水污染防治方面，省环境信息中心构建了浙江省水污染信息

---

① 陈媛媛：《120 个城市环境信息公开指数排名公布》，《中国环境报》，http://epmap.zjol.com.cn/system/2014/06/10/020074109.shtml，最后访问日期：2014 年 6 月 10 日。

② 浙江省人民政府办公厅：《浙江省人民政府办公厅关于印发当前我省政府信息公开重点工作安排的通知（浙政办发〔2013〕112 号）》，http://www.foodmate.net/law/zhejiang/179289.html，最后访问日期：2013 年 8 月 29 日。

③ 王琦：《浙江企业自行发布监测信息》，《中国环境报》，http://www.scio.gov.cn/ztk/xwfb/2014/gxbjh2013nhbgzjzqkxwfbh/xxgk/Document/1362695/1362695.htm，最后访问日期：2014 年 2 月 11 日。

公开与公众参与平台，及时向公众公布水污染情况、环境质量监测结果等信息。除网站外，浙江省环保厅还积极拓展其他的信息发布渠道，先后在 2013 年和 2014 年开通了"浙江环保"官方微博和官方微信公众号，确保公众了解环保、参与环保①。

### （二）环境宣传教育机制

建设生态文明，人是主体，人们的思想意识和行动直接影响生态文明建设的效果②。因此，必须加强生态文明的宣传教育，树立生态文明观，使生态文明的理念深入人心。党的十八大报告也明确提出："加强生态文明宣传教育，增强全民节约意识、环保意识、生态意识，形成合理消费的社会风尚，营造爱护生态环境的良好风气。"③

浙江省十分重视生态文明的宣传教育，取得了不错的成绩。"十五"期间，浙江省环境宣传教育中心、杭州市环境保护宣传教育中心、宁波市环境保护宣传教育中心和绍兴县环境保护局被国家环境保护总局评为全国环境宣传教育先进集体④。浙江省在生态文明宣传教育方面的工作经验和创新性做法如下。

### 1. 设立专门的机构负责生态文明的宣传教育

浙江省成立省环境宣传教育中心专门负责生态文明宣传教育工作。杭州、宁波等地也成立了相应的分支机构。浙江省环境宣传教育中心的主要职责包括：制定全省环境宣传教育规划和年度计划，并组织实施；组织、指导、协调和督察全省环境宣传教育工作；组织、指导和协调生态省建设和浙江重大环境保护工作的宣传事宜，主管环境新闻报道工作，管理并承办省环

① 浙江省环保厅：《浙江省环境保护厅官方微信正式上线》，http：//www.zj.gov.cn/art/2014/4/28/art_13102_1167595.html，最后访问日期：2014 年 4 月 28 日。
② 中国环境报评论员：《加强生态文明宣传教育——八论学习贯彻党的十八大精神》，《中国环境报》2012 年 11 月 28 日，第 1 版。
③ 陶德田：《加强生态文明宣传教育　努力为建设美丽中国鼓与呼》，《环境教育》2013 年第 Z1 期。
④ 《关于"十五"期间全国环境宣传教育先进集体、先进工作者候选名单的公示》，http：//www.cenews.com.cn/historynews/06_07/200712/t20071229_23398.html，最后访问日期：2006 年 1 月 16 日。

境新闻发布会事宜；承办"6·5"世界环境日等相关纪念日的重大主题活动；组织、协调开展全省绿色系列创建工作；组织开展公众参与生态省建设活动和环境保护；开展环境科技交流与生态环保法规知识培训及全省环保职工岗位培训，承办并完成国家环境保护部等上级有关部门下达省环保局的宣传教育工作任务等①。

2. 采用多种方式进行生态文明宣传教育

浙江省十分注重与主流媒体的合作，开辟专栏宣传生态文明和环保知识。为普及生态文明和环保的相关知识，省环保厅编写了《循环经济知识读本》等通俗易懂的读物。针对手机阅读兴起，省环保厅积极进行突破，于 2012 年推出了电子环保科普读物——《城市居民环保知识读本》手机应用，取得了良好的效果②。2010 年，浙江省人大常委会通过决议，决定每年6 月 30 日为"浙江生态日"。在每年的"浙江生态日"，省环保厅都会组织各种主题宣传活动。同时，省环保厅通过与省文明办、省妇联、省教育厅、省卫生厅等各个部门通力合作，坚持开展绿色系列的创建工作，积极开展环境教育。省环保厅还支持配合各地、各级党校和行政学院开展生态文明建设与环保专题培训，做好相关教育培训工作③。

3. 生态文明宣传教育覆盖范围广

首先，在内容上，浙江省不光宣传生态文明相关知识，也公布一些环境违法案件和环境监测质量报告等，广泛接受公众监督。其次，在覆盖平台上，浙江省在主流媒体、图书、网站、手机客户端等多种平台发布相关信息，进行宣传教育。最后，在覆盖范围上，浙江省不仅在学校、培训机构等进行宣传教育，还深入社区，引导家庭自觉参与生态文明建设。

---

① 浙江省环保厅：《浙江省环境宣传教育中心机构职能》，http://www.zjepb.gov.cn/root14/xxgk/jgzn/zsdw/200911/t20091101_301174.html，最后访问日期：2008 年 5 月 21 日。

② 邵甜、晏利扬：《浙江寻求环境宣传教育的创新与突破》，《中国环境报》，http://gongyi.sina.com.cn/greenlife/2012-07-17/101035835.html，最后访问日期：2012 年 7 月 17 日。

③ 浙江省环保厅：《关于印发 2011 年全省环境宣传教育工作要点的通知》，http://www.zjepb.gov.cn/hbtmhwz/sylm/stdt/201103/t20110315_94898.htm，最后访问日期：2011 年 3 月 11 日。

### （三）公众参与环保机制

随着民众环境保护意识的觉醒，越来越多的人要求参与环境保护行动。而保护生态环境，也需要公众充分发挥其监督、参与决策等作用。因此，建设生态文明需要完善公众参与环保的机制，推进环境民主进程。

浙江省历来就重视公众参与环保的机制建设，肯定公众参与环保的作用。浙江省环保厅厅长徐震在一次讲话中就曾指出："环境保护事业的发展离不开公众支持，公众是环保部门做好环保工作的重要盟友，也是最大的支持者。"浙江省的主要经验做法和制度创新如下。

1. 完善公众参与环保的机制，促进公众参与

浙江省通过一系列的制度建设和制度创新，加大了支持公众参与环保的力度。《浙江省环境污染监督管理办法》规定，鼓励和支持公众参与环境保护；《浙江省建设项目环境管理办法》规定，在建设项目做环评时要邀请社会团体、研究机构及有关环境敏感区的单位、个人参加座谈会、论证会、听证会，保障了公众参与权。为进一步促进公众参与，浙江省环保厅拟出台《关于切实加强公众参与环境保护工作的意见》，提出建立环境决策民意调查制度，把民意支持度作为决策的重要参考①。

2. 建设公众参与的平台，采用多种模式推动公众参与

为加强群众的环保监督，浙江省环保厅设立了"12369"环保举报热线和网络举报平台。广大群众踊跃参与，仅 2011 年就投诉举报了 53587 起环保案件。各地市积极探索公众参与环保的模式。嘉兴市创建了环保联合会、市民环保检查团、专家服务团、生态文明宣讲团等"一会三团"公众参与模式，加强环境执法公众监督②。台州市开展"市民单点式"环境执法，由市民代表选择企业进行突击检查。舟山市则培训民间环境监督员，让其参与环境执法。

---

① 叶慧、邵甜：《从旁观者到生力军——浙江用制度建设鼓励和保障公众参与环境保护》，《今日浙江》2012 年第 22 期。
② 虞伟：《聚焦公众参与 推进环境民主——中欧环境治理（浙江）地方伙伴项目启动》，《世界环境》2012 年第 6 期。

3. 推进环保非政府组织的发展，促进公众参与的专业化和组织化

环保非政府组织是环保人士自发组成的民间团体，在公众参与中发挥了重要作用。利用其专业性较强、组织程度较高的优势，积极组织各种环保活动，普及环保知识，加强环境监督。例如，"绿色浙江"组织的成员忻皓开发了一个名为"水地图"的网络互动平台，号召人们参与水环境监督[①]。

浙江省十分重视环保非政府组织的发展，各种民间环保组织十分活跃。2013 年 5 月 18 日，"绿色浙江"正式注册成立。该组织建立于 2000 年，是浙江省建立最早、规模最大的环保组织，也是目前在全国有巨大影响力的环保组织之一[②]。

# 第三节 生态文明建设的制度保障

2014 年 5 月 23 日通过的《中共浙江省委关于建设美丽浙江 创造美好生活的决定》系统阐述了美丽浙江建设的制度保障问题，提出通过完善"源头严控""过程严管""恶果严惩"三个方面的制度来推动浙江的生态文明建设，实现美丽浙江的建设目标。

## 一 "源头严控"制度

### （一）主体功能区制度

主体功能区制度是我国的一项创新。"十一五"发展规划纲要详细阐述了推进形成主体功能区的基本方向和主要任务，提出要将国土空间划分为优化开发、重点开发、限制开发和禁止开发四类主体功能区。经过 4 年多的努力，国务院发布了《全国主体功能区规划》，标志着主体功能区从理念走向

---

① 陆颖：《浙江草根环保组织用"水地图"标注污染点 每年有数起举报得到官方回应》，http：//news. xinhuanet. com/local/2014 - 05/04/c_ 1110523552. htm，最后访问日期：2014 年 5 月 4 日。

② 申屠骏、陈栋：《浙江最大民间环保组织"绿色浙江"正式注册成立》，《杭州日报》，http：//news - hzrb. hangzhou. com. cn/system/2013/05/18/012439533. shtml，最后访问日期：2013 年 5 月 18 日。

现实①。在 2011 年通过的"十二五"发展规划中，主体功能区规划上升为国家战略②。

　　浙江省十分重视推进主体功能区建设。2006 年，时任浙江省委书记习近平同志在全省第七次环境保护大会上的讲话中提到："要依据环境容量优化区域布局，充分运用资源环境政策的杠杆作用，实施差别化的区域开发政策。根据资源禀赋、环境容量、生态状况等要素，明确不同区域的功能定位和发展方向，将区域经济规划和环境保护目标有机结合起来，并根据环境容量、自然资源状况分别进行优化开发、重点开发、限制开发、禁止开发。严格按照生态功能分区要求，确定不同地区的主导功能，配套以体现科学发展观要求的政绩导向，形成各具特色的发展格局。"③ 同年，浙江省被国家发展和改革委员会确定为省级主体功能区规划基础研究试点省份④。为推进主体功能区工作，省发展和改革委员会下发了《关于开展主体功能区划试点工作的通知》。2007 年，在各地试点工作的基础上，浙江省政府下发了《浙江省人民政府办公厅关于开展全省主体功能区规划编制工作的通知》。在通知精神的指导下，杭州、宁波等地纷纷出台主体功能区规划工作方案，主体功能区编制工作进入正轨。2012 年，在完成主体功能区基础研究、国土空间综合评价等工作的基础上，自 2006 年开始的浙江省主体功能区规划编制工作基本完成。2013 年，浙江省人民政府正式发布了《浙江省主体功能区规划》⑤，标志着浙江省推进主体功能区工作进入了一个新的阶段。浙江省

---

① 杨伟民、袁喜禄、张耕田等：《实施主体功能区战略，构建高效、协调、可持续的美好家园——主体功能区战略研究总报告》，《管理世界》2012 年第 10 期。

② 吴殿廷、吴铮争：《主体功能区规划实施中若干问题的探讨》，《人民论坛》2011 年第 24 期。

③ 习近平：《干在实处　走在前列——推进浙江新发展的思考与实践》，中共中央党校出版社，2006，第 201 页。

④ 周丹：《浙江主体功能区规划解读》，http：//www.zdpri.cn/newsite/sanji.asp？id＝223819，最后访问日期：2013 年 11 月 13 日。

⑤ 浙江省发展和改革委员会规划处：《浙江省人民政府关于印发浙江省主体功能区规划的通知》，http：//www.zjdpc.gov.cn/art/2013/10/21/art_ 719_ 588513.html，最后访问日期：2013 年 10 月 21 日。

推进主体功能区方面的主要做法和创新如下。

1. 推进生态功能区规划的编制

生态功能区规划是生态环境保护方面一个综合性、基础性、约束性的专项规划，是主体功能区规划编制的重要基础和依据①。早在 2003 年，《浙江生态省建设规划纲要》就提出要把浙江省划分为 6 个生态区、15 个生态亚区。2006 年，浙江省环保厅出台了《浙江省县（市、区）生态环境功能区规划技术导则（试行）》，各试点地区开始编制生态功能区规划。2007 年，在全省 14 个试点市（县）的生态功能区规划编制完成并通过专家验证的基础上，为推动全省生态功能区规划编制工作的开展，浙江省环保厅下发了《关于进一步加强生态环境功能区规划编制工作的通知》②。到 2007 年底，浙江全省各市（县）的生态功能区规划编制工作基本完成并通过了专家验收。这些规划的编制成功，为各地主体功能区规划的编制奠定了基础。

2. 强化组织领导

为编制浙江省主体功能区规划，协调各个部门的工作，浙江省成立了全省主体功能区规划编制工作领导小组，由常务副省长任组长，省政府副秘书长和省发展和改革委员会主任任副组长，省发展和改革委员会副主任、省财政厅总会计师、省经贸委副主任、省建设厅总规划师、省科技厅副厅长、省国土资源厅副厅长、省农业厅副厅长等省直属相关部门的主要副职为成员。2007 年，在领导小组的直接领导下，《浙江省主体功能区规划工作方案》出台，提出成立全省主体功能区规划专家咨询组和全省主体功能区规划编制工作小组，促进编制工作的开展③。在各个省主体功能区规划编制工作领导小

---

① 王浙明：《浙江生态功能区划实践探索》，《环境保护》2010 年第 14 期。

② 浙江省环保厅：《关于进一步加强生态环境功能区规划编制工作的通知》，http://www.zjepb.gov.cn/hbtmhwz/sylm/zxdt/200710/t20071030_ 4712.htm，最后访问日期：2007 年 10 月 30 日。

③ 浙江省发展和改革委员会规划处：《"浙江省主体功能区规划工作方案"出台》，http://www.cnestate.com/gaiban08/news/news_ detail.asp? id = 29722，最后访问日期：2007 年 5 月 11 日。

组成员单位的通力协作下，《浙江省主体功能区规划》在 2013 年终于编制完成。

3. 坚持省、市、县三级联动，强调与已有规划的衔接

《浙江省主体功能区规划工作方案》提出，浙江省在规划的编制上采取自上而下、上下结合、省市县联动的方式。在编制的过程中，强调与已有规划成果的衔接，重视基础调研，重视科学技术支撑的作用，正确处理与周边地域的关系，保证规划的质量。

4. 坚持因地制宜，增加生态经济区

在规划编制过程中，浙江省坚持因地制宜原则，体现浙江特色，具体表现为：保护类功能区占区域总面积的 70%，符合浙江"七山一水二分田"的地貌特征；根据浙江欠发达地区的实际情况，创新性地增加了生态经济区，有力推动了欠发达地区的发展①。

5. 构建配套政策，保障主体功能区的实施

《浙江省主体功能区规划》要求各地方政府要根据规划调整现行的政策和制度。为推进主体功能区的实施，从财政、产业、农业、投资、环保、人口、土地、绩效等方面构建了配套的政策体系，明确对不同的主体功能区实行差异化的考核评价，将主体功能区目标的完成情况作为干部选拔任用的重要依据。同时，《浙江省主体功能区规划》明确了各省直机关单位和各地市县推进主体功能区规划实施的职责，建立覆盖全省的国土空间动态监测管理系统，监督规划的实施。

（二）环境影响评价制度

环境影响评价是指对规划和建设项目实施后可能造成的环境影响进行分析、预测和评估，提出预防或者减轻不良环境影响的对策和措施，并进行跟踪监测的方法与制度。这一制度有兼顾管理和预防的特性。我国 2003 年就开始施行《环境影响评价法》，但在施行过程中逐渐发现一些不足。针对这

① 刘亭：《浙江省主体功能区规划解读》，http：//www.zdpri.cn/newsite/sanji.asp？id＝223300，最后访问日期：2013 年 1 月 7 日。

些问题，浙江省根据实际工作经验，对现行的环境影响评价制度进行了一定的创新和完善。

1. 重视公众参与

在浙江省，除法律规定需要保密的项目以外，各类建设项目的环境影响评价和环境影响评价审批都要公开信息，并征求公众的意见。而《环境影响评价法》仅要求对环境可能造成重大影响的项目征求群众意见，其他的项目不作要求。

2. 保障公众知情权

在浙江，如果环评项目直接影响其他人的重大利益或直接涉及申请人与其他人的重大利益关系，应当告知利害关系人。申请人、利害关系人有权进行陈述、申辩或要求参加听证会。省环保厅应当听取其意见。而《环境影响评价法》没有这方面的要求。

3. 强化监督监理

浙江省十分重视对环境影响评价项目的监督和管理，出台多项政策治理行业不正之风。通过追究环境机构从业人员的责任，追究因环评材料弄虚作假造成环评项目严重污染环境的环评单位的行政或刑事责任，加强行业监督。通过监理可能对环境有重大影响的项目并定期向环保部门提供环境监理报告，促进各项生态保护防治措施的落实。

4. 简化环境影响评价流程

在浙江省，从2008年10月1日开始，由省级以下环保部门负责审批的建设项目，不再需要编制和报批环评大纲。对于确实需要让行业主管部门提前审核的环评项目环评报告，由环保部门会同有关单位统一进行审核，不再单独评审。相比之下，国家的程序则复杂得多。首先要编制环评大纲，通过环保部门的审批。环评报告则要通过主管部门的预审才能送到环保部门，最后由环保部门进行最终审批。

（三）总量控制制度

总量控制制度，是指在特定的时期，综合经济、技术、社会等条件，采取通过向排污源分配污染物排放量的形式，将一定空间范围内排污源产生的污染物数量控制在环境容量限度内而实行的污染控制方式及管理规范的总称①。一般来说，为提高环境质量，允许的污染物排放总量会随着时间的推移而减少。目前，我国的总量控制制度主要用于控制大气污染和水环境污染。但在实际运行中，随着制度的深入实施，一些问题不断暴露出来。这些问题主要包括缺乏专门立法，法律依据不健全；实施细则少，总量指标具体操作的依据和规范、核算体系也不全面；缺乏配套制度；监督和责任机制不健全等②。

浙江省颁布了《浙江省环境污染督查管理办法》《太湖流域管理条例》等文件，在对污染物进行总量控制的实践中，对总量控制制度进行了一定创新。主要的制度建设如下。

### 1. 明确了具体的总量控制指标

浙江省在实行总量控制制度时，明确了企事业单位可以排放的污染物总量、需要减少的污染物排放量以及减排的时间。要求对排污单位加强动态管理，建立一厂一档的管理台账，监控新增排污量、削减排污量和超排或偷排量等"三量"的变化，并将其纳入动态管理系统，对排污单位进行动态监控。

### 2. 加大了环境执法监督力度

通过多种方式，加强对排污单位排污行为的监控。加大环境执法力度，对未建设环保防污设施的单位限期整改。到期后污染物排放仍不达标的单位要坚决关停。

### 3. 严格执行项目准入制度

严格执行国家和省的各项准入政策，严禁新建排放氮、磷污染物的项目。新建项目新增的其他污染物排放量必须按规定比例与削减指标挂钩。关停没有建设或没有运行环保防污设施的项目③。

---

① 刘旭、秦南茜：《我国污染防治法中的总量控制制度概述》，《法制与社会》2011 年第 4 期。
② 闫海超：《总量控制制度还缺什么？》，《中国环境报》2012 年 5 月 21 日，第 3 版。
③ 沈满洪、魏楚、程华等：《2012 浙江生态经济发展报告》，中国财政经济出版社，2012，第 303 页。

4. 完善各项配套制度

通过各项经济政策推动污染物总量控制目标的实现。通过调整信贷政策，遏制高耗能和高污染项目的建设，鼓励各种环保项目、可再生能源项目的建设和发展，推广环保产品。尝试建立符合资源价格、有利于环境保护的排污权有偿使用和交易制度，在加强对排污单位监控的基础上，通过市场手段，提高资源配置的效率，提高环境保护水平。

5. 严格控制新增总量

浙江省要求试点地区的新建项目增加排污量必须由排污权交易机构确认并通过排污权交易方式获得，进而使得新增的排污量处在严格的控制之下。

## 二　"过程严管"制度

### （一）环境法治建设

保护生态环境是生态文明建设的重要内容。在当前我国环境污染严重、生态严重破坏的情况下，必须依靠环境法治来规范人们的行为，严厉处罚破坏生态环境的行为，从而有效地保护生态环境。

浙江省一直坚持通过法治来保护环境，建设生态文明。习近平同志在主政浙江时就要求："要加快地方环境立法步伐，健全地方环境法规和标准体系，加大对违法行为的处罚力度，重点解决'违法成本低、守法成本高'的问题。充分利用司法手段，支持和加强环保工作。"[①] 自提出生态省建设目标以来，浙江省在环境法治方面取得了良好的成绩，主要经验如下。

1. 完善地方法律法规体系

我国的环境立法不健全，存在诸多具体问题。2003 年以来，为推动生态省建设，保护生态环境，浙江省制定和修订了《浙江省大气污染防治条

---

① 习近平：《干在实处　走在前列——推进浙江新发展的思考与实践》，中共中央党校出版社，2006，第 202 页。

例》《浙江省核电厂辐射环境保护条例》《浙江省森林管理条例》《浙江省陆生野生动物保护条例》《浙江省海洋环境保护条例》《浙江省自然保护区管理办法》《浙江省建筑节能管理办法》《浙江省水污染防治条例》《浙江省饮用水水源保护条例》《浙江省建设项目环境保护管理办法》《浙江省辐射环境管理办法》等40多部地方性法规和规章，初步完善了地方法律法规体系①。

2. 完善环境执法监管体系

浙江省建立了公检法联动环保执法机制，所有设区市、80%以上的县（市、区）设立公安环保联络室。积极推进环境公益诉讼，环保非诉案件强制执法难题取得突破。创新监管方式方法，健全部门联动执法、公众参与、企业自我监督、边界联动监管、信息公开和网格化执法等环境执法六大机制。

3. 严格环境执法监管

浙江省对环境违法始终保持高压严打态势。2008年以来，浙江省共查处环境违法案件5.6万件，罚款23.6亿元。特别是2011年以来，全省实行环保执法公检法联动，到2013年底已经行政拘留环境违法人员1052人，刑事拘留429人，有效遏制了环境违法行为。

（二）生态补偿制度

生态补偿制度是以保护生态环境、促进人与自然和谐发展为目的，根据生态系统服务价值、生态保护成本、发展机会成本，运用政府和市场手段，调节生态保护利益相关者利益关系的公共制度②。党的十六大报告就提出，"按照谁开发谁保护、谁受益谁补偿的原则，加快建立生态补偿机制"。

浙江省有饮用水源涵养地区、自然保护区、森林和生物多样性保护区等各种生态功能区。这些生态功能区大部分处在浙江西南欠发达地区。为顾全大局，保护环境，这些地区经济发展受到了影响，需要对这些欠发达地区进行生态补偿。浙江各地很早就开始了生态补偿方面的实践。特别是开始生态

---

① 苏小明：《生态文明制度建设的浙江实践与创新》，《观察与思考》2014年第4期。
② 陈锦其：《浙江生态补偿机制的实践、意义和完善策略研究》，《中共杭州市委党校学报》2010年第6期。

省建设以来，各地的实践探索明显增加，一些地方政府还出台了相应的法规政策。2003年，台州市政府办公室下发了《关于印发长潭水库饮用水源水质保护专项资金管理办法的通知》，设立每年600万元的专项资金，用于保护长潭水库饮用水源。2004年，绍兴市政府办公室下发了《关于印发绍兴市汤浦水库水源环境保护专项资金管理暂行办法的通知》，设立汤浦水库水源环境保护专项资金，资金由水务集团提供，每年按汤浦水库供水量每吨0.015元计算①。2005年6月，杭州市颁发了《关于建立健全生态补偿机制的若干意见》，采用政府令形式对生态补偿机制作出具体规定，设计了一套科学的生态补偿标准评价体系②。同时，各地还探索出了排污权交易、水权交易、异地开发等多种生态补偿模式，大大丰富了生态补偿制度的内容。

2005年，德清在全省率先开始运作生态补偿制度，出台了《关于建立西部乡镇生态补偿机制的实施意见》，开始对县域104国道以西区域三个乡镇实行生态补偿。2010年，出台了《深化完善生态补偿机制的实施意见》，开始扩大补偿范围，补偿面积占县域总面积的1/3。为明确资金用途，德清县财政设立了生态补偿金专户，专门出台了《西部乡镇生态补偿资金缴纳和使用管理办法》。德清县在实施生态补偿后取得了明显的成效，一大批西部乡镇的污染企业被关停，建成了日处理能力达500吨生活污水的处理站，生态环境和水库水质得到明显改善③。

习近平同志在主政浙江时也十分重视生态补偿制度建设。2005年4月5日，他在生态省建设工作领导小组会议上的讲话中提到：浙江省大部分欠发达地区同时也是生态功能区。最近中国环境监测总站对全国县市的生态环境质量进行了调查，浙江省庆元县名列第一，景宁、龙泉、泰顺、云和分列第五、第八、第九、第十。这些县都是浙西南的欠发达地区，都面临生态保护和加快发展的双重任务。因此，建立健全生态补偿机制必须摆上重要议事日程。生态补偿过去也有，包括对欠发达地区的转移支付，对

---

① 浙江省环保局生态处：《浙江：生态补偿机制的先行者》，《环境经济》2006年第7期。
② 沈满洪：《生态文明制度建设的"浙江样本"》，《浙江日报》2013年7月19日，第14版。
③ 赖慧能主编《中国全面小康发展报告德清样本》，红旗出版社，2014，第144~146页。

生态林提高补偿标准等，但必须逐步加大力度、健全机制。建立生态补偿机制，用计划、立法、市场等手段解决下游地区对上游地区、开发地区对保护地区、受益地区对受损地区、末端产业对源头产业的利益补偿问题。将财政转移支付的重点放到区域生态补偿上来，对生态脆弱地区和生态保护地区实行特殊政策。研究探索通过市场手段让社会各阶层进行生态补偿。比如，对城市生活污水收费，用水多的加倍收费，特困户在生存用水范围内给予补贴等。又如，通过建立完善的环境付费和环境税收制度，让高收入阶层缴更多的税费改善环境，让低收入者享受到更多的环境权益，让生产者自觉追求环保的生产方式，让消费者自觉选择环保的消费方式。当然，生态补偿机制不可能一下子健全起来，但必须朝着这个方向努力，逐步加大力度，最终形成社会良性循环、各方各得其所的机制。这应当也是构建和谐社会的重要内容[1]。

在省委、省政府的要求下，浙江省组织专家和机构，在深入调查研究的基础上，综合各方面的意见，通过了《浙江省人民政府关于进一步建立健全生态补偿的意见》代拟稿。在征求省级 14 个部门并对意见内容进行初步修改以后，2005 年 8 月，省政府下发了《关于进一步完善生态补偿机制的若干意见》，成为全国首个出台生态保护补偿机制的省份。2006 年，为保护钱塘江源头地区，省政府出台了《钱塘江源头地区生态环境保护省级财政专项补助暂行办法》。2008 年，经过多年的转移支付探索之后，省政府制定出台了《浙江省生态环保财力转移支付试行办法》[2]，开始实行全流域的生态补偿，对八大流域源头所在的 45 个市、县（区）进行生态环保财力转移支付[3]。

浙江省在生态补偿制度方面的做法和创新如下。

---

① 习近平：《干在实处　走在前列——推进浙江新发展的思考与实践》，中共中央党校出版社，2006，第 195 页。

② 邓爱林、赵静静：《对我国生态补偿机制的建议——以浙江省的经验为例》，《经营与管理》2014 年第 1 期。

③ 吴妙丽、赵晓：《浙江实施全流域生态补偿》，http://www.cenews.com.cn/xwzx/zhxw/qt/200803/t20080321_ 223222.html，最后访问日期：2008 年 3 月 21 日。

1. 通过多种方式进行生态补偿

不同的地区应该采用不同的补偿方式。在多年的实践中，浙江探索出了多种不同的生态补偿方法。对流域上游的生态功能区，采用异地开发的方式，通过提供体制、政策优惠，建设扶贫经济开发区进行补偿。例如，金华市建立了金磐扶贫经济技术开发区，作为源头地区磐安县的开发用地，并出台了一系列的扶持政策。在西南山地林地生态保护区和海岛地区，主要采用"下山脱贫"和"大岛建、小岛迁"的方式，给予生态移民一定的经济补偿和相关的优惠政策，通过深入实施"千万农村劳动力素质培训工程"，加强就业培训，促使其脱贫致富。在一些流域和河流的上下游地区实现区域生态补偿，下游通过给予上游一定的经济补偿保证用水质量。例如，金华市金东区下游的傅村镇给上游的源东乡每年5万元人民币，用于保护上游的水质①。

2. 切实追究生态环境破坏者的责任

浙江省加强了对污染物排放的监控，切实加大了对污染物超排、偷排等行为的处罚力度。加强了对交接断面水质的考核，严格按照《浙江省跨行政区域河流交接断面水质保护管理考核办法》的要求，采取有效措施惩罚导致水质不达标的责任方，并责令其限期实现交接断面水质达标。

3. 探索市场化的生态补偿制度

浙江省将资源的有偿使用制度和生态补偿制度相结合，征收矿产资源补偿费和水资源费，建立了矿山自然生态环境治理备用金制度，用于保护矿山环境；建立森林生态效益补偿基金制度，省财政每年拿出一部分资金用于补偿生态公益林项目；探索水资源有偿使用机制，实行配额交易，实现水权交易的"双赢"；实行排污权有偿使用和交易制度，引入市场机制，促进排污成本的降低和环保目标的实现。

4. 建立多渠道的融资机制

生态补偿的资金不能只靠财政支持，应该拓展融资渠道，建立多渠道的

---

① 苗昆、姜妮：《和谐推动政策 创新引领实践 协调完善机制——浙江生态补偿实践的调查》，《环境经济》2008年第8期。

融资机制。浙江省长兴县在这方面进行了尝试。通过放开建设权和经营权,鼓励社会资本进入公用事业领域,解决了公用事业资金短缺的问题,提升了公用服务的数量和质量。

### 三 "恶果严惩"制度

#### (一)生态环境保护责任追究制度

习近平同志在主政浙江时就开始了生态环境保护责任追究制度方面的实践探索。2004 年,浙江省委、省政府出台了《浙江省环境违法行为责任追究办法(试行)》,明确了环境保护责任,严肃查处环境违法案件①。2014年,浙江省十二届人大常委会第十一次会议通过了《关于保障和促进建设美丽浙江 创造美好生活的决定》,提出建立生态环境损害责任终身追究制度,对因盲目决策造成生态环境严重损害的,不论相关责任人是否在职,均应当追究其相应责任②。浙江省的生态环境保护责任追究制度近年来取得了新的进展,主要创新如下。

1. 明确追究犯错官员的责任

《浙江省环境违法行为责任追究办法(试行)》明确了各地党委政府领导的环境保护责任,规定了 5 种官员的主要环境违法行为:违反国家产业政策或违背产业发展导向,违反区域或流域的环境资源保护规划,导致环境恶化或生态破坏的;放任、包庇、纵容环境违法行为,或对社会反映强烈的环境污染问题长期不解决或处理不当的;对本地区发生的重大环境污染事故不及时妥善处理,造成损失加重,或阻挠环境保护行政主管部门按规定报告的;干扰、限制环境保护行政主管部门依法进行环境管理和查处环境违法

---

① 中共浙江省委办公厅、浙江省人民政府办公厅:《中共浙江省委办公厅、浙江省人民政府办公厅关于印发〈浙江省环境违法行为责任追究办法(试行)〉的通知》,http://www.chinalawedu.com/news/1200/22598/22624/23002/2006/4/ma44491381719146002171740.htm,最后访问日期:2004 年 2 月 25 日。

② 廖小清、林丽娴、盛相良:《浙江将建立生态环境损害责任终身追究制度》,《浙江日报》,http://zjnews.zjol.com.cn/system/2014/08/01/020173649.shtml,最后访问日期:2014 年 8 月 1 日。

行为，致使环境保护行政主管部门不能依法行使职权的；授意、指使、强令环境保护行政主管部门违反规定，对不符合要求的建设项目予以批准，或对不符合要求的污染防治设施予以验收通过的。对有这些行为的主要责任人，明确追究其责任。根据造成的损害和影响的程度，采取通报批评、党内记大过、撤销党内职务、行政降级甚至撤职等不同程度的处罚措施①。

2. 明确追究监管部门监管不力的责任

《浙江省环境违法行为责任追究办法（试行）》要求各环境行政主管部门和环境督察管理部门加强监督，对违法批准环境影响报告书（报告表），虚报、瞒报、拒报环境污染、生态破坏事故或不及时处理事故，对不符合要求的建设项目污染防治设施或未按规定完成任务的限期治理项目予以验收通过等7种监管不力行为的责任单位追究其责任。除对单位进行通报批评外，对负主要领导责任的主管人员和其他直接责任人员根据情节的严重程度，采取党内警告、撤销党内职务、行政降级甚至撤职、开除党籍、行政开除等不同程度的处罚措施。

3. 明确追究审批部门审批不严的责任

《浙江省环境违法行为责任追究办法（试行）》要求发展改革、建设、规划等部门各司其职。对违规未进行环保审批的项目进行相关审批、验收等手续的责任部门，进行通报批评。对主要领导责任的主管人员和其他直接责任人员根据情节的严重程度，采取党内记大过、党内警告行政警告、撤销党内职务、行政降级甚至撤职等不同程度的处罚措施。

4. 明确追究各机关、团体企事业单位的环境违法行为责任

《浙江省环境违法行为责任追究办法（试行）》明确了各机关、团体、企事业单位遵守环境法规、自觉保护环境的责任。规定了对抗、妨碍环境保护行政主管部门或其他环境监督管理部门的检查、调查、验收等环保执法活动、拒不执行环境污染整改决定或无正当理由逾期未完成限期治理任务等6

---

① 《严惩破坏生态环境的党政干部——〈浙江省环境违法行为责任追究办法（试行）〉重点提示》，《政策瞭望》2004 年第 4 期。

种环境违法行为,对有违法行为的责任单位依法进行行政处罚外,追究单位负责人的责任。依情节严重程度,采取不同的处罚措施。

5. 明确追究纵容下属犯错的主管领导的责任

《浙江省环境违法行为责任追究办法(试行)》规定,下属犯错采取追究纵容、包庇等的主管领导责任,根据情节的严重程度,采取党内记大过、党内警告行政警告、撤销党内职务、行政降级甚至撤职等不同程度的处罚措施。

### (二)环境损害赔偿制度

浙江省在海洋生态环境损害赔偿方面作出了有益的探索。2006 年 4 月 1 日,浙江省开始实行《浙江省渔业管理条例》,对渔业生态环境实施污染损害赔偿制度。经过多年的调查研究,2013 年浙江省海洋与渔业局草拟了《浙江省海洋生态损害赔偿和损失补偿管理暂行办法(草案)》,开始公开征求意见,准备继渔业后在整个海洋范围实行生态环境损害赔偿制度。

浙江省在海洋生态环境损害赔偿方面的主要做法和创新如下。

1. 明确了生态环境损害必须赔偿的原则

《浙江省渔业管理条例》规定,对渔业生态环境进行破坏和损害,造成他人经济损失的,应当承担赔偿责任,造成国家渔业资源损失的,由县级以上渔业行政主管部门责令赔偿①。《浙江省海洋生态损害赔偿和损失补偿管理暂行办法(草案)》也提出,在浙江省管辖海域内,发生海洋污染事故、违法开发利用海洋资源等行为导致海洋生态损害的,应当缴纳海洋生态损害赔偿费;实施海洋工程导致海洋生态环境改变的,应当缴纳海洋生态损失补偿费②。这两个管理条例都明确了损害生态环境必须赔偿的原则。

2. 明确了请求赔偿的主体

《浙江省渔业管理条例》规定,由县级以上渔业行政主管部门责令赔

---

① 宋岩:《浙江 4 月 1 日起实行渔业生态环境污染损害赔偿制度》,http://www.gov.cn/jrzg/2006 - 03/31/content_ 241827. htm,最后访问日期:2006 年 3 月 31 日。

② 浙江省海洋与渔业局政策法规处:《关于公开征求〈浙江省海洋生态损害赔偿和损失补偿管理暂行办法〉(草案)意见的通知》,http://www.zjoaf.gov.cn/gggs/2013/12/18/2013121800015.shtml,最后访问日期:2013 年 12 月 18 日。

偿。《浙江省海洋生态损害赔偿和损失补偿管理暂行办法（草案）》也提出，由县级以上人民政府海洋与渔业行政主管部门代表国家向造成海洋生态损害和引起海洋生态损失的单位、个人提出海洋生态损害赔偿和损失补偿要求。

3. 划分了不同等级赔偿请求主体的管辖范围

《浙江省海洋生态损害赔偿和损失补偿管理暂行办法（草案）》规定了5种由省海洋与渔业局处置并提出赔偿要求的案件，包括损害范围涉及两个以上设区市的，造成直接经济损失额在1000万元以上的，珍贵、濒危水生野生生物生存环境遭到严重污染，造成渔业生态功能部分丧失，以及其他应当由省海洋与渔业局提出赔偿要求的重大污染事故。其他类型的案件由市、县海洋与渔业行政主管部门负责处理。

4. 明确了赔偿补偿金的用途

《浙江省海洋生态损害赔偿和损失补偿管理暂行办法（草案）》规定，海洋生态损害赔偿费和损失补偿费将纳入财政专户，专款专用，专项用于海洋与渔业生态环境修复、保护、整治和管理。

# 第八章
# 美丽浙江建设的经验启示

党的十八大报告把生态文明建设纳入中国特色社会主义建设"五位一体"总体布局，明确提出要大力推进生态文明建设，努力建设美丽中国，实现中华民族永续发展。党的十八届三中全会后，成立了中央全面深化改革领导小组，下设经济体制和生态文明体制改革等6个专项小组。这意味着生态文明建设已经被赋予了更新、更丰富的内涵，也标志着生态文明建设已经成为经济发展和环境保护的重要手段。因此，必须按照科学发展观确立新的发展理念，更加注重生态建设和环境保护，更加注重经济社会与人口资源环境的协调和可持续发展。浙江省委、省政府把握规律，审时度势，在建设生态省、打造"绿色浙江"方面走出了一条新路，形成了独特的"浙江经验"，获得了巨大的成功。总结和推广生态文明建设的"浙江经验"，对于践行科学发展观、大力推进生态文明建设、实现中华民族的伟大复兴有重要的理论价值和实践意义。

## 第一节　一张蓝图绘到底

浙江历任省委书记都积极倡导生态保护，十分重视环境绿化，非常强调综合治理，为推进浙江的环境保护和生态建设作出了重大贡献。浙江生态文明建设的战略目标大致上可以概括为四个阶段，即"绿色浙江——生态省——生态浙江——美丽浙江"。这种生态文明建设战略目标的演进，表现为"一张蓝图绘到底"的政策连贯性，同时又具有内涵和层次的递进性。这是在继承中创新的一个典范。绿色浙江建设、生态省建设、生态浙江建设、美丽浙江建设等均是不同时期浙江省生态文明建设目标的集中概括。这些生态文明建设目标的表述虽然有所不同，但是，其主线是一脉相承的：坚持科学发展观和生态文明观，妥善处理好金山银山和绿水青山的关系，既要金山银山又要绿水青山，实现经济社会的可持续发展和人民群众的幸福安康。生态文明建设是一项统一思想不易、投资金额巨大、成效显现缓慢的"积德"工程，急功近利的"短视眼"是很难长期坚持的。浙江历届省委、省政府的一个可贵精神就是以"咬住青山不放松，一任接着一任干"的精神，把"一张蓝图绘到底"。这是美丽浙江建设的一条宝贵经验，也是一条值得全面推广的经验。

## 一　重视环境保护：一年接着一年抓，一任接着一任干

环境保护是生态文明建设的基本要求。历届省委"一年接着一年抓，一任接着一任干"，从倡导植树造林开始，发展到生态省建设、打造"绿色浙江"，江华、铁瑛、王芳、薛驹、李泽民、张德江等浙江省历任领导都十分关心和重视环境保护工作，在不同的时期为浙江省的环境保护和生态建设作出了贡献。

习近平同志主政浙江期间，建立了完善的浙江生态省发展理念，他对"两座山"（即绿水青山与金山银山）理论有过全面阐述，他对"只要金山银山，不要绿水青山"的批判，对"既要金山银山，又要绿水青山"的要求，对"绿水青山就是金山银山"的预测，关于"宁要绿水青山，不要金山银山"的训诫，构成了完整的"两座山"理论。"两座山"理论是"以美丽中国为目标的生态文明建设"的重要指导思想。2003年1月，浙江成为全国第5个生态省建设试点省，标志着浙江全面建设生态省的工作进入了快车道。3月，《浙江生态省建设规划纲要》通过专家论证，习近平同志出席会议并讲话。5月，省委、省政府成立"浙江生态省建设工作领导小组"，习近平亲自担任组长。当月，他主持召开省委常委会议，讨论并原则通过《浙江生态省建设规划纲要》。6月，省人大常委会通过《关于生态省建设的决定》。7月，习近平同志在省委十一届四次全会报告中明确提出，要进一步发挥"八个优势"、推进"八项举措"，其中一个重要方面就是，进一步发挥浙江的生态优势，创建

生态省，打造"绿色浙江"。当月，省委、省政府举行"全省生态省建设动员大会"，习近平同志在会上作了题为《全面启动生态省建设，努力打造"绿色浙江"》的动员讲话。8月，指导全省生态省建设的纲领性文件——《浙江生态省建设规划纲要》正式下发。浙江生态省建设由此拉开大幕。在习近平同志的重视、关心和指导下，安吉于2006年6月创建了全国第一个生态县，这也是浙江迄今为止唯一的一个国家生态县。

此后，浙江生态省建设继续向前迈进。2007年4月，赵洪祝同志亲自主持了生态省建设领导小组全体会议。此后几年，他每年都亲自主持召开生态省建设领导小组全体会议，总结前一年的生态省建设工作，对当年的生态省建设工作作出部署。2007年6月，在省第十二次党代会上，他代表省委部署了全面建设惠及全省人民的小康社会的各项工作，提出"六个更加"的目标，其中之一就是"环境更加优美"。在2008年4月召开的省委十二届三次全会上，他提出，要站在建设生态文明的高度，把加强生态建设和环境保护、优化人居环境作为全面改善民生的重要内容。夏宝龙同志指出，要按照中央关于生态文明和美丽中国建设的要求，把握当前加快生态省建设的大好时机，坚持生态立省方略，紧紧围绕建设生态浙江、美丽浙江的目标任务，尊重规律、系统筹划，深化改革、强化保障，敢于负责、勇于担当，确保生态省建设干在实处、走在前列。①

## 二　强化水利建设：抓好当前，更着眼长远

浙江地处江南水乡，有6万多公里河道，同时又是一个水、旱、风、潮多种灾害频繁交错发生的地区，水利建设对全省的农业生产显得尤为重要。浙江历届省委注重"抓好当前，更着眼长远"，顺应形势的发展变化，从倡导治山治水开始，提出了"把水利作为国民经济的重要基础产业来办"② 等理念，促进了水资源的可持续利用和浙江经济社会的可持续发展。

---

① 夏宝龙在生态省建设工作领导小组第十一次全体会议上的讲话，2014年4月。
② 李泽民在全省农村工作会议上的讲话，1989年10月。

　　习近平同志十分关注浙江的八大水系治理。在生态省建设的环境整治活动中，习近平同志亲自下基层调查研究，具体指导整治工作。2003 年 6 月，习近平同志先后到慈溪、上虞、海宁、德清等市（县）和杭州市余杭区，检查水利和防汛工作。他指出，水利建设和防洪抗灾、水资源的保护和开发利用、水生态环境的治理和有效改善，始终是各级党委和政府的一项重大任务，是加快浙江全面建设小康社会、提前基本实现现代化的一个关键问题。2005 年 9 月，他在杭州和衢州两市调研钱塘江流域生态建设和环境保护情况时强调，钱塘江是浙江的母亲河，钱塘江流域的污染防治工作，不仅直接关系到流域内 1400 万人民群众的生产生活，也关系到浙江生态省建设的目标能否实现。钱塘江流域的污染防治工作，必须走在全省的前列。2006 年 8 月，他在湖州考察南太湖开发治理工作时强调，要切实把开发治理南太湖作为有关地方推进科学发展的一项重点工作，作为建设资源节约型和环境友好型社会的一个突破口，作为树立正确政绩观的一个重要方面，坚持不懈地扎实开展下去，努力把南太湖开发治理好。

　　赵洪祝同志十分重视防灾减灾工作。2007 年 6 月，他在浙江省第十二次党代会上强调，要加大江河水源头地区和重要生态功能区生态保护和建设力度。为保障人民生命财产安全，每逢台风来袭，他都要到省防汛抗旱指挥部直接指挥并适时到灾区慰问指导工作。2007 年 8 月"圣帕"台风袭击浙江后，他强调要实施"强塘固房"工程并十分重视推进这方面的工作。2008 年 4 月，他在省委十二届三次全会上强调，要以"强塘固房"为重点，进一步加强防灾减灾基础设施和避灾场所建设，提高抵御自然灾害的能力。

　　夏宝龙同志强调要把环境保护和生态建设结合起来。他指出[①]，当前中央高度重视环境保护和生态建设，群众对环境建设的期望也很高，浙江是东南沿海经济发达省份，在历届省委、省政府高度重视生态建设的基础上，省委、省政府推出了"三改一拆""五水共治"等既治标又治本的新举措，这些都为我们加快推进生态省建设提供了"天时、地利与人和"的条件。机

---

　　① 夏宝龙在生态省建设工作领导小组第十一次全体会议上的讲话，2014 年 4 月。

遇稍纵即逝，我们一定要把握有利形势，借势而上，全面推进美丽浙江建设，以治水为重点，实现水、气、土综合整治，把环境搞好，真正实现山清水秀。

### 三 发展绿色经济：要金山银山，更要绿水青山

绿色经济是生态文明建设的必然出路。浙江历届省委坚持"要金山银山，更要绿水青山"，从倡导污染治理开始，发展到循环经济，走出了一条具有浙江特色的发展绿色经济之路。改革开放初期，随着经济的快速发展，浙江环境问题日益突出。省委、省政府在抓好经济建设的同时，开始逐步重视和不断加强对生态环保工作的领导，先后提出了"增强环保意识，治理环境污染，保护和合理利用自然资源，逐步改善生态环境"[①]，"把污染治理工作作为推进现代化建设和可持续发展战略来抓"[②] 等思路，全省环境恶化的趋势基本得到了控制，部分地区的环境质量有所改善。

习近平同志提出了"循环经济"的发展思路。治理污染既要还清"旧账"，又要不再产生"新债"，发展循环经济就成为最佳的选择。为此，在习近平的倡导和组织下，浙江有序推进循环经济，把它作为生态省建设的一个中心环节，2005 年全面启动浙江发展循环经济、建设节约型社会工作。同年 4 月，他在浙江生态省建设工作领导小组会议上强调，要加快发展循环经济，促进资源环境的可持续发展。5 月，他主持省委财经领导小组会议，专题听取浙江发展循环经济的工作汇报。6 月，省委、省政府专门召开全省循环经济工作会议，他在会上作了题为"大力发展循环经济，积极探索科学发展的新路子"的讲话。随即，省委、省政府组建了以习近平为组长的浙江省发展循环经济、建设节约型社会工作领导小组。8 月，省政府出台《浙江省循环经济发展纲要》，对浙江省一个时期内发展循环经济的各项工作提出了明确的要求。

---

① 李泽民在浙江省第九次党代会上的报告，1993 年 12 月。
② 张德江在浙江省委十届二次全会上的报告，2009 年 1 月。

赵洪祝同志继续高度重视和扎实推进发展循环经济工作，并取得了新的进展。2007 年 12 月，经国务院同意，浙江省被国家发展和改革委员会列为第二批全国循环经济试点省。据中国环境监测总站公布的《2010 年度全国生态环境状况评价报告》，浙江的生态环境状况指数为优，连续多年位居全国前列。2010 年 6 月，省委十二届七次全会根据党的十七大关于生态文明建设的战略要求，认真总结生态省建设经验，率先在全国作出了《关于推进生态文明建设的决定》。时任省委书记赵洪祝强调，要坚持生态省建设方略、走生态立省之路，打造"富饶秀美、和谐安康"的生态浙江，努力使浙江成为全国生态文明示范区。

夏宝龙同志强调，环境整治和生态建设要"两手抓"。他指出，要坚持保护环境和转型升级并行，努力把生态优势变成经济优势；要坚持有形之手和无形之手并用，处理好政府行为与市场行为的关系；要坚持制度建设和文化营造并重，既要有刚性的制度、外在的约束作保证，同时也要有高度的生态文明、内在的文化自觉作支撑，确保生态省建设取得实效。各级政府要强化担当意识，做到守土有责、守土尽责，全面完成生态省建设各项任务。[1]

## 四 优化生态理念：生态兴则文明兴

领先的生态理念是生态文明建设的关键所在。历届省委强调，"生态兴则文明兴，生态衰则文明衰"，"要金山银山，更要绿水青山"，从酝酿建设"东方日内瓦"开始，发展到"青山常在，永续利用"，"走综合发展、集约经营、深度加工、多次增值、生态平衡、良性循环的路子"，再到"五年消灭荒山，十年绿化浙江"，浙江省的生态理念在实践中不断优化发展。

习近平同志在以往历届省委工作的基础上，认真贯彻中央精神，紧密结合浙江的实际，充分尊重全省广大干部群众的创造性实践，借鉴吸收国内外开展环境保护和生态建设的有益做法和经验，逐步形成了具有浙江特色的生态建设理念。

---

[1] 夏宝龙在生态省建设工作领导小组第十一次全体会议上的讲话，2014 年 4 月。

一是强调"生态兴则文明兴，生态衰则文明衰"。这是习近平在强调生态建设意义时常说的一句话。他认为，高度重视可持续发展，重视资源和生态问题，发展循环经济，开展生态省建设，对于浙江来说，事关全局、事关未来、事关民生。

二是强调"要金山银山，更要绿水青山"。这是习近平在解读生态建设项目时常说的一句话。他认为，认识到绿水青山就是金山银山，环境本身就能带来财富，这是一种更高的境界，体现了科学发展观的本质要求。

三是强调"环境保护和生态建设，早抓事半功倍，晚抓事倍功半，越晚越被动"。这是习近平在评判生态建设态度时常说的一句话。他认为，绝对不能允许那种只顾眼前、不顾长远，先污染后治理、先破坏后恢复的发展方式。

四是强调"保护环境就是保护财富"。这是习近平在分析生态建设效益时常说的一句话。他认为，破坏生态环境就是破坏生产力，保护生态环境就是保护生产力，改善生态环境就是发展生产力。

五是强调"经济越发展，越要重视环境保护和生态建设"。这是习近平在强化持续推进生态省建设各项工作时常说的一句话。他认为，不重视生态的政府是不清醒的政府，不重视生态的领导是不称职的领导，不重视生态的企业是没有希望的企业，不重视生态的公民不能算是具备现代文明素质的公民。

此后担任省委书记的赵洪祝同志继续重视环境保护与生态建设。他指出："良好的生态环境是生存之基、发展之本，是生产力的基本要素。"[1] 他强调要坚持严格执法，强化环境法治，"该硬的硬起来，该严的严起来"[2]，"要让全省人民呼吸上清新的空气、喝上干净的水、吃上放心的食品、拥有优美的自然景观和舒适的人居环境"[3]。为把生态文明建设的理念付诸行动，赵洪祝亲赴湖州市和绍兴市的上虞、新昌以及宁波市的奉化、余姚等市县调

---

[1] 赵洪祝在生态省建设领导小组全体会议上的讲话，2007 年 4 月。

[2] 赵洪祝在生态省建设领导小组全体会议上的讲话，2007 年 4 月。

[3] 赵洪祝在生态省建设领导小组全体会议上的讲话，2007 年 4 月。

研考察。为绘制下一阶段浙江生态文明建设的蓝图，他亲自主持"浙江推进生态文明建设的对策与思路研究"重点调研课题工作，还提议举办省委专题学习会，深入学习贯彻中央的有关精神，不断深化加快转变经济发展方式、推进经济转型升级的思路和举措，认真研讨生态文明建设的总体要求、目标任务和保障措施。

夏宝龙同志强调，全面深化生态文明建设，建设美丽浙江，要坚持环境整治与生态建设并举，既要猛药去疴，对环境污染零容忍，还要良药常补，不断提升环境容量。他指出，"治好了地方环境，就是种好了梧桐树，不怕引不来金凤凰"。① 要加快转型升级，以整治倒逼转型，提升产业质量。改善生活质量，也是为了更好地求得发展。

## 第二节　环境、经济与社会的和谐发展

浙江省委、省政府按照"标本兼治、保稳促调"的工作方针，牢牢把握环境保护在经济发展方式转变中的重要地位，有效发挥环境保护参与宏观调控的先导功能和倒逼作用，有力促进经济转型升级，为推进环境与经济融合发展创新了思路举措。省委、省政府找准环境保护在保增长、促转型中的重要定位，顺应经济社会发展阶段性特征，坚持环境保护与经济发展并重，积极探索与实践环保优化发展的途径和方法，不断总结和探索促进环境与经济融合发展的思路和举措，有力促进了环境、经济和社会的和谐发展。

### 一　以制度为抓手，强化环境准入制度

"三位一体""两评结合"新型环境准入制度，是浙江省环保的一大创新，是坚持环保优化发展、参与经济社会和环境综合决策的重要抓手，在实践中有效发挥了调控和优化作用，大大提高了环保部门在转变发展方式中的话语权和贡献率。"三位一体"环境准入制度包括空间准入、总量准入和项

---

① 夏宝龙在生态省建设工作领导小组第十一次全体会议上的讲话，2014 年 4 月。

目准入，"两评结合"是指专家评价和公众评价相结合。从 2008 年开始，浙江对 11 个设区市和所有县（市）全部编制实施了生态功能区规划，把国土空间划分为禁止准入、限制准入、重点准入和优化准入四类主体功能区域，并明确各区域生态环保目标；从总量准入来看，浙江提出科学论证政策法规，经济社会总体发展规划和区域、行业发展规划可能造成的环境影响，进而将各类区域、行业的规划环评结论作为项目环评的前置条件和重要依据；在实施项目准入时，则实行污染物总量替代削减，完善重污染行业环境准入条件，实施区域限批，规范环评审批管理。"十一五"期间，浙江否决"两高一资"等不符合环保要求的项目，坚决关停水泥、火电、化工、造纸等行业高污染、低效益的企业，为在新的历史条件下全面推进环保优化发展提供了丰富的实践经验。

在实践中，浙江省不断完善"三位一体""两评结合"的新型环境准入制度。通过"三位一体"的准入把关，能够把环境保护倒逼机制全面传导和真正落实到区域环境空间管理、行业产业环境管理、建设项目管理的具体层面，切实推进经济布局、产业结构、生产技术的优化升级，从源头上防控环境污染。"两评结合"既是环评机制的重大创新，也是落实"三位一体"制度体系的重要保证，更是公民权利真正落实的制度保障。只有真正做到专家、公众"两评结合"，才能切实体现宏观决策的公正性、公开性、科学性。在操作层面，要通过不断的实践探索，发挥制度龙头作用，积极构建空间环境准入、规划环评、项目审批、技术支撑和审批监管等为一体的科学完善的环境管理体系。

## 二 以科技为依托，推动环境和社会科学发展

科技进步是环保事业发展的根本动力。加强环境科技创新，是做好新时期环保工作、提高环境管理水平、推进环保工作历史性转变的必然要求，是解决结构性、复合性和压缩性环境问题的迫切需要，是完成减排约束性指标的重要保障，也是应对资源环境要素制约和科技、市场等竞争挑战的重要途径。

一是加大环保科研和技术应用力度。浙江充分发挥环保公共科技创新服务平台的资源整合作用，建立利益共享、风险共担的机制，更好地联合依托环保技术支撑单位和科研院所、高等院校，加快环境科技创新，有效开展技术推广、技术咨询、技术培训和示范项目建设等活动。同时，浙江通过建设一批各具特色和专长的环保研发中心，使之成为环保科技创新的主力；通过支持一批重大环保科技攻关项目，抓好以水污染、大气污染和土壤污染治理及污泥处置为重点的重大技术项目攻关；通过推广一批先进适用技术，加强技术需求对接，提升基层的环保技术应用水平。

二是加强环境标准体系建设。标准是科技进步的体现，代表着一定的技术工艺水平，反映了一个国家和地区环境保护和生态文明进步的水平。要顺应区域经济社会发展和人民群众的环保要求，实行"阶梯形"的环境标准，一轮一轮适时提升环境标准。浙江省一方面根据省内产业集聚现状与发展方向，重点对化工、医药等行业中较普遍与敏感、具有区域特征的有毒有机污染物制订修订排放标准和准入条件；另一方面，围绕夯实环境保护技术基础，着力加强具有重要技术支撑作用的包含最佳可行技术导则、环境保护工程技术规范、清洁生产标准等在内的环保标准制订工作。

三是提升完善环保装备和治污设施。监测系统是环保系统的"眼睛"，不断提高监测监控的覆盖面和精确度，加强和完善水、气及土壤环境监测系统建设，包括传统地表水、大气自动监测系统。浙江近年开展了饮用水源地水质自动监测系统、大气复合污染立体监测预警网络、跨行政区河流交接断面水质自动监测监控系统等检测系统建设，同时进一步推进生活垃圾、生活污水、危险废物处置设施建设，完善城镇污水管网系统，开展污水处理的提标改造；依托农村环境连片整治，加快提升农村污水、垃圾处理水平。此外，浙江还深入实施《浙江省数字环保信息化规划》，建立健全了环境质量、污染源和环境管理"三位一体"的信息化管控体系和环境信息安全保障体系。

## 三　以科学发展观为先导，促进环境和社会和谐发展

习近平同志早在 2004 年就指出：把发展思路是否对头，发展战略是否

正确，能否处理好数量与质量、速度与效益的关系，作为考察领导干部是否树立了正确的政绩观的重要内容。在考核中，既看经济指标，又看社会指标、人文指标和环境指标，切实从单纯追求速度变为综合考核增长速度、就业水平、教育投入、环境质量等方面的内容①。浙江省按照这一要求，优化发展理念，深入践行科学发展观，实现了环境和社会的和谐发展。

一是完善干部考核制度。浙江省制订了符合浙江实际、具有浙江特色的干部考核评价指标体系，针对不同的地区特点制订不同的考核指标，充分发挥各地优势，宜工则考工、宜农则考农、宜生态则考生态建设，使浙江各地彻底摆脱了考核 GDP 的束缚，走出了生态经济和谐发展的新路。2006 年以来，浙江省委组织部先后出台《浙江省市、县（市、区）党政领导班子和领导干部综合考核评价实施办法（试行）》《浙江省党政工作部门领导班子和领导干部综合考核评价实施办法（试行）》《关于健全促进科学发展的领导班子和领导干部考核评价机制的实施意见》《浙江省市、县（市、区）党政领导班子和领导干部综合考核评价实施办法》《浙江省党政工作部门领导班子和领导干部综合考核评价实施办法》《浙江省高等学校领导班子和领导干部综合考核评价实施办法》《浙江省省属企业领导班子和领导人员综合考核评价实施办法》《浙江省党政领导班子和领导干部年度考核实施办法》等文件，进一步完善了干部考核评价指标体系，引导形成科学的发展观和政绩观。

二是把生态环境指标纳入干部考核体系。为保护生态、建设"生态浙江"和"美丽浙江"，省委组织部把生态环境指标纳入干部考核评价指标体系，实行问责制和一票否决制。在对各市县考核时，根据各地的实际情况和经济发展水平及速度，将浙江省 11 个地市分为三类。经济发展水平高的地区重点考核经济结构调整、科技创新、社会服务等方面的内容；不适应发展工业经济的地区重点考核生态建设、环境质量等方面，不能达到省委、省政府分配的生态环境指标要求的地方政府，要对其进行通报批评，否决正在考

---

① 习近平：《之江新语》，浙江人民出版社，2007。

核的相关荣誉和称号；违规项目和超标项目要定期整改，整改不到位的要追究相关责任人。在重点生态功能区，取消 GDP 考核，重点考核生态保护、生态经济和人民生活水平等相关指标，促进这些地区生态文明的发展。

### 四　以创新为动力，实现环境和社会的跨越式发展

传统的发展方式导致对 GDP 的狂热追求，导致环境与经济、人与自然的矛盾加剧；创新的发展方式则既能促进经济和社会快速稳定发展，又能使环境与经济、人与自然相得益彰，共同发展。

一是观念创新。观念创新必须以科学发展观为指导，在生态文明建设的观念创新中必须首先解决"发展为了谁"——为了最广大的人民、"发展为了什么"——为了最广大人民的幸福的问题。生态环境是人民生存的基本条件，生态环境权益是人民的基本权益，生态环境质量直接关系人民的生活质量和生命质量。嘉兴市以排污权有偿使用和交易机制为契机，通过环境保护制度"挤出"了高投入、高消耗、高污染、低效益的投资项目，引进了低消耗、低污染、高技术、高效益的投资项目，初步摆脱了粗放型发展模式所导致的两难困顿。遂昌县经历了从"只要金山银山，不要绿水青山"到"既要金山银山，又要绿水青山"，再到"有了绿水青山，就有金山银山"的认识转变，该县从"穷山恶水"转变成"休闲福地"，并逐渐走上了科学发展道路。

二是科技创新。科学技术决定环境成本收益，环境成本收益决定经济发展方式。发展过程中存在"生态不经济""循环不经济""低碳不经济"现象的根源在于科学技术的落后。真正实现生态又经济、循环又经济、低碳又经济的发展模式必须依靠生态科技创新。传统产业的升级改造是一个重要任务，必须大力推进传统产业的生态化科技研发与推广。浙江省大力推进高新化科技研发与推广，在绿色科技、循环科技、低碳科技等领域占领制高点，成为产业发展新的增长点。从在线监控到刷卡排污，从单项检测到检测体系建设，浙江省均走在全国前列。

三是机制创新。生态文明建设需要政府、企业、公众的合力，需要政府机制、市场机制和社会机制的协同，做到三方力量有机结合，优势互补，形

成合力。在改进考核评价机制方面，浙江省按照不同地区的不同主体功能定位采取差异化的政绩考核方式，以有效激励生态环境建设等公共物品的供给，同时形成总量控制等别无选择的强制性政策、排污权交易等权衡利弊的选择性政策、环保教育等道德教化的引导性政策等政策"组合拳"。在优化市场机制方面，浙江省在生态保护补偿制度、水权交易制度、排污权交易制度、"休渔期"制度、矿业权有偿使用制度、第三方治理机制等领域已经取得成功经验。在推进社会机制创新方面，以公众参与监督环保为保障，构建最广泛的环保统一战线；充分发挥科研院所、高等院校和专家学者的智囊作用，为环境保护提供必要的智力支持和技术支撑；充分发挥环保民间组织和志愿者的作用，推进环保维权、环保宣教、环保创建等工作；充分发挥环境信访、有奖举报、行风评议等作用，促进公众更好地参与环保、监督环保，把群众的意愿、热情和智慧转化为共建共享生态文明的具体行动。

## 五 加强功能区规划，优化国土开发格局

习近平同志指出："国土是生态文明建设的空间载体。要按照人口资源环境相均衡、经济社会生态效益相统一的原则，整体谋划国土空间开发，科学布局生产空间、生活空间、生态空间，给自然留下更多修复空间。要坚定不移加快实施主体功能区战略，严格按照优化开发、重点开发、限制开发、禁止开发的主体功能定位，划定并严守生态红线，构建科学合理的城镇化推进格局、农业发展格局、生态安全格局，保障国家和区域生态安全，提高生态服务功能。要牢固树立生态红线的观念。在生态环境保护问题上，就是不能越雷池一步，否则就应该受到惩罚。"[1]

改革开放以来，浙江经济社会发展取得了巨大的成就，但区域发展不协调、增长方式粗放、资源环境压力加大等问题也日益突出。科学、规范、有序地开展主体功能区规划工作具有十分重要的意义。开展主体功能区规划工作，体现了以人为本谋发展、统筹城乡区域谋发展、人与自然和谐谋发展的

---

[1] 习近平：《习近平谈治国理政》，外文出版社，2014，第209页。

理念，是落实科学发展观、构建社会主义和谐社会的重要举措；开展主体功能区规划工作，按照优化开发、重点开发、限制开发和禁止开发的不同要求，明确区域主体功能，制定差别化的区域开发政策，是优化区域布局、促进区域协调发展的有效途径；开展主体功能区规划工作，根据资源环境承载能力引导经济布局和人口分布，减少水、能源等资源大规模跨区域调动，促进人口、经济、资源、环境的空间均衡，是维护自然生态系统、提高资源利用效率的迫切需要；开展主体功能区规划工作，有利于形成功能定位清晰、发展导向明确、开发秩序规范、开发强度适当、经济社会发展与人口资源环境相协调的区域开发格局，是协调各类空间规划和专项规划、提高空间资源利用效率的主要载体。

## 六　大力构建节约型社会

习近平同志指出："节约资源是保护生态环境的根本之策。要大力节约集约利用资源，推动资源利用方式根本转变，加强全过程节约管理，大幅降低能源、水、土地消耗强度，大力发展循环经济，促进生产、流通、消费过程的减量化、再利用、资源化。"[1]浙江省把降低能耗和节约资源作为经济社会发展的重要指标，把建设节约型社会贯穿于经济社会发展的各个领域。

一是调整经济结构。在生产领域建立以节地、节水为中心的资源节约型农业生产体系，走新型工业化道路，形成有利于资源持续利用和环境保护的产业结构，推动经济社会发展实现良性循环。在消费领域，大力倡导合理消费、适度消费的消费观念和消费行为，使节能、节水、节材、节粮、垃圾分类回收和减少使用一次性用品等成为全社会的自觉行动，逐步形成文明的节约型消费模式。在城乡建设领域，要充分考虑资源条件和环境承载能力，节约和集约使用土地、淡水、能源等资源，严格控制建设用地，建设节约型的住宅建筑和交通运输体系。

二是强化科技创新。科技创新是建设节约型社会的关键。既要大力推广

---

① 习近平：《习近平谈治国理政》，外文出版社，2014，第 209 页。

已有的技术，使之真正发挥效用，又要注重对引进技术的系统集成和综合创新。同时，充分发挥人才在技术创新中的关键作用，加快科技成果向现实生产力转化，尽快使经济发展真正走上依靠科技进步和提高劳动者素质的轨道。

三是深化改革。改革是建设节约型社会的动力，充分发挥市场机制和经济杠杆的作用，注重运用价格、财税、金融手段促进资源的节约和有效利用，有针对性地消除导致粗放型经济增长方式的体制性根源，通过深化改革和制度创新，把节约资源转化为发展的动力，使节约者在市场竞争中获得更多的利益和机会，使浪费者付出更大的成本和代价。

四是加强监管。监管是建设节约型社会的保障，抓紧制定和完善促进资源节约使用、有效利用的法律法规，建立健全各项规章制度，坚持科学管理和严格管理，坚决改变各种浪费资源的现象。制订更加严格的节约标准，建立强制淘汰制度，完善市场准入制度，建立新上建设项目的资源评价体系。还要进一步加大资源保护和节约的执法力度，严肃查处各种破坏和浪费资源的违法违规行为。

五是政府部门要做好表率。政府机构在节约上存在巨大潜力，各部门自觉做资源节约的表率，带头做好节约工作。各级领导干部和所有公务员率先垂范，厉行节约，反对浪费，抓好政府建筑物和办公系统节能改造以及公务车节能，推行政府机构节能采购，建立科学的政府绩效评估体系，将资源节约责任和实际效果纳入各级政府目标责任制和干部考核体系，为建设节约型社会起到良好的示范作用。

## 第三节　政府、市场和社会的共同治理

浙江从全面建设惠及全省人民的小康社会的历史重任出发，坚持生态省建设方略，走生态立省之路，不断深化拓展创新生态省建设的思路举措，积极推进生态文明建设，生态建设和环境保护工作机制进一步健全，形成了全社会齐抓共管、共建共享的良好格局。浙江省委、省政府领导每年亲自主持召开有关生态环保工作的会议，研究重大事项，部署重点任务，省人大加强

对生态环保的立法和执法检查，省政协积极开展民主监督和建言献策。各地各部门着力把生态环境保护贯穿到经济社会发展的各个领域，全社会关注环保、参与环保、监督环保、支持环保的氛围逐步形成，为在新形势下深化生态省建设、提高生态文明建设水平提供了政治保障和群众基础，形成了政府、市场和社会共同治理和保护生态环境的和谐局面。

## 一　深化改革，加强政府的引导作用

生态文明建设是一个系统工程，涉及经济、政治、文化、社会等多个方面，在传统的政府体制下，"条块分割"问题严重，涉及水利部门、环保部门、航运部门、园林部门。为解决"九龙治水"的弊端，浙江于2003年5月成立了"浙江生态省建设工作领导小组"，时任省委书记的习近平同志亲自任组长，省长任常务副组长，省委常委、秘书长和分管副省长任副组长，省委、省政府及有关部门主要负责人为领导小组成员。领导小组下设办公室（设在省环保局），此后，这一组织机构被确定下来。浙江省各市县也层层建立领导小组，各级领导小组办公室（生态办）设在环保部门，为促进浙江的生态省建设作出了重要贡献。

从2009年开始，浙江省环境主管部门由环保局升级为环保厅，不仅提升了环保部门的行政级别，还扩充了环保部门的职责范围和权限，省环保厅强化了原省环境保护局的职责，还增加了环境监管、规划、标准等重大问题的统筹协调职责；加强生态省建设的组织实施和生态文明建设指导协调工作职责；加强对环境治理和生态保护的指导、协调、监督职责；加强落实国家和省减排目标、环境监管的职责。浙江省环保厅的设立有利于发挥保护环境的职能，促进生态环境的改善和生态文明的发展。

从2013年开始，浙江省开始实行第四轮行政审批制度改革，改革的重点是建立健全6项制度：建立集中审批制度、加快完善联合审批制度、建立审批前置和中介服务规范化管理制度、推行入园项目和大项目审批服务全程代理制度、建立审批事项准入制度及健全审批责任制。浙江省通过公布政府权力清单，大范围压缩行政职权；通过公布企业投资项目负面清单，列出禁止和限制企业进入的投资领域项目清单，对于清单之外的企业投资，政府一律不再审批。目前浙江所有市、县、乡、村均建立了行政服务中心和村（社区）级便民服务中心，政府服务体系实现了全覆盖，政府服务部门集中进驻市民之家，大大方便了群众办事。

## 二 积极创新，发挥市场机制的调节作用

长期以来，由于环境资源公共物品的性质以及环境的外部性，在资源环境领域存在市场失灵问题，需要政府干预。随着环境资源稀缺性的加剧及资源产权界定成本的降低，在资源环境领域引入市场机制成为可能。因此，需要进行市场机制创新，改革环境资源产权制度，让市场机制在资源配置中发挥基础作用。浙江省在市场机制方面的创新主要有林权改革、排污权交易和水权交易机制。

### （一）推动林权改革，盘活林权资产

浙江省积极推动林权证的换（发）工作，稳定山权林权。通过完成换（发）林权证、签订责任山承包合同，浙江成为全国率先基本完成林权改革任务的省份之一。从2011年开始，浙江积极推进林权信息化建设，将林权证属性数据全部录入系统，逐步实现林权数字化管理。浙江省先后出台了《浙江省森林、林木和林地流转管理办法》《浙江省森林资源资产抵押管理暂行办法》等政策性文件，成立了华东林业产权交易所，在多个县（市、区）建立了林权管理机构和林权交易中心，方便林权管理和交易。浙江在全国率先尝试进行林权抵押贷款，并探索了多种新型贷款模式，出台了多项政策、制度，健全完善财政贴息、风险补偿、政策保险等激励措施，建立了林权抵押贷款的新模式。此外，浙江省政府出台了《关于加快推进现代国有农林渔场建设的若干意见》，在全国率先推进国有林场改革，将多个林场确定为事业单位性质。各地林农纷纷在当地林业部门的指导下建立了多种林业专业合作组织，有效推动林业管理的完善和林业的发展。

### （二）以市场机制为基础，推动排污权有偿使用和交易

浙江省在排污权有偿使用和交易方面的实践经过了局部试点到全省推动

这样一个过程。

一是以法律为准绳。浙江省先后出台了多个省级政策文件，包括《关于开展排污权有偿使用和交易试点工作的指导意见》《浙江省排污权有偿使用和交易试点工作暂行办法》《浙江省排污权有偿使用和交易试点工作暂行办法实施细则》《浙江省排污许可证管理暂行办法》《浙江省排污许可证管理暂行办法实施细则》《浙江省排污权有偿使用收入和排污权储备资金管理暂行办法》《浙江省排污权抵押贷款暂行规定》《浙江省初始排污权有偿使用费征收标准管理办法（试行）》《浙江省环境保护厅排污权交易报批程序规定（试行）》《浙江省排污权交易中心排污权有偿使用和交易程序规定（试行）》《浙江省环境保护厅排污权交易内部审查程序规定（试行）》。这些政策文件虽然内容不同、侧重点各异，但从不同方面完善了排污权有偿使用和交易的政策法规体系框架。

二是以技术为支撑。浙江省通过在重点污染企业安装在线监控设备、使用环境质量在线监控系统等方式，监控排污单位的排污行为，建立污染源增量、减量、超排量或偷排量的"三量"台账。花大力气建设在线监控系统，推动排污企业联网。建设刷卡排污系统，一旦企业的排污额度用完，排污管道阀门就会自动关闭，从而有效监控企业的排污行为。建立排污权交易与排污许可证管理、建设项目审批、环境执法等环保综合管理联网的制度，实现了数据的共享。

三是以创新为动力。浙江省各地市根据实际情况，通过创新，回避或突破了制度障碍和阻力，解决了实际问题，发展出了各种模式。例如：排污权初始分配的"嘉兴模式"，通过承认试点前企业获得的排污权绕开了立法问题，保证了公平性；绍兴市推出的排污权抵押贷款制度和平湖市开展的排污权租赁制度，有效解决了中小企业资源不足和贷款难的问题。省政府根据各地的成功经验，完善制度创新并在全省推广，有力推进了排污权有偿使用和交易制度的实施。

四是以尊重市场机制为基础。浙江省也曾由政府规定排污权的价格，但这种价格往往与市场的均衡价格相背离，阻碍了交易进行。之后，不少地方尝试进行排污权拍卖，通过市场定价拍卖价格虽然不一定是市场均衡价格，但反映了企业对排污权的支付意愿，具有一定的代表性。嘉兴市南湖区和杭州市举行了多次排污权拍卖，有不少企业参加，排污权基本被买走，促进了排污权的交易和转让。

### （三）水权交易机制

水权交易的实质是水资源使用权在不同主体之间的交换。浙江省的水权交易所涉及的水基本为水库水，其所有权界定比较容易，避免了因水的流动性和跨区域性造成的水权界定困难。地方政府是地方公共利益的代表，地方政府进行水权交易一方面可以以较低的成本进行，另一方面能够有效保证各地的长远利益。浙江省的几个水权交易案例都规定要用富余水量进行交易，优先保证本地特别是枯水年份的生产、生活和生态用水，有效避免了造成供水地无水可用的现象，避免造成供水地和用水地之间的矛盾。浙江省的水权交易案例都是各个地方政府在考虑自身情况下的自发行为，交易双方都有自己的实际需求，一方解决了水资源短缺的问题，一方用富余的水量换来了资金，双方都受益，实现了共赢，其经验和借鉴意义如下。

一是打破了行政垄断水权分配的传统。长期以来，我国的水权分配被行政垄断，主要表现为"指令用水，行政划拨"。在流域管理中，流域各地区用水通常是由上级行政分配，解决干旱季节用水或水事纠纷也主要采取行政手段。在跨区域或跨流域调水中，调水工程主要由中央或上级行政部门主导实施，对区域之间的水资源实行行政划拨，调水工程由国家包办或有很高的投资补贴。在市场经济条件下，无论是流域内上下游水事管理，还是跨流域调水，运用行政手段难度越来越大，协调利益冲突的有效性越来越差。在水权交易中，由于利用行政协调速度慢、不可靠，加之自身经济实力很强，缺水的一方选择了直接花钱买水，运用市场机制获得用水权，这不同于以往所有的跨区域调水，突破了以行政手段进行水权分配的传统。

二是标志着我国水权市场的正式诞生。水资源的所有权属于国家，因此水权的初始分配必须通过政府机构，但是水权的再分配并不必然通过行政手段，如果通过市场进行，就会形成水权交易市场（简称水权市场）。同样，水商品的分配如果通过市场来进行，就会形成水商品市场。实际生活中，我们把水权市场和水商品市场笼统地称为水市场。在自来水市场中，目前很多城市实行阶梯水价、不同行业区别定价等多种定价方法，虽然还没有完全实现市场定价，但市场机制已经起到关键作用，价格完全由供求决定。缺水给企业带来巨大的商机，并因此推动水商品市场迅速发展壮大。浙江水权交易打破了水权市场的空白，率先以平等、自愿的协商方式达成交易，第一次形成一个跨城市的水权流转市场。

三是证明了市场机制是水资源配置的有效手段。运用市场机制交易水权，双方的利益都得到了增加。供水的一方通过节水工程和新的开源工程得到的多余水源，由于规模经济和自然资源优势，其成本通常较低；购水的一方通常面临自然资源方面的劣势，自建水源往往成本更高。水权交易将促使买卖双方都更加节约用水和保护水资源，市场起到了优化资源配置的作用。如果双方通过行政手段解决问题，势必会增加双方的矛盾，甚至可能发展成纠纷，市场机制实质上还起到协调地方利益冲突的作用。

## 三　多方配合，发挥社会力量的协同作用

生态环境建设关系千家万户，关系每一个人的衣食住行，在生态文明的建设过程中，浙江既充分发挥政府和市场的作用，也积极调动社会力量参与和支持，有效地推动了生态文明建设。

### （一）完善公众参与环境保护的机制

浙江省通过一系列的制度建设和制度创新，鼓励和支持公众参与环境保护。《浙江省建设项目环境管理办法》规定，在建设项目做环评时要邀请社会团体、研究机构及有关环境敏感区的单位、个人参加座谈会、论证会、听证会，保障了公众参与权。

### （二）健全公众参与环境保护的平台

为加强群众的环保监督，浙江省环保厅设立环保举报热线和网络举报平台，积极动员广大群众参与环境保护监督工作。各地市积极探索公众参与环保的模式，包括环保联合会、市民环保检查团、专家服务团、生态文明宣讲

团、民间环境监督员等多种公众参与模式，加强环境执法公众监督。

### （三）肯定和发挥非政府组织的作用

环保非政府组织是环保人士自发组成的民间团体，在公众参与中发挥了重要作用，利用其专业性强、组织化程度高的优势，积极组织各种环保活动，普及环保知识，加强环境监督。浙江省十分重视非政府组织的发展，各种民间环保组织十分活跃，极大地促进了浙江省的生态文明建设。

## 第四节　总结

浙江省委、省政府在建设生态省、打造"绿色浙江"方面获得了巨大成功，形成了独特的"浙江经验"。总结和推广生态文明建设的"浙江经验"，对于践行科学发展观、大力推进生态文明建设、实现中华民族的伟大复兴有着重要的理论价值和实践意义。

生态文明建设的"浙江经验"主要体现在以下三个方面。

一是"一张蓝图绘到底"的战略眼光。良好的生态环境是最公平的公共产品，是最普惠的民生福祉。生态文明建设投资大、见效慢，是功在当代、利在千秋的伟大事业。浙江历届省委、省政府的一个可贵精神，就是以"咬住青山不放松，一任接着一任干"的精神，"一张蓝图绘到底"，"一年接着一年抓，一任接着一任干"，这是美丽浙江建设的一条宝贵经验。

二是确保环境、经济与社会的和谐发展。习近平同志指出："要正确处理好经济发展同生态环境保护的关系，牢固树立保护生态环境就是保护生产力、改善生态环境就是发展生产力的理念，更加自觉地推动绿色发展、循环发展、低碳发展，决不以牺牲环境为代价去换取一时的经济增长。"[1] 浙江省委、省政府以制度为抓手，强化环境准入制度；以科技为依托，推动环境和社会科学发展；以科学发展观为先导，促进环境和社会和谐发展；以创新为动力，实现环境和社会的跨越式发展；同时加强功能区规划，优化国土开

---

[1] 习近平：《习近平谈治国理政》，外文出版社，2014，第209页。

发格局，大力构建节约型社会，让绿水青山充分发挥经济社会效益，切实做到经济效益、社会效益、生态效益同步提升，实现百姓富、生态美有机统一。这是美丽浙江建设的又一条宝贵经验。

三是实现政府、市场和社会的共同治理。浙江省委、省政府定期召开生态环保工作会议，研究重大事项，部署重点任务，省人大加强对生态环保的立法和执法检查，省政协积极开展民主监督和建言献策；各部门着力把生态环境保护贯穿到经济社会发展的各个领域，全社会关注环保、参与环保、监督环保、支持环保的氛围逐步形成，为在新形势下深化生态省建设，提高生态文明建设水平提供了政治保障和群众基础，形成了政府、市场和社会共同治理和保护生态环境的和谐局面。这是美丽浙江建设的第三条宝贵经验。

## 参考文献

1. 浙江省环境保护厅、正泰公益基金会编《城市居民环保知识读本》，浙江科学技术出版社，2011。
2. 沈满洪：《绿色浙江》，浙江人民出版社，2006。
3. 李一：《从打造美丽乡村到实现和谐发展：浙江农村生态文明建设的路径与经验》，浙江教育出版社，2012。
4. 浙江环境保护丛书编委会：《浙江生态环境保护》，中国环境科学出版社，2012。
5. 沈满洪、李植斌、马永喜等：《2013 浙江生态经济发展报告》，中国财政经济出版社，2014。

# 后　记

　　浙江素有江南水乡、人间天堂之美称。在工业化进程中率先遭遇"成长中的烦恼"的浙江，大胆进行生态创新。绿色浙江建设、生态省建设、生态浙江建设、美丽浙江建设等伟大工程不仅给浙江人民带来了巨大的生态福利，而且为全国各地创造了"美丽"经验。《中国梦与浙江实践·生态卷》（以下简称"生态卷"）旨在总结美丽中国建设的浙江经验。

　　"生态卷"以习近平同志生态文明建设系列重要讲话为指针，系统总结了浙江省生态文明建设的理论依据、战略思想、重大行动、建设成效及基本经验。全书由生态文明观引领美丽浙江建设、节约环保的生态经济发展、山川秀美的生态环境保护、天人合一的生态文化传承、人地和谐的美丽乡村建设、绿色低碳的生态城市发展、相互制衡的生态文明制度探索、美丽浙江建设的经验启示等八章构成。

　　"生态卷"是中国社会科学院、宁波大学、浙江理工大学、浙江省社会科学院从事生态文明研究的专家学者通力协作的结晶。该书的写作提纲由课题组副组长沈满洪起草初稿，课题组组长潘家华召集课题组全体成员审议并完善了提纲，最终由中共浙江省委宣传部和浙江省社会科学院审定。各章作者按照提纲要求进行撰写，初稿形成后，由沈满洪全面审读了各章的书稿并提出了详细的修改建议，各章作者据此完善了书稿，经专家审读后再次对书稿作了修改，然后由沈满洪对书稿进行统稿，并经潘家华审定。在审稿过程中，张蕾副教授协助沈满洪做了大量工作。生态卷各章作者分工如下：

　　第一章，沈满洪（宁波大学、浙江省生态文明研究中心）；

　　第二章，李植斌、林凯雯、田红彦（浙江理工大学、浙江省生态文明研究中心）；

第三章，李植斌、苏庆凯、田红彦（浙江理工大学、浙江省生态文明研究中心）；

第四章，李红玉（中国社会科学院）；

第五章，张蕾（浙江理工大学、浙江省生态文明研究中心）；

第六章，朱守先（中国社会科学院）；

第七章，刘健（浙江省社会科学院）；

第八章，王冉（中国社会科学院）。

无论在提纲的形成还是在书稿的完善过程中，各位审读专家均付出了大量心血并提出了宝贵意见。在此我们表示由衷的感谢！

"生态卷"的各位作者都是生态文明研究领域的专家学者。在其他任务十分繁重的情况下，各位作者仍然出色地承担本书的撰写工作，而且虚心地按照课题组组长和审读专家的建议进行认真修改，从而保障了"生态卷"的质量。为此，我们对各位作者的科学精神、合作精神和奉献精神表示十分赞赏！

《中国梦与浙江实践·生态卷》课题组

2014 年 12 月 1 日

图书在版编目（CIP）数据

中国梦与浙江实践. 生态卷/潘家华主编. —北京：社会科学
文献出版社，2015. 8
　ISBN 978 - 7 - 5097 - 7676 - 6

　Ⅰ. ①中…　Ⅱ. ①潘…　Ⅲ. ①社会主义建设成就 - 浙江省
②生态环境 - 环境保护 - 成就 - 浙江省　Ⅳ. ① D619. 55
②X321. 255

　中国版本图书馆 CIP 数据核字（2015）第 147314 号

## 中国梦与浙江实践·生态卷

主　　编/潘家华
副 主 编/沈满洪

出 版 人/谢寿光
项目统筹/王　绯　曹义恒
责任编辑/曹长香

出　　版/社会科学文献出版社·社会政法分社（010）59367156
　　　　　地址：北京市北三环中路甲 29 号院华龙大厦　邮编：100029
　　　　　网址：www. ssap. com. cn
发　　行/市场营销中心（010）59367081　59367090
　　　　　读者服务中心（010）59367028
印　　装/三河市尚艺印装有限公司

规　　格/开本：787mm × 1092mm　1/16
　　　　　印张：18　字数：275 千字
版　　次/2015 年 8 月第 1 版　2015 年 8 月第 1 次印刷
书　　号/ISBN 978 - 7 - 5097 - 7676 - 6
定　　价/68. 00 元